Bibliografische Informationen der
Deutschen Nationalbibliothek:
Die Deutsche Nationalbibliothek verzeichnet
diese Publikation in der Deutschen Nationalbibliografie.

Detaillierte bibliographische Daten im Internet über
https://www.dnb.de/ abrufbar.

Christa Weßel

andere arbeiten lassen ...
Lernen und Lehren an Hochschulen mit dem A A L
ISBN 978-3-947287-05-5

© Weidenborn Verlag, Frankfurt am Main, und Christa Weßel 2019
Alle Rechte vorbehalten

https://weidenbornverlag.de/
https://christa-wessel.de/

Bildnachweis: Alle Fotografien © Christa Weßel
Satz & Umschlaggestaltung: Christa Weßel
Bildbearbeitung & Beratung: Marko Hartmann
Druck: Zarbock Druck- und Verlagshaus, Frankfurt am Main

Christa Weßel

andere arbeiten lassen ...
Lernen und Lehren an Hochschulen mit dem A A L

Weidenborn Verlag Frankfurt am Main

Für G & M,

die mir die Liebe zum Lernen & Lehren

geschenkt haben

und mich ungestört arbeiten ließen.

Dr. Christa Weßel MPH ist Ärztin und Gesundheitswissenschaftlerin. Nach mehreren Jahren im Gesundheitswesen, in der Informatik (Lehre, Forschung & Entwicklung) und im Management ist sie nun Autorin, Dozentin und Beraterin mit den Schwerpunkten Organisationsentwicklung, Sozioinformatik und Hochschuldidaktik.

Inhaltsverzeichnis

Einleitung   **11**

I. Philosophie   **17**

1. Zeit – Raum – Wertschätzung   **19**
     1.1. Lernen und Lehren 20
     1.2. Unterfordert? Überfordert? 22
     1.3. Über die Bedeutung von Rhythmus und Kontext . . . 25

2. Neugier   **31**
     2.1. Lernen durch Erfahrung und Reflexion 33
     2.2. Lernen in Schleifen 34
     2.3. Kompetenz-orientiertes Lernen und Lehren 38
     2.4. Blended Learning 40

3. Systemisches Lernen   **43**
     3.1. Die fünfte Disziplin: Systemisches Denken 44
     3.2. Lernende Systeme 47
     3.3. Als Organisation lernen 49

4. Didaktik mit dem Fisch: Das Aal-Prinzip   **51**
     4.1. Andere arbeiten lassen 52
     4.2. Komm mit ... Commitment 56
     4.3. Reise nach Italien 58
     4.4. Lernende sind Entdecker 60
     4.5. Lehrende sind Ermöglicher 63
     4.6. Freude und Spaß 66

Inhaltsverzeichnis

II. Methoden — 69

5. Wissen aufbauen — 71

6. Selbstmanagement — 73
- 6.1. ... mit 8+1 W 74
- 6.2. Als Lernende: Lernen selbst steuern 76
- 6.3. Als Lehrende: Lernen ermöglichen 78
- 6.4. Interkollegiale Beratung 80

7. Lernveranstaltungen — 83
- 7.1. Lernveranstaltungen konzipieren 84
- 7.2. Das umgedrehte Klassenzimmer 91
- 7.3. Lernen durch Lehren 92
- 7.4. Innehalten und weitergehen ... mit Reflexionen 93
- 7.5. Fragen 94
- 7.6. Der Dialog im Lernen und Arbeiten 95
- 7.7. Vielfalt 97
- 7.8. Verankern in der Wirklichkeit: Fall-basiertes Lernen .. 100
- 7.9. Lernen durch Geschichten 102
- 7.10. Lernen und Lehren in großen Gruppen 109
- 7.11. Workshops 112
- 7.12. Hackathon 115
- 7.13. Noch mehr Werkzeuge 118

8. Schreiben ist Lernen — 119
- 8.1. Wie an das Schreiben herangehen? 121
- 8.2. Literaturarbeit 123
- 8.3. Die eigene Fachbibliothek 128
- 8.4. Der Bericht ... und die TeXnik 129
- 8.5. Schreiben wie ein Schriftsteller 131

9. Lernen durch Forschen & Entwickeln — 133
- 9.1. Forschen, Entwickeln, wissenschaftlich Arbeiten 134
- 9.2. Im Projekt mit CM-PBL 136
- 9.3. Agil lernen und lehren 141

Inhaltsverzeichnis

10. Was schief gehen kann   **147**
    10.1. Bulimie-Lernen 148
    10.2. Wie wichtig ist ein Modul? 149
    10.3. Krankheit & Co 151

11. Und dann wird Lehren und Lernen leicht   **159**

III. Leistungen nachweisen   163

12. Ganz real   **165**

13. Vom Sinn der Klausuren   **171**

14. Seminararbeiten   **175**
    14.1. Vorgehen 177
    14.2. Bringt Mark nach Hause 180

15. Portfolio   **181**
    15.1. Vorgehen 184
    15.2. Den Anzug ablegen 188

16. Und nun: Die Thesis   **191**
    16.1. Vom Thema zum Projekt 192
    16.2. Thesis-Team 198
    16.3. Doktor-Schulen 211
    16.4. Coaching für Habilitanden, Doktoranden & Co 218

17. Reflexionen   **223**
    17.1. Den Bogen spannen 224
    17.2. Check-In/Check-Out 226
    17.3. Horrorfilm mit Happy End 228
    17.4. Sie sind die A-User 233
    17.5. Aufforderung zum Denken 238
    17.6. Die eigene Hochschule erkunden 242

Inhaltsverzeichnis

IV. Lernort Hochschule   247

18. Das „Unternehmen"   249

19. Externe Dozentin   253
- 19.1. Von den schönen Seiten, eine Externe zu sein 254
- 19.2. Management by Walking 256
- 19.3. Einen neuen Studiengang starten 261
- 19.4. Über die Bedeutung von Feedback 266

20. Professor sein ist nicht schwer ...   267

21. Was ist Lehre wert?   275

22. Akteure   283
- 22.1. ... und ihre Möglichkeiten?! 284
- 22.2. Fragen stellen 287
- 22.3. Erste Antworten 294

23. Was können wir tun?   301
- 23.1. ... in der Hochschule 302
- 23.2. Präsenzunterricht 305
- 23.3. e-Learning 308
- 23.4. Lehrmanagement 309
- 23.5. Überprüfung von Lehr- und Lernqualität 313
- 23.6. Synopsis 316

24. Über die Geschwindigkeit von Veränderungen   319

Aale   323

V. ... Außerdem ...   325

Dank   327

Quellen   329

Inhaltsverzeichnis

Verzeichnisse **355**
   Abkürzungen 355
   Abbildungen 357
   Tabellen 357
   Stichwortverzeichnis 358

Und ... **369**

Einleitung

Einleitung

„Woran erinnern Sie sich vor allem aus dem ersten Teil unseres Seminars?" – „Aal. Andere arbeiten lassen." Vielleicht antwortete Eugen damit, weil er und seine Mitstudierenden gerade meiner Aufforderung nachkamen, die Tische wieder umzuräumen. Weg von den traditionellen Stuhlreihen hin zu einem großen Quadrat, an dem wir einander ansehen konnten und dessen Innenraum wir für das „Arbeiten im Raum" verwendeten.

„Und was heißt das genau?" – „Naja, nicht andere ausnutzen, sondern ihnen ermöglichen, dass sie überhaupt arbeiten können." Dabei ging das Tische-und Stühlerücken eifrig weiter. „Und wer muss so etwas vor allem drauf haben?"

Hurra, sie erinnerten sich: „Führungskräfte." – „Und Berater." – „Und Dozenten. Sie erinnern sich sicher auch, dass ich zu Beginn des letzten Semesters gesagt hatte, dass *Sie* die meiste Zeit aktiv sein werden. Ich bin hier einfach nur Moderatorin und jemand, der Ihnen die eine oder andere Tür zeigt." – „Schon klar, durchgehen müssen wir selbst."

Damit hatten sie sich auch an den chinesischen Spruch erinnert:

Ein Lehrer öffnet Türen. Durchgehen musst Du selbst.

Dieses Buch soll Sie in die Welt des Lernens und Lehrens mit dem Aal-Prinzip einführen und Ihnen Anregungen für Ihre eigene Arbeit geben: als Studierende (denn auch das ist ein Job, dazu später mehr), als Lehrende und als Manager und Mitarbeiter an einer Hochschule. Mit Hochschule sind Universitäten, (Fach-) Hochschulen und Duale Hochschulen gemeint.

Das Buch ist auch für Menschen gedacht, die in und für Unternehmen in der Fort- und Weiterbildung ihrer Mitarbeiter tätig sind, beispielsweise, weil sie die Verantwortung für Auszubildende und

Berufseinsteiger tragen, sie begleiten und mit Dualen Hochschulen zusammenarbeiten.

Der erste Teil erzählt von PHILOSOPHIEN, Konzepten und Lerntheorien. Kerngedanke ist das Lerner-zentrierte, Kompetenz-orientierte Lernen und Unterrichten. Dieser Paradigmenwandel stammt aus den 1990er Jahren. Ein wichtiges Instrument ist das Blended Learning (*blended*, engl.: gemischt). Es kombiniert Präsenzveranstaltungen, Selbststudium und die Nutzung einer e-Learning-Plattform durch Studierende, Lehrende und andere Akteure des Lernens wie Bibliothekare, Verwaltung und EDV-Abteilung. Und natürlich taucht der „Fisch" auf, das Aal-Prinzip. Darin geht es auch um das Selbstverständnis von Lernenden und Lehrenden.

Im zweiten Teil METHODEN geht es um die Gestaltung von Lernveranstaltungen und ihre Einbettung in das Blended Learning. Ganz im Sinne des Lerner-zentrierten Lehrens ist das „n" in Lernveranstaltung kein Schreibfehler, sondern Absicht. Es geht um das Selbstmanagement von Lernenden und Lehrenden und um die Vorbereitung, Durchführung und Nachbereitung von Seminaren, Workshops und Workshopreihen. Außerdem erfahren Sie, wie Sie durch Schreiben und durch Forschen & Entwickeln lernen.

Ein Studium verläuft wie jedes Projekt nicht immer geradlinig. Wie können Sie als Lernende, Lehrende und Hochschulmanager mit Bulimie-Lernen, schlechter Lehre und Krankheit umgehen? Und wodurch wird Lernen und Lehren leicht? Auch darauf soll dieser Teil des Buches einige Antworten geben.

Der dritte Teil LEISTUNGEN NACHWEISEN widmet sich den Abschlussarbeiten und den ihnen vorangehenden Klausuren, Seminararbeiten und Portfolios. Worauf sollten Studierende achten und was können und müssen Lehrende und Hochschulen zur Erstellung hochwertiger Arbeiten und somit zum guten Lernen beitragen? Im

Einleitung

Zentrum steht der Gedanke „Eine Abschlussarbeit – die Thesis – ist ein Projekt, Ihr Projekt." Dies gilt für das ganze Studium und seine Teilprojekte, zu denen auch die Leistungsnachweise gehören.

Lehrende und wissenschaftliche Betreuer *begleiten* die Studierenden und sind *facilitator, mentor, guide*. Studierende haben in diesem Teil das letzte Wort. In Reflexionen aus Seminaren, Seminararbeiten und Portfolios beschreiben sie ihre Erfahrungen mit dem Lerner-zentrierten und Kompetenz-orientierten Lernen, dem Agilen Lernen und Lehren und dem Aal-Prinzip. Sie ziehen Schlüsse und schauen in die Zukunft. Damit evaluieren sie auch die Lehrenden und die Hochschule.

Der vierte Teil dreht sich um den LERNORT HOCHSCHULE. Was macht das „Unternehmen" Hochschule aus? Wie kann die Arbeit von externen Dozenten aussehen? Wie verlaufen Berufungsverfahren für Professoren? Nach einigen Antworten auf diese Fragen geht es um den Wert guter Lehre. „Es gibt noch viel zu tun ..." begann vor vielen Jahren ein Werbespruch. Was können die Akteure Hochschule, Lehrende und Studierende zu gutem Lernen und Lehren beitragen? Interviews mit Akteuren und eine teilnehmende Beobachtung münden in eine Synopsis mit möglichen Maßnahmen. Dieser Teil des Buch schließt mit einer Reflexion zur Geschwindigkeit von Veränderungen an Hochschulen und die Aale treten noch einmal auf.

Lernen und Lehren funktioniert vor allem durch eine gute Zusammenarbeit. Viele der in diesem Buch angesprochenen und beschriebenen Ansätze und Methoden stammen aus der Organisationsentwicklung, den Erkenntnissen zur Gruppendynamik und zum Projektmanagement, aus dem Coaching und vielem mehr. Darüber habe ich in der Fachbuchreihe ELCHE FANGEN ... geschrieben. Im Text verweise ich auf die jeweiligen Bände mit Buch BERATEN,

MENSCHEN, WERKZEUGE, ENTDECKEN. Andere Autoren nenne ich mit Namen und Jahr.

Nicht für die Schule, sondern für das Leben lernen wir. *Non scholae sed vitae discimus.* Eigentlich hat Seneca (ca. 4 v.C., vielleicht auch 1 n.C. – 65 n.c.) den Satz als Kritik an den damaligen Philosophenschulen umgekehrt formuliert: *Non vitae sed scholae discimus.* Wie steht es darum an Hochschulen und Universitäten in Deutschland heute? Diese Frage kann und will dieses Buch so umfassend nicht beantworten. Vielmehr soll es Sie, Studierende, Lehrende, Führungskräfte und Mitarbeiter in Hochschulen und Unternehmen, anregen, sich in die Welt der Didaktik mit dem Fisch aufzumachen und eigene Wege des Aal-Prinzips zu entwickeln.

Der Aal ist übrigens eine interessante Fischart. Er ist vor allem nachtaktiv, legt große Wanderungen vom Süßwasser ins Meer zurück, um zu laichen, und er hat eine feine Nase. Sie können ihn nur mit frischen Ködern fangen – nicht mit Aas in einem Pferdekopf. Dieses Bild ist vielleicht durch Günther Grass' *Blechtrommel* bei dem einen oder der anderen entstanden. Pferdeköpfe sind für Aale nur interessant, weil sie sich gerne verstecken. Darum nutzten Fischer Pferdeköpfe als Reuse. Der europäische Aal ist vom Aussterben bedroht. Ich hoffe, dass er und die *Didaktik mit dem Fisch: Das Aal-Prinzip* wachsen und gedeihen.

Christa Weßel
Frankfurt am Main 2019

post scriptum: In diesem Buch verwende ich oft eine neutrale, manchmal die weibliche und manchmal die männliche Form. Unabhängig vom verwendeten grammatikalischen Geschlecht sind alle Geschlechter gemeint: weiblich, männlich, divers.

Teil I.
Philosophie

1. Zeit – Raum – Wertschätzung

1. Zeit – Raum – Wertschätzung

1.1. Lernen und Lehren

Neues entdecken. Etwas tun – oder lassen – können. Entscheidungen treffen. Mit anderen Menschen, Lebewesen, Natur und Technik in Kontakt treten und sich austauschen können. Kommunizieren.

Ein Neugeborenes erkennt die Stimme der Mutter. Erst kann es mit dem Greifreflex halten. Bald lernt es loszulassen. Babies lernen, sich zu drehen, sich aufzurichten, zu sitzen ...

Anders ausgedrückt: Durch das Lernen erwerben Menschen methodische, soziale und fachliche Kompetenzen. Menschen lernen und verlernen ihr ganzes Leben lang.

Kompetenz setzt sich aus Wissen, Fähigkeiten und Fertigkeiten zusammen:

> Wissen = Kenntnisse. Wissen bedeutet, Daten und Informationen mit Bezug auf eigene Erfahrungen (Vorwissen) zu interpretieren und Konsequenzen daraus ziehen zu können.

> Fähigkeiten = Es ist einem Menschen möglich, etwas auf der Basis seines Wissens zu tun.

> Fertigkeit = Menschen haben es geübt.

> Kompetenz = Können = Wissen + Fähigkeit + Fertigkeit.

Lernen braucht Zeit, Raum und Wertschätzung. „Du schaffst das. du kannst das." Solche ermutigenden Sätze tun Kindern und Erwachsenen gut. „Dies ist euer Zimmer. Richtet es so ein, wie ihr es braucht." Erinnern Sie sich an den ersten von Ihnen eingerichteten Raum? „Probier es aus und sag mir Bescheid, wenn du Hilfe

1.1. Lernen und Lehren

brauchst." Wann haben Sie Ihr erstes Spielzeug (um-)gebaut? Es kann auch Ihr erster Computer gewesen sein.

Und wann haben Sie zum ersten Mal gelehrt? Jemandem etwas erklärt und gezeigt, ihr oder ihm geholfen, etwas zu bauen. Neugier geweckt, ein Buch zu lesen, einen Film anzusehen oder ein Reise anzutreten. Feedback gegeben, Ihre Einschätzungen und Fragen formuliert.

Bevor wir auf die Bedeutung von Rhythmus und Kontext beim Lernen und Lehren schauen, möchte ich Ihnen zwei Gruppen vorstellen, die ein ganz unterschiedliches Verhalten beim Lernen zeigten.

1. Zeit – Raum – Wertschätzung

1.2. Unterfordert? Überfordert?

Gerade Wertschätzung ist nicht immer einfach, wenn ich mich als Lehrende mit Unlust konfrontiert sehe. Das ist zum Glück selten, und darum umso bemerkenswerter. 2014 habe ich in zwei Lernveranstaltungen Licht und Schatten gesehen.

Lernveranstaltung A
Eine Gruppe von neun Coaches mit elf bis dreißig Jahren Berufserfahrung hatte sich zusammen gefunden, um etwas über das Lebenslange Lernen und „Digital Natives" zu lernen. Diese Menschen waren freiwillig da, bezahlten für die Lernveranstaltung, wendeten ihre Freizeit dafür auf und – am wichtigsten – wollten etwas über das Thema lernen. Sie wussten, dass gutes Lernen nur mit ihrer eigenen Aktivität möglich ist.

Lernveranstaltung B
Siebzehn Studierende besuchten im zweiten Studien- und Ausbildungsjahr an einer Dualen Hochschule die Veranstaltung „Wissenschaftliches Arbeiten", weil sie gemäß Studienplan teilnehmen und einen Leistungsnachweis erbringen mussten. In diesem Zusammenhang besuchten sie die Veranstaltung auch, um nicht Gefahr zu laufen, das Studium und somit ihre duale Ausbildung nicht erfolgreich beenden zu können. Sie sprachen von „Vorlesung" und erwarteten – wie in den meisten Veranstaltungen zuvor erlebt – von ihnen unbekannten Dozenten einen Unterricht in Bankreihen mit vielen PowerPoint-Präsentationen. Also eher langweilig.
Es kam anders. Sie mussten und wurden aktiv. Sie

1.2. Unterfordert? Überfordert?

wurden vor allem auch in den „Hausaufgaben" und der Nutzung der e-Learning-Plattform aktiv. Doch was funktionierte nicht gut? Die Arbeit im Präsenzunterricht war schleppend und von langsamen unlustigen, gelangweilten Bewegungen und Äußerungen geprägt. Der Umgangston der Studierenden untereinander war eher der von Schülern als von Studierenden. Die Art, sich zu kleiden und zu verhalten, entsprach eher einer Freizeitveranstaltung als einem Teil ihres Jobs, denn das ist das Duale Studium, ein Job, für den die Studierenden sich einschreiben und einen Arbeitsvertrag unterzeichnen. In dieser Form begegnete mir das zum ersten Mal nach etlichen Jahren an Universitäten, Hochschulen und Dualen Hochschulen.

War es das Wetter? Die Fußball-WM? Waren sie über- oder unterfordert? Oder gibt es einfach Gruppen, die „keine Lust haben"? Wenn ja, wie entsteht so etwas?

Tatsache ist, dass der Studienplan zeitlich überfrachtet war. Zum System der Bologna-Reform mit Bachelor- und Masterstudiengängen gehört die Leistungsbemessung nach Credit Points (EHEA 1999). Dieses System kalkuliert für eine Stunde Präsenzstudium eine bis eineinhalb Stunden Selbststudium.

Studierende an Dualen Hochschulen haben im Wechsel ungefähr zwölf Wochen Praxisphase im Unternehmen mit einer vierzig-Stunden-Woche und zwölf Wochen Studienphase. Diese setzte sich bei dieser Gruppe (und in ähnlicher Form bei anderen Gruppen, die ich unterrichte) wie folgt zusammen: 350 Unterrichtseinheiten von je 45 Minuten in 50 Unterrichtstagen, unregelmäßig verteilt über zwölf Wochen. Die unregelmäßige Verteilung kommt durch Feiertage, Abwesenheiten von Dozenten und Prüfungsphasen zustande. Dies entspricht im Durchschnitt 29 Unterrichtseinheiten

1. Zeit – Raum – Wertschätzung

Präsenzunterricht pro Woche, also knapp 22 Stunden. Würden sie auch nur eine Stunde Selbststudium pro Präsenzstunde investieren, kommen sie auf 44 Stunden pro Woche. Hinzu kommt das Lernen für Klausuren und das Schreiben von Seminar- und Praxisarbeiten. Arbeitsrechtlich sind nach § 7 (8) Arbeitszeitgesetz 48 Stunden das Maximum (BRD, ArbZG 2016).

Wie können Studierende damit umgehen? Im Idealfall lernen Studierende, zielgerichtet zu arbeiten und Studieninhalte und -aufgaben zu priorisieren. Der Alltag sieht leider bei vielen anders aus: Studierende sehen sich gezwungen, zum Bulimie-Lernen zu greifen (Kapitel WAS SCHIEF GEHEN KANN). Meine Antwort als Dozentin auf eine solche Überfrachtung des Studienplanes lautet Kompetenzorientiertes Lernen (Kapitel NEUGIER).

Never underestimate your student ist angelehnt an einen Satz von Ruth Cohn (1912 – 2010). Sie ist die Begründerin der Themenzentrierten Interaktion und eine wichtige Entwicklerin der humanistischen und der psychodynamischen Psychologie (Ruth Cohn Institute for TCI-international 2019; Schulz von Thun 2010). Ruth Cohn prägte den Satz *Never underestimate your client*. Also habe ich wieder einmal viel von den Studierenden lernen können. Sie können mehr als sie selbst und manchmal auch ich annehme. Meine Schlussfolgerung lautete im Sommer 2014 für die folgenden Lernveranstaltungen: wieder stärker Fall-basiertes Lernen als eine Methode im Kompetenz-orientierten Lernen durchführen (das kam hier etwas zu kurz) und damit wieder die Anforderungen höher stellen, sowohl an die Studierenden als auch an mich selbst.

In der Verwirklichung von gutem Lernen und Lehren spielt auch die Beachtung von Rhythmus und Kontext ein Rolle. Wie dies funktionieren kann, soll der folgende Abschnitt zeigen.

1.3. Über die Bedeutung von Rhythmus und Kontext

Zeit, Raum und Wertschätzung. Diese drei sind Basis und Ausgangspunkt von gutem Lernen, gutem Arbeiten und des Lebens überhaupt. Sie tauchen in Reflexionen mit Kollegen, Klienten und Studierenden immer wieder auf, wenn wir über „gute" Arbeitsbedingungen nachdenken. Ich schreibe gut in Anführungsstrichen, weil dies eine subjektive Angelegenheit ist. Jeder Mensch, jede Gruppe und jede Kultur versteht unter „gut" etwas anderes – sei es in Bezug auf Arbeit, Lernen, Freunde, Familie, Liebe, Umwelt, gesellschaftliche oder politische Entwicklungen. Welche Bedeutung darin Zeit, Raum und Rhythmus haben, beschreibt der Kulturanthropologe Edward Hall (1914 – 2009) in seinen wunderbaren Büchern.

Rhythmus

Menschen leben leichter miteinander, wenn sie einen gemeinsamen Rhythmus finden. Sie haben es vielleicht selbst schon erlebt. Sie gehen mit einem Menschen, den Sie zum ersten oder zweiten Mal treffen, und bewegen sich in gleicher Schrittlänge und gleichem Tempo. Sie wenden sich einander gleichzeitig zu. Gesprächspausen entwickeln sich harmonisch. Sogar Ihre Körperhaltungen und Gesten haben einen gemeinsamen Rhythmus. Dazu müssen Sie nicht gleich alt oder gleich groß sein. Das geht auch mit einem Meter fünfundneunzig und einem Meter fünfundsechzig. Hall nennt so etwas Synchronizität.

Er berichtet in *Dance of Life* (1983) von einer Langzeitbeobachtung eines Schulhofes. Nach Wochen der Analyse einer ungefähr fünfminütigen Sequenz erkannte einer seiner Studenten zusammen mit einem Musiker einen Rhythmus. Die Kinder bewegten sich

1. Zeit – Raum – Wertschätzung

nach einem Lied. Ein Mädchen war dabei auf dem ganzen Schulhof unterwegs und brachte die Gruppen miteinander in Kontakt. Hall leitete daraus die These ab, dass nicht unsere Kulturen von einer bestimmten Musik geprägt werden, sondern es ist umgekehrt. Die Musik spiegelt den Rhythmus einer Kultur wider. Dies kann ich gut nachvollziehen, wenn ich an die verschiedenen Phasen der klassischen Musik, des Jazz oder der Rock- und Popmusik denke und wenn ich die Musik anderer Kulturen erlebe, sei es die der Aboriginal Australians, der Native Americans (Indianer und Inuit) oder in Afrika.

Hall hat noch weitere Konzepte der Kulturanthropologie entwickelt, die sich um Raum, Zeit und Wertschätzung drehen.

Raum

In *The hidden dimension* (1966) und in dem mit seiner Ehefrau Mildred Reed Hall publizierten *The Forth Dimension in Architecture. The Impact of Building on Behavior* (1975) geht es um die Bedeutung des Raumes und der Distanzen, die Menschen einander zugestehen (*proxemics*).

Organisationen – Unternehmen, Behörden und andere Institutionen – bestehen aus Menschen. Menschen, die Entscheidungen darüber treffen, wie die Gebäude der Organisation aussehen und innen gestaltet sind. Somit geben Gebäude darüber Auskunft, wie eine Organisation mit Menschen umgeht. Gebäude sind soziale Medien und sie sind unsere dritte Haut: „Der Mensch ist von drei Schichten umgeben, von der Haut, von der Kleidung und von den Mauern, dem Gebäude." (Hundertwasser 1991).

Der Künstler Friedensreich Hundertwasser (1928 – 2000) hat in der bildenden Kunst und der Architektur und durch sein ökologisches und politisches Engagement gezeigt, wie sinnvoll es sein kann, konventionelle Denkweisen zu verlassen. Architekten wie Norman

1.3. Über die Bedeutung von Rhythmus und Kontext

Foster, Georges Candilis, Alexis Josic und Shadrach Woods haben dies – wenn auch nicht so bunt und kurvig wie Hundertwasser – für den Lernort Hochschule umgesetzt. In den QUELLEN finden Sie mehr zu diesen Architekten.

Zeit

In *Dance of Life* (1983) stellt Hall ein weiteres Konzept vor: die Bedeutung unterschiedlicher Zeitwelten. Es gibt Menschen und Kulturen, die mehrere Rhythmen gleichzeitig leben (*polychronic*). Andere leben nur in einem Rhythmus, der sich im Tempo sehr wohl ändern kann (*monochronic*). Hall, der mit Menschen in und aus den USA, Lateinamerika, den Arabischen Ländern, China, Japan und Europa geforscht hat, schreibt bestimmten Kulturen die eine oder andere Form zu.

Lateinamerikaner und Südeuropäer sind eher polychron. Ihnen sind soziale Beziehungen sehr wichtig. Ihre Kommunikation ist von einem hohen Kontext geprägt. Vieles wird nicht ausgesprochen, da es ja bekannt ist – nur nicht dem monochronen US-Amerikaner, Schweizer oder Skandinavier, der sich in eine solche Kultur begibt.

Wertschätzung

Um andere Kulturen zu verstehen, sind Demut und Offenheit erforderlich. In *Beyond culture* (1976) schließt Hall das letzte Kapitel mit dem Satz *The trouble I have with him is me* (Ausgabe von 1989, S. 240). Der große Nutzen, den Menschen aus dem Beobachten, Sich-einlassen und Verstehen-wollen anderer Menschen und Kulturen ziehen können, ist nach Hall: Nur so können wir unsere eigene Kultur verstehen und damit uns selbst.

1. Zeit – Raum – Wertschätzung

Darum macht es Sinn und Freude, bewusst Menschen, Gruppen und Organisationen in alltäglichen Situationen zu beobachten und typische Grundmuster zu verstehen (Hall, 1976 [1989], S. 129 ff).

Zu alltäglichen Situationen (*situational frames*) zählen Begrüßungen, Arbeit, Essen, Verhandeln, Kämpfen, Regieren, das Liebeswerben, die Schule, Kochen, das Servieren von Mahlzeiten und das Herumlungern (Hall, 1976 [1989], S. 129 ff). Menschen lernen in solchen Einheiten und entwickeln in ihren Kulturen dazu spezifische Verhaltensmuster und Sprachen. Hall nennt sie *situational dialects*. Wenn Sie in Italien in typischen Redewendungen und mit der entsprechenden Körpersprache auf dem Markt Obst einkaufen können, dann haben Sie den Dialekt dieses *situational frame* erlernt und verinnerlicht. Die Flens-Werbung zeigt, wie solche Situationen in Norddeutschland ablaufen können (Flensburger 2012). Die Friesen haben eindeutig eine *High Context Culture*.

Kontext

Kulturen mit hohem Kontext in der Kommunikation haben nach Hall auch ein polychronisches Zeit(er)leben, also Lateinamerika, Südeuropa et cetera (siehe oben). Vice versa haben monochrone Kulturen einen eher geringen Kontextgrad in ihrer Kommunikation (*low context culture*). Sie müssen alles aussprechen und verstehen trotzdem nicht unbedingt.

So wie ich Hall in seinen Büchern verstehe, hätte ihm die Geschichte vom Amerikaner und den Friesen in der Flens-Werbung gefallen ... „So ein Auto hatte ich auch mal." Friesland reicht von Vlieland in den Niederlanden bis nach Sylt. Ich werde bei meinem nächsten Besuch im Norden darauf achten, ob die Friesen mehrere Dinge gleichzeitig machen. Auf jeden Fall legen sie hohen Wert auf zwischenmenschliche Beziehungen und sind keine Sklaven von Uhren und Kalendern. Dabei sind sie gleichzeitig sehr zuverlässig.

1.3. Über die Bedeutung von Rhythmus und Kontext

Lernen

Hall lernte und lehrte sein Leben lang. Lernen ist für ihn ein Trieb, der den Menschen in seinem Überleben als Individuum, in seiner Kultur und damit auch als Spezies schützt. Als Gegenstück führt er den Sexualtrieb an, der Menschen nur in ihrem Überleben als Art schützt (*Beyond culture*, Ausgabe von 1989, S. 207). Wäre Hall aus einer anderen, nicht-westlichen Kultur, würde er vielleicht noch Kommunikation auf einer nicht-sprachlichen Ebene und Spiritualität hinzufügen. Damit wäre der Sexualtrieb auch für das Überleben des Individuums und der Kultur seiner Spezies wichtig. Das führt hier jedoch vom Thema weg. Zurück zum Lernen.

Menschen lernen, wie gesagt, situationsgebunden und in Einheiten. Und sie lernen am besten im Spiel und von ihren Peers, also Menschen aus ihrer Altersgruppe. Eine Altersgruppe muss nicht ein Jahrgang sein, sondern es bedeutet, in einer Lebensphase in Bezug auf den Lernstoff zu sein. Es kann sich also um Zwergschulen mit Kindern von sechs bis vierzehn Jahren handeln oder um Unternehmen, in denen Menschen unterschiedlichen Alters eine neue Software oder ein neues Fachthema kennenlernen. Wichtig ist – dies betont auch Hall, dass die Lehrenden sich zurücknehmen, als Ermöglicher begreifen und die Lernenden fordern und fördern, auch und gerade durch spielerische Aspekte im Lernen.

Es gibt noch viel mehr in den hier vorgestellten Büchern *Beyond Culture* (1976) und *Dance of Life* (1983), beispielsweise, warum wir das Handeln in Aktionsketten wie das Essen oder bei der Arbeit und vielen anderen *situational frame* bei uns selbst und anderen nicht unterbrechen sollten. Oder, wie wichtig es ist, nicht nur zu trainieren, da Training die Fähigkeit zu analytischem Denken verringert. Es muss Zeit für Reflexion und Kreativität sein. Welche Rolle dabei Neugier und Erfahrung spielen und wie Kompe-

1. Zeit – Raum – Wertschätzung

tenz-orientiertes Lernen und Blended Learning diese fördern, beschreibt das folgende Kapitel.

2. Neugier

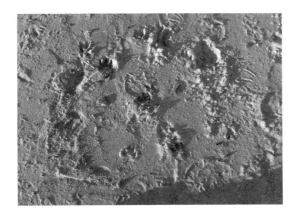

2. Neugier

Auf die Frage, was ihn denn so frisch gehalten habe, soll Thure von Üexküll auf der Feier zu seinem achtzigsten Geburtstag geantwortet haben: „Neugier, Neugier, Neugier." Der Arzt und Wissenschaftler Thure von Üexküll (1908 – 2004) war Begründer der psychosomatischen Medizin und Mitbegründer der Biosemiotik.

Für das Lernen gibt es zwei wichtige Antriebe: Neugier und Handlungsmotiv. So lernen Kinder, Jugendliche, Erwachsene und so lernen wir im Alter.

> **Beispiel** Generation „Silver Surfer"
>
> Der Großvater einer Freundin wollte diese gerne täglich sehen. Nur: seine Enkelin lebte hundert Kilometer entfernt. Also lernte dieser über achtzig Jahre alte Mann, wie er einen PC bedienen und skypen kann. Er soll immer die neueste PC-Generation zuhause haben, so sagt man ...

Soweit zur Generation „Silver Surfer". Ganzheitliches, Kompetenzorientiertes Lernen ist an Schulen, Hochschulen und Universitäten ein aktuelles Thema. Bevor ich hierauf und das Blended Learning als ein nützliches Instrument für das Kompetenz-orientierte Lernen eingehe, möchte ich kurz einige Lerntheorien vorstellen.

2.1. Lernen durch Erfahrung und Reflexion

John Dewey (1859 – 1952) war Pädagoge, Philosoph und Soziologe. Er hat das Modell der „ersten" und „zweiten Erfahrung" geprägt und damit die Bedeutung des praktischen Lernens und des Erfahrungslernens begründet (engl.: *experiental learning*):

Primary experience: Spüren, Fühlen.
Secondary experience: Reflexion (Innehalten, Nachdenken, Schlussfolgerungen, Dialog)

Dies war wiederum die Grundlage für die Entwicklung von Fall- und Projekt-basiertem Lernen an Schulen und Universitäten in Nordamerika (Harvard, McMaster) und später auch in Europa (Maastricht, Aalborg, Berlin, ...). Von den zahlreichen Veröffentlichungen Deweys empfehle ich *How We Think How We Think* von 1910 und *Democracy and Education* von 1916, die beide 1997, beziehungsweise 2008 noch mal erscheinen sind. Auf Deweys Arbeiten bauen Donald Schön, Chris Argyris und Peter Senge auf.

Donald A. Schön (1930 – 1997) war Philosoph, Soziologe und Berater. In seinem Buch *The Reflective Practitioner* hat er die Bedeutung des Nachdenkens für das Lernen zu zwei Zeitpunkten herausgearbeitet (Schön 1983).

Es geht zum einem um das Nachdenken, während ein Mensch etwas tut (*Reflection-in-action*), und zum anderen um das Nachdenken, nachdem ein Mensch etwas getan hat (*Reflection-on-action*). Wichtig für diese Reflexionen sind Erfahrung, Intuition, Metaphern und Bilder. Menschen, die beides beherrschen, zeichnet aus, dass sie das Ungewöhnliche (Neue) von Vertrautem unterscheiden können. Sie sind *Reflective Practioner*.

2. Neugier

2.2. Lernen in Schleifen

Chris Argyris (1923 – 2013, Psychologe und Ökonom) und Donald A. Schön (1930 – 1997, Philosoph, Soziologe und Berater) haben lange Jahre unter anderem am MIT (Massachusetts Institute of Technology) eng zusammengearbeitet und publiziert. Unter anderem haben sie sich mit Handlungsmotivationen und dem Lernen in Schleifen beschäftigt.

Theory in use and Theory of action

Jeder Mensch hat seine geheimen (*tacit*) Theorien oder Karten (*maps*), nach denen er handelt und die die Basis seines Handelns darstellen, seine *Theory in use*. Menschen sind in ihrem Handeln äußeren Bedingungen ausgesetzt (*governing variables*). Diese beeinflussen ihre Strategien, deren Umsetzung und die daraus entstehenden Konsequenzen – ihre *Theory of action*.

Ein Beispiel ist die Fabel vom Fuchs und den Trauben. Er kann an die Trauben nicht heran, weil sie zu hoch hängen (*theory in use*), aber er sagt, dass er sie gar nicht will, weil sie zu sauer sind (*theory of action*).

Innere und äußere Konflikte (*mismatches*) entstehen, wenn die Lücke zwischen *Theory in use* und *Theory of action* zu groß wird. Ich möchte Ihnen von einem Beispiel erzählen, dass ganz und gar nicht gut verläuft. Wenn Menschen in Diktaturen leben, müssen sie oftmals nach außen ganz andere Werte und Gedanken vertreten, als dies ihrem Inneren entspricht. Die Kunsthistorikern Lada Nikolenko (1915 – 1996) hat dies in ihrem autobiographischen Roman *Wie Staub aus der Steppe* (1974) eindringlich geschildert. Auf Seite 84 schreibt sie aus der Sicht ihrer Hauptfigur Irina:

2.2. Lernen in Schleifen

> *... Erst nimmt man uns das Liebste, dann sollen wir so tun, als sei alles in Ordnung, also lügen wir, und damit fängt das Leben auf zwei Ebenen an, eines an der Oberfläche, das andere in der Tiefe. Der eine ist neben mir, der andere weit weg. Eine neue Form von „menage en trois" wie Onkel Jura zu sagen pflegt ...*

Irina, ihr Mann, ihre Familie und ihre Freunde mussten große Entbehrungen in den 1930er und 1940er Jahren auf sich nehmen, um diesen massiven Konflikt aus *Theory in use* und *Theory of action* zu überleben. Claas Danielsen hat 1995 einen mehrfach preisgekrönten Dokumentarfilm über Lada Nikolenko gemacht.

Vielleicht denken Sie bei meiner folgenden Frage: Jetzt übertreibt sie. Und doch möchte ich Sie anregen, darüber nachzudenken: Wie unterdrückend kann die Arbeit und damit das Lernen in einem Unternehmen oder einer anderen Organisation sein? Und wie können Menschen damit umgehen?

In der Regel ist es nicht so extrem wie für Irina, ihren Mann, ihre Familie und ihre Freunde. In unserer Arbeitswelt lassen sich Konflikte zwischen *Theory in use* und *Theory of action* oft lösen, beispielsweise durch Supervision und Coaching (Buch MENSCHEN).

Beispiel Karriere und Privatleben

„Wenn ich in das Topmanagement gelangen will, brauche ich einen Doktorgrad." Dies war letztlich die Annahme einer Führungskraft Mitte vierzig, die Interesse an einer Dissertation in der Medizinischen Informatik zeigte. Zunächst war es seiner Aussage nach einfach Interesse an der Arbeit meiner Forschungsgruppe in Aachen gewesen, doch im Verlauf unserer Gespräche stellte sich dieses Motiv heraus.

2. Neugier

Natürlich kann das Verfolgen einer Karriere ein starkes Motiv für die mehrjährige, nebenberufliche, unentgeltliche Arbeit an einem solch großen Projekt sein. Doch was ist mit dem Privatleben? Wie will diese Führungskraft die Balance zwischen den drei Bereichen Privatleben, Job und Dissertation halten? Was sagen seine Frau, seine Familie und enge Vertraute in Job und Privatleben dazu? Werden sie ihn unterstützen? Wie schätzt er selbst seine Kräfte ein? Und vor allem: Ist der Doktorgrad tatsächlich so wichtig für seine Karriere? Gibt es andere Wege in das Topmanagement? Will er tatsächlich dahin? Wenn ja, warum und wozu?

Nach der Bearbeitung dieser Fragen im Verlauf einiger Monate entschied er sich gegen eine Dissertation. Nach einigen weiteren Monaten stieg er ins Topmanagement auf. Was war geschehen? „Meine Frau und meine Vertrauten haben mir gezeigt, dass sie mich unterstützen würden, welchen Weg ich auch gehe. Dies und meine Gespräche mit Ihnen führten dazu, dass ich mich von alten Vorstellungen gelöst habe und frei wurde." Frei auch für die Beförderung.

Single und Double Loop Learning

Wenn äußere Bedingungen sich ändern, können Menschen auf zweierlei Art damit umgehen. Sie verändern ihr Verhalten ohne ihre bisherigen Vorgehensweisen zu hinterfragen oder sie nutzen diese Gelegenheit zur Reflexion. Argyris und Schön haben dies als erste und zweite Schleife des Lernens beschrieben (1978 & 1995).

Erste Schleife: ich behalte meine Werte und Ziele bei und ändere „nur" die Strategie.

2.2. Lernen in Schleifen

Zweite Schleife: ich hinterfrage meine Werte und Ziele und ändere eventuell diese. Dies kann positiv ausgehen – ich werde „ein besserer Mensch" – oder negativ – ich lasse nach, beispielsweise in der Qualität meiner Arbeit.

Der Spielfilm „Und täglich grüßt das Murmeltier" von Harold Ramis aus dem Jahr 1993 zeigt, wie es gut laufen kann. Allerdings braucht der Protagonist Phil auch einige, immer gleiche Tage, bis er aus der ersten in die zweite Schleife kommt. Dafür brauchen wir ein starkes Motiv. In Phils Fall war dies der Wunsch, der Frau seiner Träume näher zu kommen.

Eine weitere Lerntheorie ist die des kognitiven Lernens, die ich Ihnen zusammen mit dem Kompetenz-orientierten Lernen vorstellen möchte.

2. Neugier

2.3. Kompetenz-orientiertes Lernen und Lehren

Wie kann und sollte naturwissenschaftliche und ingenieurwissenschaftliche Ausbildung heute und in Zukunft erfolgen?

Diese Frage stellten mir Kollegen von der Technischen Universität Hamburg-Harburg im Juli 2011. Darauf antwortete ich mit einem Vortrag und einem Exposé, wie die TUHH dies in meinen Augen mit dort bereits vorhandenen und noch auszubauenden Ressourcen umsetzen kann (Weßel 2011).

Universitäten, Lehrende, Studierende und ihre Partner aus privater und öffentlicher Wirtschaft wissen mittlerweile um die Bedeutung einer umfassenden Ausbildung sowohl fachlicher und methodischer als auch sozialer Kompetenzen der Hochschulabsolventen. Anforderungen in Wirtschaft und Wissenschaft und Erfahrungen an Universitäten, Hochschulen und Berufsschulen zeigen, dass multidisziplinäre und praxis- und Kompetenz-orientierte Ansätze den größten Erfolg zeigen.

Kennengelernt und erlernt hatte ich diese Ansätze ab 2003 in Summer Schools an der Universität Maastricht. Angewendet und zum Konzept des *Continued Multidisciplinary Project-Based Learning* (CM-PBL) weiterentwickelt habe ich dies mit meinem Kollegen Cord Spreckelsen in meiner Forschungsgruppe *Informationssysteme im Gesundheitswesen* in der Medizinischen Informatik (Weßel/Spreckelsen 2009). Wir haben am Klinikum Aachen eng mit der medizinischen Fakultät in Maastricht zusammengearbeitet. Maastricht ist die erste Universität in Europa, die seit den 1970er Jahren das Medizinstudium vollständig auf das Fall-basierte Lernen eingestellt hat.

2.3. Kompetenz-orientiertes Lernen und Lehren

Kompetenz-orientiertes Lernen und Lehren (*competency-based learning, CBL*) hat zum Ziel, die Studierenden zum Erwerb und Ausbau fachlicher, methodischer und sozialer Kompetenzen zu befähigen (Jones und Kollegen 2002). Fall- und Problem-basiertes Lernen und Projekt-basiertes Lernen (PBL) nutzen die Theorien und Konzepte des Kompetenz-orientierten Lernens.

Das Lernen im Rahmen realistischer Szenarien fußt auf der Theorie des kognitiven Lernens: Das Lernen durch Einsicht und am Modell befähigt die Lernenden, sich ein Feld eigenständig zu erschließen, Lösungen zu entwickeln und wissenschaftliche Methoden anzuwenden. Dies führt zu einer besseren Motivation von Lernenden und zeigt im Vergleich zu herkömmlichen Methoden bessere Ergebnisse in kurz-, mittel- und langfristigen Lernergebnissen (Slavin 1996). Die Lehrenden sehen sich dabei als *facilitator, mentor, guide* (Kapitel DIDAKTIK MIT DEM FISCH). Kompetenz-orientiertes Lernen und Lehren nutzt dazu das Blended Learning, das ich auf den folgenden Seiten vorstelle.

Sowohl die Studierenden als auch die Lehrenden benötigen für die Umsetzung Lern- und Lehrkompetenzen. Kompetenz-orientiertes Lernen und Lehren muss in der Zielsetzung, Strategie und operativen Umsetzung einer Hochschule verankert sein. Dies ermöglicht die Entwicklung von auf die Hochschule zugeschnittenen Lern- und Lehrangeboten durch die Lehrenden und Studierenden selbst, unterstützt von in der Fachdidaktik versierten Experten. Weiterbildungscurricula für Lehrende, kontinuierliche Beratung und Unterstützung der Lehrenden und Studierenden sowie eine fortlaufende Evaluation der Aktivitäten und Resultate unterstützen die Integration von Kompetenz-orientiertem Lernen und Lehren in den Hochschulalltag.

2. Neugier

2.4. Blended Learning

Blended heißt auf Englisch gemischt. Mag es bei einigen alkoholischen Getränken wie zum Beispiel Whisky einen negativen Beigeschmack haben, so ist es im Lernen eine positive Eigenschaft. Die Lernenden und Lehrenden nutzen drei Aspekte: Präsenzunterricht, Selbststudium und die Nutzung einer e-Learning-Plattform. e-Learning umfasst Repositories, Communities, e-Portfolios, Expertenprofile, (Zugang zu) Bibliotheken, Planung und Management von Lernveranstaltungen, Unterstützung von Monitoring und Evaluation (Bleimann 2004, Kerres 2009). Meine konzeptionelle Basis ist inspiriert von Peter Senges Modell der fünf Disziplinen des organisationalen Lernens, das er als einen dreibeinigen Stuhl darstellt (Senge 2006, S. xiii).

Abb. 2.1: Dreibeiniger Stuhl: Melkhocker

Bein 1: Präsenzlernen. Die körperliche Präsenz ist ein wichtiges Setting für den Austausch und die soziale Entwicklung der Gruppe und des Einzelnen. In gewissem Maß können Videokonferenzen und andere digitale Medien dies ersetzen.

2.4. Blended Learning

Bein 2: Selbststudium mittels Büchern, digitalen oder anderen Medien. Der Lernende muss sich mit dem Stoff auch allein oder in kleinen Gruppen auseinander setzen. Dazu gehören das Lesen und Rezipieren, also Verstehen und Verinnerlichen von Fachtexten, das in einigen Themen erforderliche Auswendiglernen (zum Beispiel Anatomie in der Medizin) und vor allem die Reflexion (zum Beispiel Fall-Lösung durch Schlussfolgerungen).

Bein 3: Nutzung von Lernmedien allein und in Gruppen. Dies sind derzeit vor allem das Web 2.0 mit der Nutzung von Digital Social Media und e-Learning-Plattformen. Vorläufer dieser Technologien waren der Fernunterricht über Radio, Funk und TV.

Sitzfläche: Das Lernen am Fall oder im Projekt: Fall-, Problem- und Projekt-basiertes Lernen in Kleingruppen und Teams.

Effektives, effizientes und freudvolles Lernen sind meiner Meinung nach vor allem dann möglich, wenn ein Mensch alle drei Beine und die Sitzfläche des Blended Learning nutzen kann. Dabei kann das eine Bein dicker, das andere dünner sein – je nach dem Kontext und den Neigungen des Lernenden. Alle drei Beine sind jedoch wichtig. Jedes sollte Kraft haben. Um den Lernenden dies zu ermöglichen, habe ich folgenden Weg gewählt:

Öffentlich zugängliche, eigene Website mit einer Einführung zum Seminar, Zielen, Inhalten, Lernzielen, Literaturempfehlungen und zum Vorgehen in Seminararbeiten und Portfolios. – https://veraenderung-gestalten-lernen.de/

2. Neugier

Geschützter, virtueller Lernraum auf der e-Learning-Plattform der Hochschule – beispielsweise: Moodle.

Persönlicher Austausch an den Seminartagen.

Weitere Kommunikation digital zwischen den Seminartagen im Forum der Lernplattform.

Auf der e-Learning-Plattform der Hochschule beantrage und richte ich als Dozentin den virtuellen, geschützten Lernraum ein. Die Studierenden schreibe ich ein. Dadurch kann ich mich vom ersten Tag der Lernveranstaltung an auf diesen virtuellen Teil unserer Zusammenarbeit im Blended Learning beziehen.

Der digitale Lernraum besteht aus einem Forum und einzelnen Sektionen. Lehrende und Studierende können Inhalte hochladen und mit anderen Nutzern teilen. In einer Sektion hinterlege ich Fotos der Visualisierungen aus den Veranstaltungen. In weiteren Sektionen deponieren die Studierenden ihre Berichte (Aufgaben aus den Veranstaltungen sowie Seminararbeiten oder Portfolios). Eine weitere Sektion enthält die von mir kommentierten Arbeiten der Studierenden.

Wir lernen vor allem mit anderen zusammen und bewegen uns damit in sozialen und soziotechnischen Systemen. Was zeichnet das Lernen in solchen Systemen aus und wie können wir sie gestalten? Darum geht es im folgenden Kapitel.

3. Systemisches Lernen

3. Systemisches Lernen

3.1. Die fünfte Disziplin: Systemisches Denken

Es gibt zahlreiche Modelle und Ansätze in der Organisationsentwicklung, die auch für das Lernen des Einzelnen von Belang sind und damit wiederum von Bedeutung für die Organisation, in oder mit der sie arbeiten. Auch eine Hochschule ist eine Organisation (Kapitel DAS „UNTERNEHMEN").

Ein – wie ich es hier nennen möchte – Modellkonglomerat ist *The Fifth Discipline* von Peter Senge (2006). Senges Arbeit gehört zum Kreis der humanistisch-systemischen Organisationsentwicklung. Der Humanismus geht davon aus, dass der Mensch sich kontinuierlich zwischen seinen Bedürfnissen nach Autonomie und der Verbundenheit mit anderen bewegt. Außerdem geht der Humanismus davon aus, dass der Mensch in der Lage ist, sein Leben basierend auf Vernunft und Geschicklichkeit selbst zu steuern, statt blind Anordnungen zu folgen.

Systemisch bedeutet, das Ganze im Blick zu haben und sich der zum großen Teil nicht sicher vorhersagbaren Abhängigkeiten bewusst zu sein. Abhängigkeiten können entstehen durch Ereignisse innerhalb des Systems und seiner Teile, seiner Subsysteme, durch von außen auf das System einwirkende Faktoren und durch andere Systeme (Cooperrider et al. 2008).

Senge stellte aus den Vorarbeiten zahlreicher Philosophen, Wissenschaftler und Berater fünf „Disziplinen" zusammen, die für eine lernende und damit sich kontinuierlich verändernde und verbessernde Organisation und ihre Mitglieder erforderlich sind. Disziplin versteht Senge als eine Gesamtheit von Theorien und Methoden, mittels derer Menschen kontinuierlich lernen, Fähigkeiten erwerben und sich weiter entwickeln. Senges fünf Disziplinen sind:

3.1. Die fünfte Disziplin: Systemisches Denken

Persönliche Entwicklung (*personal mastery*)

Mentale Modelle (*mental models*)

Bildung gemeinsamer Visionen und Zukunftsbilder (*building shared vision*)

Lernen im Team (*team learning*)

Systemisches Denken (*system thinking*)

Voraussetzung für den erfolgreichen Weg der Lernenden Organisation ist nach Senge die fünfte dieser Disziplinen, das systemische Denken (*system thinking*). Vorgehensweisen und Instrumente des systemischen Denkens ermöglichen es, Zusammenhänge, Beziehungen, Muster – das „große Bild" – zu erkennen und daraus Änderungen abzuleiten und umzusetzen. Erst mit dieser „Fünften Disziplin" können die vier anderen ihre jeweilige und gemeinsame Wirkung entfalten.

In der persönlichen Entwicklung (*personal mastery*) erkennt der Mensch seine Ziele, reflektiert und priorisiert diese und setzt sich mit der Wirklichkeit auseinander. Anders ausgedrückt: Sie lernen, dass Ihre Wahrheit nicht *die* Wahrheit ist.

Mentale Modelle (*mental models*) sind tief verwurzelte Annahmen, Generalisierungen, Bilder und Vorstellungen des Menschen. Die Arbeit mit ihnen beinhaltet die Explikation und die Überprüfung vor allem auch im Dialog mit anderen. Anders ausgedrückt: Sie lernen, Ihre eigenen Modelle zu erkennen, und die anderer – auch die Ihrer Organisation.

Die Bildung gemeinsamer Visionen und Zukunftsbilder (*building shared vision*) im Dialog bildet die entscheidende Voraussetzung für den langfristigen Erfolg einer Gruppe, eines Teams oder einer Organisation. Anders ausgedrückt: Sie lernen, mit anderen gemeinsame Bilder und Zukunftsvisionen zu entwickeln. Auf Deutsch

3. Systemisches Lernen

sagen wir eher: Zukunftsbilder; Ziele; Vorhaben; das, wofür wir stehen.

Lernen im Team (*team learning*) führt dazu, dass sich sowohl die Gruppe als auch das Individuum weiter entwickeln. Dazu gehört auch, Interaktionsmuster zu erkennen und zu reflektieren. Zentrale Technik ist wieder der Dialog. Durch das Lernen und Arbeiten im Team eröffnet sich die Möglichkeit, dass das „Ganze mehr ist als die Summe seiner Teile" (Aristoteles, 384 – 322 v.C.).

Doch, was und wer beeinflusst wie soziale Systeme? Können Systeme lernen? Lassen Sie uns im folgenden Abschnitt betrachten, welche Antworten beispielsweise Donald Schön auf diese Frage gibt.

3.2. Lernende Systeme

Donald A. Schön (1930 – 1997, Philosoph, Soziologe und Berater) ging davon aus, dass es gibt keine stabilen Systeme gibt (Schön 1973). Veränderung ist immer. Organisationen sind als soziale Systeme in der Lage Veränderungen zu gestalten, statt plötzlich von außen durch den „Markt" geändert zu werden. Veränderung geht stets mit Lernen einher. Lernen im System und des Systems erfolgt durch die Individuen, vor allem von der Peripherie her. Es ist aber nicht davon abhängig, dass alle Individuen lernen. Ein System lernt immer.

Um Veränderung konstruktiv gestalten zu können, müssen – so Schön – Organisationen (Unternehmen, Behörden, Hochschulen et cetera) Prozesse des Informationsflusses und sequentieller Veränderungen (Transformationen) entwickeln. Schön hat hierzu *Learning systems' models around the diffusion of innovation* entwickelt und unter anderem 1973 in seinem Buch *Beyond the Stable State* vorgestellt.

> Systeme verändern sich kontinuierlich: Man kann sich nicht nicht verändern.

> Jedes System strebt nach Stabilität.

> Systeme sind von außen nicht veränderbar, aber irritierbar.

> Ein komplexes System hat vielfältige Beziehungen und Wechselwirkungen nach außen und innen, ist begrenzt vorhersehbar in seinen (Re)Aktionen und zeigt emergente Ergebnisse. Dies bedeutet, dass Ergebnisse nicht auf die (Re)Aktion eines einzelnen Elementes zurückgeführt werden können, sondern vor allem auf Muster in der Interaktionsdynamik beruhen.

3. Systemisches Lernen

Organisationen sind soziotechnische Systeme, in denen Zusammenarbeit ein zentrales Thema ist. Motivation in Systemen zur Veränderung entstehen durch Druck (Gesetze, Markt), Mangel (Ressourcen) oder einen Wunsch, eine Vision, zum Beispiel „die Besten sein wollen in ..." Oftmals ist es eine Kombination aus allen dreien.

Veränderung braucht Energie: Veränderungsenergie. Diese entsteht durch Offenheit und Commitment der Mitglieder dieser Organisation. Hierauf hat die Haltung der Führungskräfte entscheidenden Einfluss.

Wie sich Organisationales Lernen in einem Unternehmen umsetzen lässt, zeigt das Beispiel der Asean Development Bank im folgenden Abschnitt.

3.3. Als Organisation lernen

Keith Leonard und Kollegen, Mitarbeiter des *Operations Evaluations Department* der Asean Development Bank, haben 2008 ein Manual zum Organisationalen Lernen, seiner Implementierung und Evaluation verfasst, das online zur Verfügung steht (Leonard et al. 2008). Dies schließt auch sehr gute Definitionen zu den Grundbegriffen Organisationalen Lernens ein, wie beispielsweise *organization, data, information, knowledge, monitoring, evaluation, learning, principles (examples), community of practice, knowledge worker, organizational culture, learning cycle of an organization, software based knowledge management systems*.

Eine Hochschule ist ein komplexes soziotechnisches System. Als Lern- und Lehrinstitution kann und sollte sie ein Beispiel für eine Lernende Organisation und Organisationales Lernen sein. Folgendes kann als Rahmen und Orientierung dienen:

Lernen ist ein sozialer Prozess, der durch technische Prozesse unterstützt wird.

Organisationales Lernen braucht Individuen, die fähig sind zu lernen, sich mit ihrer Organisation identifizieren und loyal sind.

Eine kritische Masse von Mitarbeitern und Mitgliedern der Unternehmensleitung und des Management ist erforderlich, um erfolgreich organisational lernen zu können. Everett Rogers (1931 – 2004) zeigt in seinem Buch *Diffusion of Innovations* wie sich eine genügend hohe Anzahl von Mitwirkenden erreichen lässt (Rogers 2003; Beispiel im Buch BERATEN).

Führungskräfte sind bei der Umsetzung des Organisationalen Lernens von besonderer Bedeutung. Unter-

3. Systemisches Lernen

nehmensleitung und Führungskräfte müssen Lernen und Veränderung ermöglichen.

Lernen ist eine wichtige Bedingung für positive Veränderungen.

Kultur und Entschlossenheit sind wichtige Rahmenbedingungen für das Lernen.

Im folgenden Kapitel DIDAKTIK MIT DEM FISCH geht es aus der Perspektive der Lernenden und der Lehrenden darum, wie sich dies auf das Lernen und Lehren an Hochschulen übertragen und mit einem „Aal" verwirklichen lässt. Das Kapitel WAS KÖNNEN WIR TUN? im Teil IV LERNORT HOCHSCHULE beantwortet, wie Hochschulmanagement und weitere Akteure zu gutem Lernen und Lehren beitragen können und sollten.

4. Didaktik mit dem Fisch: Das Aal-Prinzip

4. Didaktik mit dem Fisch: Das Aal-Prinzip

4.1. Andere arbeiten lassen

Wann ich den Spruch „Aal, andere arbeiten lassen" zum ersten Mal gehört habe, weiß ich nich mehr. Jedoch weiß ich noch, wann ich ihn zum ersten Mal bewusst angewendet habe. Während ich Kisten mit Wasser und Proviant an Bord hievte, filmte ein Mitsegler fröhlich und tiefenentspannt das Geschehen. Daraufhin sagte ich in die Kamera: „Das sind mir die Richtigen: Aal, andere arbeiten lassen." Damals meinte ich das halb scherzhaft im eher negativen Sinn.

Durch Vorbilder in der Medizin (Chefärzte, Oberärzte, Pflegeleitungen) und in Forschung, Lehre und Unternehmen und durch die Arbeiten von Tom DeMarco und Timothy Lister (Peopleware 1999), Peter Senge (The Fifth Discilpline 2006) und Frederic Laloux (Reinventing Organizations 2014) und vieler andere lernte ich die positive Seite kennen: Ermögliche, dass andere arbeiten, sich entwickeln und selbst verwirklichen können. Dies ist auch ein Grundsatz im Coaching. Im Sommer 2014 hatte ich das Vergnügen, anderen Coaches das Thema „Digital Natives" und den Zugang des Lernens und miteinander Arbeitens mit dem Aal-Prinzip nahe zubringen (Blog vom 17. Juni 2015).

Andere arbeiten lassen hört sich zunächst einmal an wie „nicht selbst etwas tun, sondern anderen Menschen die eigenen Aufgaben „aufhalsen"". Wenn Sie jedoch ein „zu" einsetzen, sieht es anders aus. Zulassen, dass andere arbeiten können. Dazu gehört, dass erforderliche Ressourcen zur Verfügung stehen, und dass Menschen Verantwortung übernehmen und sich entfalten, entwickeln und lernen können. Dieses zu ermöglichen, ist die Aufgabe von Führungskräften. Es funktioniert nur, wenn die Unternehmenskultur diesen Ansatz widerspiegelt. Die Unternehmenskultur ist Ausdruck der Werte und Normen eines Unternehmens, das dieses

4.1. Andere arbeiten lassen

wiederum in seinen Zielen, seiner Strategie und der Umsetzung ausdrückt (Schein 1985; Buch MENSCHEN).

Professionell agieren

Akteure (*stakeholder*) im „Unternehmen" Hochschule sind Studierende, Lehrende, Hochschuladministration und im Fall der Dualen Hochschulen die Unternehmen, in denen Studierende ihre Ausbildung machen (Kapitel DAS „UNTERNEHMEN"). Sie alle können und müssen zum Gelingen des Aal-Prinzips beitragen. Hochwertiges und nachhaltiges Lernen und Lehren zu verwirklichen, erfordert das Commitment aller Akteure. Commitment ist die frei gewählte Verpflichtung und das Engagement, an einer Aufgabe mitzuwirken. Dies erfordert professionelles Arbeiten aller Beteiligten.

Begriff Professionalität

Jim Collins nennt Demut und Entschlossenheit als Eigenschaften exzellenter Führungskräfte (Collins 2005). Engagement, Respekt, Reflexionsfähigkeit, Selbstmanagement, die Bereitschaft mit anderen zusammenzuarbeiten und sie zu unterstützen sowie ein guter Umgang mit sich selbst und anderen, sind weitere Kennzeichen hoher Professionalität (Buch MENSCHEN).

„Mit sich selbst gut umzugehen", heißt, eine gute Balance zwischen Berufs- und Privatleben herzustellen. Dazu gehört auch, auf Ihre körperliche, geistige und seelische Gesundheit zu achten.

„Mit anderen gut umzugehen" soll heißen, dass Sie sich auf die Kultur und den Kontext, in dem Sie sich bewegen, einstellen und sie respektieren. Dies zeigen Sie unter anderem durch Ihre Kleidung, Ihre Sprache, Ihre Körpersprache und Ihr Verhalten (Kapitel ZEIT – RAUM – WERTSCHÄTZUNG). Studierende beschreiben

4. Didaktik mit dem Fisch: Das Aal-Prinzip

es in ihren Portfolios ungefähr so: Neben der Kleidung, die einem *casual friday* im Büro entsprechen sollte, sollten Studierende – und die anderen Akteure an Hochschulen – vor allem auf eine Slang-freie Sprache sowie Pünktlichkeit und Zuverlässigkeit in der Erfüllung der übernommenen Aufgaben achten (weitere Reflexionen der Studierenden finden Sie in den Kapiteln PORTFOLIO und REFLEXIONEN).

Lehrende sind auch Führungskräfte

Ihnen ist eine Gruppe von Menschen anvertraut, die von und mit Ihnen lernen sollen und, wenn es gut läuft, auch wollen. Peter Senge beschreibt in seinem Buch *The fifth discipline* Führungskräfte auch als Lehrer und Diener der ihnen anvertrauten Menschen (Senge 2006).

Die Verantwortung von Führungskräften erstreckt sich auf drei Bereiche (Buch MENSCHEN, S. 126): Produkte (Waren und Dienstleistungen), ihre Mitarbeiter und der Erfolg ihres Unternehmens. Auf Lehrende übertragen, bedeutet dies, dass Sie verantwortlich sind für das Produkt „gutes Lernen". Die Qualität überprüfen Sie in Bezug auf die Lernenden durch Leistungsnachweise und in Bezug auf die Lehrenden durch formative (kontinuierliche) und summative Evaluation (Kapitel REFLEXIONEN). Die Menschen, für die Sie als Führungskraft verantwortlich sind, sind die Lernenden. An Hochschulen sind dies Studierende. In Unternehmens- und freien Seminaren nehmen Menschen teil, die im Berufsleben stehen. Ihr „Unternehmen" ist die Hochschule. Es empfiehlt sich auch für externe Dozenten, sich diese Sichtweise zu eigen zu machen und dabei gleichzeitig Neutralität zu wahren. Studierende lieben es, über die Hochschule, Professoren und andere Lehrende zu klagen. Wenn Sie dies im Dialog mit den Studierenden hinterfragen, wandelt sich dieses Bild oftmals (Abschnitt DIE EIGENE HOCHSCHULE ERKUNDEN im Kapitel REFLEXIONEN).

4.1. Andere arbeiten lassen

Arbeits- und im unserem Fall Lernzufriedenheit ist die entscheidende Basis für ein hohes Commitment. Daher möchte ich Sie mit ein paar Hintergründen zur Arbeits- und damit Lernzufriedenheit vertraut machen, damit Sie als Lehrende, Studierende und Angehörige des Hochschulmanagements Commitment bei sich selbst und anderen bewusst fördern können.

4. Didaktik mit dem Fisch: Das Aal-Prinzip

4.2. Komm mit ... Commitment

Synonyme für Commitment sind im Englischen *dedication, devotedness, obligation, pledge, undertaking*. Es stecken Verpflichtung, Engagement, Zusage, Einsatz und auch Hingabe darin. Es ist eine aus der eigenen Person kommende Motivation. Commitment entsteht, wenn sich Menschen mit einer Aufgabe identifizieren und darin selbst verwirklichen können. In Unternehmen und anderen Organisationen ist dazu die Erfüllung von Bedürfnissen erforderlich, die über Grundbedürfnisse hinaus gehen. Wissenschaftler der Human-Relations-School erforschen seit den 1920er Jahren, was zur Lebens- und Arbeitszufriedenheit beiträgt. Im Folgenden geht es um die Arbeiten von Maslow, Herzberg, McGregor und Ouchi. Andere bekannte Vertreter dieser Teildisziplin der Organisationsentwicklung sind die Wissenschaftler um Elton Mayo (Hawthorne-Untersuchung in den 1920ern; vgl. bspw. Roethlisberger & Dickson 1939 und das Buch BERATEN).

Abraham Maslow (1908 – 1970) hat in den 1940er Jahren eine Hierarchie der Bedürfnisse entwickelt (Maslow 1954; Crainer 2000). Sie kennen vielleicht Abbildungen mit der Maslow'schen Bedürfnispyramide. Die Basis bilden physiologische Bedürfnisse, wie Wärme, Unterkunft und Nahrung. Dann folgen Sicherheitsbedürfnisse. Die nächste Stufe bilden die soziale Eingebundenheit (*social or love needs*) und das Selbstwertgefühl. Wenn all diese Bedürfnisse erfüllt sind, folgt schließlich die Spitze der Bedürfnishierarchie, die Selbstverwirklichung. Selbstverwirklichung bedeutet, dass ein Mensch sein persönliches Potential voll ausschöpfen und verwirklichen kann. „A musician must make music, an artist must paint, a poet must write, if he is to be ultimately at peace with himself." (Maslow, zitiert nach Crainer 2000, S. 109).

Frederick Herzberg (1923 – 2000) hat zwei Kategorien mit Faktoren identifiziert, die auf die Arbeitszufriedenheit – und somit

4.2. Komm mit ... Commitment

auf das Commitment – einwirken. Hygiene-Faktoren wie Kontrolle, persönliche Beziehungen, physische Arbeitsbedingungen, Lohn, Unternehmenspolitik, Verwaltungsvorgänge, Boni und Sicherheit des Arbeitsplatzes dienen dazu, Hindernisse und Gefahren abzuwenden. Aus den Faktoren Erfolg, persönliche Entwicklung und Anerkennung entsteht – so Herzbergs Erkenntnisse aus seiner Forschung in den 1950er Jahren – *The Motivation to Work* (Herzberg et al. 1959).

Douglas McGregor (1906 – 1964) hat Theorie X (der Mensch mag nicht arbeiten), Theorie Y (der Mensch strebt nach Selbstverwirklichung durch seine Arbeit) und schließlich Theorie Z (sowohl als auch) entwickelt. William Ouchi (geb. 1943) hat diese Theorie auf Basis seiner Forschungen zum japanischen Management weiterentwickelt und daraus Maßnahmen zur Stärkung der Arbeitsmotivation und des Commitment abgeleitet: Festanstellung, Berücksichtigung sozialer Bedürfnisse, informelle Kontrolle, Entscheidung durch Konsens, allmähliche Beförderungen (vs. steiler Karrieren), Transparenz in der Kommunikation sowohl top-down als auch bottom-up, vermittelt durch das mittlere Management, und hohes Qualitätsbewusstsein (Crainer 2000, S. 115).

Nun, ein Studium dauert meist drei bis vier Jahre und externe Dozenten haben keine Festanstellung. Trotzdem lassen sich meiner Erfahrung nach all diese Aspekte auf das Setting des Lernens und Lehrens an Hochschulen anwenden. Alle Akteure müssen und können hierzu beitragen: Lernende, Lehrende, Hochschule und im Fall der Dualen Hochschulen die Unternehmen, in denen Studierende ihre Ausbildung machen. Von zentraler Bedeutung sind dabei Selbstverständnis, Werte und Haltung aller Beteiligten, insbesondere der Lehrenden und Lernenden. Bevor wir zu denjenigen kommen, die im Zentrum des „Unternehmens Lernen" stehen, den Lernenden, möchte ich mit Ihnen einen Ausflug nach Italien machen.

4. *Didaktik mit dem Fisch: Das Aal-Prinzip*

4.3. Reise nach Italien

Die beste Bildung findet ein gescheiter Mensch auf Reisen.
(Johann Wolfgang von Goethe, 1749 – 1832)

Die berühmteste Reise Goethes führte ihn von 1786 bis 1788 nach Italien. Damals war er bereits Mitte dreißig. Zum Glück realisieren viele Künstler und auch Studierende Reisen schon deutlich früher. Reisen ist nicht Urlaub. Reisen dauert und hat eine andere Geschwindigkeit und Absicht. Reisen ist keine schnelle Erholung und auch kein kurzer Kick. Reisen ist unterwegs sein, andere Landstriche und Meere erleben und sich auf andere Kulturen einlassen. Oftmals arbeiten Menschen auch auf langen Reisen, sei es als Erntehelfer und in anderen Jobs oder auch in ihren Berufen als Ingenieure, Lehrer oder Ärzte, um nur einige Beispiele zu nennen.

Am 19. Juni 1999 unterzeichneten 29 europäische Bildungsminister die Bologna Declaration. Die Bologna-Reform, auch Bologna-Prozess genannt, hat zum Ziel, Studierenden den nationalen und internationalen Wechsel zu ermöglichen (EHEA 1999; Weßel et al. 2004). Die an ausländischen Hochschulen erworbenen Leistungszertifikate sollen an der Heimathochschule leichter Anerkennung finden. Ein Schritt war die Umstellung zahlreicher Studiengänge von Diplom, Magister oder Staatsexamen auf Bachelor- und Masterprogramme. 2003 fand auch auch die Ausbildung der Doktoranden explizite Berücksichtigung im Bologna-Prozess (EC 2018). Hierauf geht der Abschnitt DOKTOR-SCHULEN im Kapitel THESIS ein.

Einen sehr guten Überblick über die Lage in der European Higher Education Area (EHEA) gibt der EHEA-Report von 2018 (EC 2018). Er stellt die historische Entwicklung des Bologna-Prozesses

4.3. Reise nach Italien

einschließlich formulierter Werte und Ziele vor. Es gibt umfangreiches, gut in Karten und Grafiken aufbereitetes Datenmaterial zur Anzahl und Situation der Studierenden und Lehrenden, der Lern- und Lehrqualität und zu Themen wie Vielfalt, Internationalisierung und Mobilität.

Warum die Minister 1999 die Reise nach Bologna und somit nach Italien angetreten haben, erklärt vielleicht die Geschichte der Universität. An der im Jahr 1088 von Studierenden für Studierende gegründeten Universität von Bologna forschte und lehrte auch Umberto Eco (1932 – 2016, siehe auch Kapitel SCHREIBEN IST LERNEN). Eine weitere der vielen bemerkenswerten Persönlichkeiten ist die erste Professorin Europas, Laura Bassi (1711 - 1778). Sie verteidigte mit zwanzig Jahren öffentlich in Siena im Pallazzo Publico ihre Thesis und erhielt den Doktor für Philosophie. Im selben Jahr, 1732, berief die Universität von Bologna sie zunächst auf den Lehrstuhl für Naturphilosophie, zu der auch Physik gehörte. 1776 folgte der Lehrstuhl für experimentelle Physik. Laura Bassi war verheiratet und hatte zwölf Kinder, von denen fünf das Erwachsenenalter erreichten (Università di Bologna 2019; Wikipedia 2019).

Die Universität von Bologna erwähnt unter ihren berühmten Studenten, die sich aus ganz Europa nach Bologna aufgemacht haben, unter anderem Thomas Becket, Erasmus von Rotterdam und Nicolaus Copernicus. Wie können Studierende heute zu Reisenden und Entdeckern werden?

4. Didaktik mit dem Fisch: Das Aal-Prinzip

4.4. Lernende sind Entdecker

Warum und wozu lernen Menschen? Wie jedes System, sei es biologisch, sozial oder soziotechnisch, wollen Menschen zunächst einmal überleben. Ein weiterer, starker Antrieb ist die Neugier (Kapitel NEUGIER). Wenn Sie (kleinen) Kindern zuschauen oder Forscher, Entdecker und Abenteurer erleben oder über sie lesen, sehen Sie auch Neugier. Solange Sie „um die nächste Ecke schauen wollen", mehr wissen möchten, mehr können möchten, werden Sie lernen. Manchmal lernen Menschen aus Verpflichtung, aus Mangel oder durch ein Unglück. Jedoch sollten diese drei nicht entscheidende Triebkräfte für das mehrjährige Projekt „Studium" sein. Ihr Projekt.

„Mitarbeiter" im „Unternehmen" Hochschule

Als Studierende bewegen Sie sich im „Unternehmen" Hochschule (Kapitel DAS „UNTERNEHMEN"). Zum einen sind Sie die Empfänger der Dienstleistung „Lehre", zum anderen sind Sie auch der „Mitarbeiter" Lerner. Nur mit Ihrer Mitwirkung kann das Unternehmen seiner Aufgabe nachkommen. Es gibt auch profitorientierte, privatwirtschaftliche Bildungseinrichtungen. Dort zahlen Sie in der Regel dafür, dass Sie dort lernen dürfen. Ich meine hier *alle* Hochschulen, staatliche, non-profit und profit.

Ein Studium ist ein Beispiel dafür, dass Mitarbeiter nicht immer Geld als Vergütung erhalten. Ehrenamtliche Mitarbeiter in gemeinnützigen Organisationen sind ein weiteres Beispiel. Ihr Honorar ist die Möglichkeit, eigene Werte wie Engagement für Umwelt und Gesellschaft verwirklichen zu können. Im Fall des Studiums besteht Ihr Honorar darin, Ihre fachlichen, methodischen und sozialen Kompetenzen auf- und ausbauen zu können und bei einem erfolgreichen Abschluss auch einen akademischen Grad zu erhalten.

4.4. Lernende sind Entdecker

Wenn Sie einer solchen Sichtweise Raum geben können, ist der nächste Schritt einfach: Ein Studium ist ein umfassendes, komplexes, mehrjähriges Projekt, Ihr Projekt. Sie sind Projektleiter und Durchführende. Sie arbeiten mit anderen Lernenden, den Lehrenden, der Hochschuladministration und im Fall der Dualen Hochschulen mit Ihrem Unternehmen zusammen. Der Erfolg eines Projekts steht und fällt mit der Professionalität der Projektleitung und der Durchführenden (Bücher BERATEN und MENSCHEN).

Professionell studieren

soll nicht heißen, dass Sie möglichst schnell mit möglichst geringem Aufwand Ihren akademischen Grad erhalten. Dann hätten Sie nur einen Teil Ihres „Honorars" bekommen. Wenn Sie am Ende Ihrer Studienzeit sagen können „ich habe meine fachlichen, methodischen und sozialen Kompetenzen auf- und ausgebaut, ich habe Wissen erlangt und weiß, wie ich in Zukunft weiter lernen kann", haben Sie einen anderen, wichtigen Teil Ihres Honorars bekommen.

Um Ihr Projekt Studium erfolgreich und mit Freude durchführen zu können, sind ein paar Eigenschaften hilfreich, wie sie *Professionell agieren* im Abschnitt ANDERE ARBEITEN LASSEN beschreibt. Das Studium ist Ihr Job. Er sollte nur nicht *nine-to-five* sein, denn:

Ein Studium ist ein Studium ist ein Studium

Rose is a rose is a rose is a rose (Stein 1968)

Unabhängig vom Fach sind weitere Lernziele eines Studiums, dass Sie gelernt haben zu lernen, dass Sie sich fremde Themen und Fachgebiete eigenständig erschließen können und dass Sie selbst neue, originale und originäre Arbeiten erstellen können.

4. Didaktik mit dem Fisch: Das Aal-Prinzip

Eigenständig bedeutet nicht allein, wohl aber selbständig und selbst bestimmt. Lernen ist ein kreativer Prozess. Kreativität erfordert Freiraum, zeitlich, örtlich und von anderen. Dies müssen Sie selbst organisieren und damit auch sich selbst. Wenn Sie allerdings äußeren Einschränkungen unterliegen, wie in einem *nine-to-five* Job als Duale Studierende oder der finanziellen Abhängigkeit von Ihren Eltern oder der Ortsgebundenheit an das Hotel Mama, wird es schwierig, aber nicht unmöglich.

Studieren ist eine große Chance, selbstbestimmt zu leben, sich auszuprobieren und Neues zu entdecken – auch im Bologna-Prozess. Die Umstellung der Studiengänge Anfang dieses Jahrtausends in Europa auf Bachelor und Master war vor allem dazu gedacht, Studierenden den nationalen und internationalen Wechsel zu ermöglichen (EHEA 1999; Weßel et al. 2004). Sie können Ihr Studium über die Mindeststudienzeit hinaus ausdehnen. Sie können eine eigene Unterkunft finden, die Jobs machen, auf die Sie zu dieser Zeit Lust haben, die Fächer belegen, die Sie neben Ihrem Studienprogramm außerdem interessieren, und Sie können ins Ausland gehen – wenn Sie es wirklich wollen.

In Gesprächen mit Studierenden und jungen Absolventen höre ich als Lehrende und als Coach immer wieder die Worte „fest" und „sicher": Festanstellung, festes Honorar, sicheres Einkommen, sicherer Arbeitsplatz. Auch finanzielle Verpflichtungen wie Autos oder andere Konsumgüter sind ein Thema.

Mit Anfang bis Mitte zwanzig? Ich möchte Sie ermutigen, sich von diesen Fesseln zu befreien. Sie sind oder werden Fachkräfte. Sie werden immer einen Job finden, um Ihren Lebensunterhalt zu bestreiten. Sie können Ihr Studium und damit Ihr Leben so gestalten, wie Sie es möchten. Vikram Seth hat dies in seinem Buch *Two Lives* mäandern genannt: Schleifen ziehen und somit die Freiheit entdecken, selbst über sein Studium und damit über sein Leben in dieser Zeit zu bestimmen.

4.5. Lehrende sind Ermöglicher

Das Folgende soll Sie als Lehrende zu Reflexionen Ihrer Rolle und Ihrer Aufgaben anregen. Weitere Aspekte finden Sie in den Interviews der Studie *Blended Learning and Visiting Lecturers* im Kapitel AKTEURE. Lehrende berichten dort von ihren Erfahrungen und Ideen zu gutem Lernen und Lehren und was die Akteure Lehrende, Lernende und Hochschule dazu beitragen können.

Vieles habe ich aus meiner Arbeit als Ärztin, Projektleiterin, Beraterin und Coach in Lehre, Forschung und Entwicklung übertragen können und durch Weiterbildungen in Organisationsberatung und Gestalttherapie erweitern können. Das Meiste habe ich von Kollegen und Studierenden gelernt.

> Ein Kollege: „Was du hier machst, gibt es noch nicht."
> – „Das kann nicht sein. Es ist doch so selbstverständlich." – „Das ist es nicht." – „Wenn du meinst. Ich werde mal recherchieren."

Seit ungefähr einem Jahr bestand die Forschungsgruppe *Informationssysteme im Gesundheitswesen*. „Mein Prof" hatte mich im Frühjahr 2002 an die RWTH Aachen geholt, um am Institut für Medizinische Informatik eine Forschungsgruppe aufzubauen. Der Auftrag: „Bauen Sie ein web-basiertes Informationssystem *über* Krankenhäuser." (Buch MENSCHEN). Er hatte mir einen „echten" Informatiker an die Seite gestellt, denn als Ärztin und Gesundheitswissenschaftlerin brauchte ich jemanden mit dieser Expertise, insbesondere für die Begleitung der Studien- und Abschlussarbeiten. Eine Studienarbeit im Diplomstudiengang Informatik entspricht einer Bachelor-Thesis, die Diplomarbeit ist einer Master-Thesis gleichzusetzen.

4. Didaktik mit dem Fisch: Das Aal-Prinzip

Mit Cord Spreckelsen bekam ich viel mehr: einen Co-Teacher, Mit-Forscher und Mit-Entwickler. Als Spät- und Quereinsteigerin in die Universitätswelt lag es für mich nahe, die Forschungsgruppe und den Auftrag als Projekt mit einem fließenden Team aufzubauen. Als Unternehmensberaterin fand ich es selbstverständlich mit Zielen, Konzepten, Plänen, Meilensteinen und Feedback zu arbeiten. Als Qualitätsmanagerin war es natürlich, Kriterien und Indikatoren zu entwickeln und anzuwenden. Was sollte also an Continued Multidisciplinary Project-Based Learning (CM-PBL) neu sein? Die Forschung zur Didaktik und die Entwicklung dieses Ansatzes führten natürlich auch dazu, immer wieder über Rollen, Haltungen und Werte von Lehrenden nachzudenken. Dabei schälten sich einige Sätze heraus.

A teacher is a facilitator, mentor, guide. (Weßel/Spreckelsen 2009)

Diese Haltung entwickelte sich früh in den fünf Jahren an der RWTH. Als Projekt- und Teamleiter, Moderator und Coach zu agieren und somit statt „betreuen" zu „begleiten", stellte sich als hilfreiche Basis für diesen Ansatz heraus. Ermöglicht haben dies Cord und viele andere Kollegen, auch „mein Prof" (der Lehrstuhlinhaber des Instituts), die Studierenden und die Hochschuladministration von unseren Sekretärinnen, über die IT-Administratoren bis hin zu den Dekanaten und zur Universitätsleitung.

Ein Lehrer öffnet Türen, durchgehen musst du selbst. (chinesisches Sprichwort)

Gelernt habe ich in Aachen, wie wichtig es ist „**A**ndere **a**rbeiten zu **l**assen." Wenn Lehrende es zulassen und ermöglichen, dass Studierende arbeiten können, lernen sie nachhaltig – beide: Lernende und Lehrende. Wie im Coaching der Klient durch den Coachingprozess lernt, lernt auch vice versa der Coach (Buch MENSCHEN).

4.5. Lehrende sind Ermöglicher

An einer Hochschule funktioniert dies beispielsweise, indem Studierende ihre Arbeiten zu *ihrem* Projekt machen und Lehrende Lernveranstaltungen als Workshops mit hoher Eigenaktivität der Lernenden durchführen und Multiple-Choice-Klausuren durch praktische Prüfungen ersetzen. In Aachen lösten wir den Stift für das Ankreuzen durch Rechner ab, an denen Medizinstudierende in der Informatik Aufgaben bearbeiteten. Neu war dies alles nicht. Neu waren Umfang und Dauer des Projekts der Forschungsgruppe und unsere Publikationen dazu.

Never underestimate your student (angelehnt an Ruth Cohn, 1912 – 2010)

Studierende können mehr als sie manchmal selbst und auch Lehrende annehmen, wenn die Rahmenbedingungen stimmen und die Vorbereitung, Durchführung und Kommunikation der Lehrenden mit ihnen gut sind (Kapitel ZEIT – RAUM – WERTSCHÄTZUNG).

Teacher, leave us kids alone (Pink Floyd 1979)

Selbstbestimmtes Lernen entsteht manchmal unvorhergesehen, beispielsweise, wenn die Studierenden einen Teil der Lernveranstaltung plötzlich ohne Dozent durchführen sollen. Und siehe da, sie tanzen nicht etwa über Tische und Stühle, sondern sind sehr wohl in der Lage, ein Thema wie beispielsweise „Mitarbeitergespräch – vor allem aus der Perspektive Führungskraft" eigenständig inklusive einer Visualisierung zu erarbeiten und dies dann wiederum in ihren Portfolios zu verwenden. So geschehen im April 2018.

Freude gemacht hat es den Beteiligten auch. Den Studierenden und der Dozentin. Ich war hocherfreut zu sehen, wie und mit welcher Qualität die Studierenden gearbeitet hatten. Damit sind wir bei der Frage nach dem Spaß.

4. Didaktik mit dem Fisch: Das Aal-Prinzip

4.6. Freude und Spaß

Let's work and *have fun.*

Woher kommt eigentlich das Paradigma, dass Lernen, Lehren und Arbeiten ernste und sogar freudlose Angelegenheiten sein sollen? Mittlerweile hat es sich in vielen, aber noch nicht allen Unternehmen und (Hoch)Schulen herumgesprochen, dass Lernen, Lehren und Arbeiten mit Freude und Spaß effizienter, effektiver und nachhaltiger sind. Menschen ermüden nicht so schnell, die Zeit vergeht fast unmerklich und wir wollen mehr: Mehr über ein Thema wissen, mehr Fertigkeiten entwickeln und mehr in diesem Bereich machen.

Natürlich können auch Fehler lehrreich sein, insbesondere wenn es schwere und/oder dumme Fehler sind. Als Lehrende gestalte ich jedoch lieber eine entspannte Lernatmosphäre als auf der Katastrophenschiene zu fahren. Es gibt natürlich Ausnahmen, zum Beispiel die Übung „Brand im Serverraum". Und auch hier kommt der Spaßfaktor hinein. Es macht den Studierenden immer wieder große Freude, „es krachen zu lassen und dann den Mist zu beseitigen und Schlimmeres zu verhüten".

Zu Beginn eines Seminars, das sich über mehrere Termine erstreckt, frage ich die Studierenden auch nach ihrer Motivation zu dieser Lernveranstaltung. Sie haben sich dann schon an das <n> ein wenig gewöhnt. Mit den Fragen nach „Neues lernen", „Credit Points sammeln" und „Zeit absitzen" haben sie vielleicht noch gerechnet. Nicht jedoch mit „Spaß haben". Spaß in Lernveranstaltungen? „Natürlich. Das ist auch eines meiner Motive. Denn das Honorar hier ist eher ein Witz, und darum möchte ich wenigstens richtigen Spaß. Außerdem lernen Sie und ich dann besser." (Kapitel WAS IST LEHRE WERT?)

4.6. Freude und Spaß

Lehrende tragen natürlich die Verantwortung, eine gute Balance aus Spaß oder Freude und Ernsthaftigkeit herzustellen. Dies gelingt vor allem mit Authentizität und – wie ich es nenne – klaren Ansagen: ich tue, was ich sage, und ich sage, was ich denke. Außerdem müssen Lehrende Lernziele, Leistungsnachweise und ihre Bewertung, Inhalte und Termine der Lernveranstaltung klar und termingerecht mit den Lernenden kommunizieren. Lassen Sie uns im folgenden Teil METHODEN schauen, wie dies funktionieren kann. Einen wichtigen Anteil daran hat das Selbstmanagement, sowohl von Lehrenden als auch von Lernenden.

Teil II.
Methoden

5. Wissen aufbauen

5. Wissen aufbauen

„Was kann ich bereits und was will ich in diesem Seminar lernen?" Diese Frage beantworten Studierende am ersten Tag meiner Seminare. Im Seminar Consulting lauten ihre Antworten beispielsweise: „In den kommenden fünf Wochen möchte ich erfahren, welche Fähigkeiten ich als Beraterin besonders ausbauen muss und wie ich das tue. Ich hoffe, dass mir dazu die nötigen Werkzeuge an die Hand gegeben werden." oder auch „Ich möchte deswegen meinen „Werkzeugkasten" erweitern und Erfahrungen mit neuen Methoden erlangen." Meine Kommentare lauten dazu: „Die Werkzeuge müssen Sie sich schon selbst erobern – Ihre Kolleginnen, die Dozentin und Bücher unterstützen Sie dabei." Und: „Auch: Theorien, Konzepte und Modelle – sonst fehlt Ihnen das Fundament. Ohne Fundament kein stabiles Gebäude."

Das „Fachwerkhaus"

In Hessen (derzeit lebe ich in Frankfurt am Main) und auch in Norddeutschland (dort bin ich aufgewachsen) gibt es viele Fachwerkhäuser. Also liegt es nahe, den Aufbau von Wissen, Fähigkeiten und Fertigkeiten mit einem solchen Haus zu vergleichen.

> Theorien bilden das Fundament.
>
> Konzepte & Modelle bilden das Fachwerk, die stützenden Balken.
>
> Methoden füllen die Fachwerke – sei es aus Lehm oder Stein, bilden die Fenster, die Türen, das Dach – sei es Reet, Ziegeln oder Schindeln.

Es ist eine Freude zu sehen, wie die Studierenden dieses Bild des Wissens aufgreifen und verwenden.

Ein wichtiges Werkzeug im Lernen und Lehren ist das Selbstmanagement der Lernenden und der Lehrenden, um das es im folgenden Kapitel geht.

6. Selbstmanagement

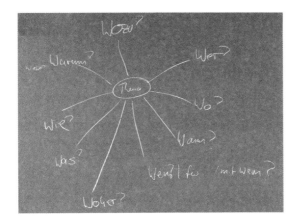

6. Selbstmanagement

6.1. ... mit 8+1 W

Lernen und Lehren sind im Setting Hochschule ein großes Projekt mit mehreren Teilprojekten. Als Studierende können und sollten Sie Ihr Projekt in die eigene Hand nehmen. Auch die Arbeit von Lehrenden hat Projektcharakter. Dazu zählen die Vorbereitung, Durchführung und Nachbereitung von Lernveranstaltungen und – je nach Art der Aufgabe – die Mitwirkung im Hochschulmanagement.

Wann ist Ihre Wohnung oder – falls Sie in einer WG oder noch im „Hotel Mama" wohnen – Ihr Zimmer am besten aufgeräumt und sauber? Bei mir war das meist gegen Ende des Semesters oder zu Beginn der Vorbereitung auf eine Prüfung der Fall. Später im Berufsleben waren es Starts großer Projekte oder der Abgabetermin eines Berichts, Artikels oder Buchmanuskripts. Richtig ist, dass die Umgebung schön sein soll – auch und gerade die, in der wir arbeiten. Allerdings lässt sich das Putzen und Räumen auch sehr ausdehnen.

Menschen neigen dazu, Dinge aufzuschieben, umgangssprachlich auch „Schieberitis" genannt. Wenn dies Ausmaße annimmt, die einen Menschen beeinträchtigen, nennen Psychologen dieses Verhalten „Prokrastination". Aufschub erfolgt nicht etwa aus Bequemlichkeit, sondern weil immer noch etwas anderes (scheinbar) sehr Wichtiges dazu kommt, was unbedingt jetzt gleich – und natürlich mit hundertprozentiger Qualität – getan werden muss. Und dann kommt die tödliche Linie, der Termin, die *deadline*.

Wie Sie „wichtig" und „dringend" mit Hilfe der Eisenhower-Matrix einschätzen können, beschreibt das Buch WERKZEUGE. Ein weiteres Instrument für das Selbst- und Projektmanagement sind die 8+1 W. Diese können Sie einsetzen, wenn Sie sich ein Thema erschließen, ein Projekt managen, einen Bericht schreiben oder eine

6.1. ... mit 8+1 W

Reise vorbereiten. Die Bücher BERATEN und ENTDECKEN enthalten einige Beispiele. Sie finden sicher noch andere Anwendungsgebiete.

Im Verlauf Ihres Vorhabens beantworten Sie immer wieder, besonders zu Beginn, an Meilensteinen und zum Abschluss die Fragen

Wozu? Ziel.

Warum? Motivation und Anlass.

Was? Inhalte und Aufgaben.

Wer? Rollen und Funktionen.

für Wen? Zielgruppe, Klient, Kunde.

Wie? Methoden.

Wann? Zeitraum und Termine.

Wo? Orte.

und Woher? Daten, Informationen, Theorien, Modelle, Konzepte, Publikationen, Berichte, Dokumentationen, Ansprechpartner.

Mit der Beantwortung dieser Fragen können Sie als Lernende *und* als Lehrende Ihre Vorhaben konzipieren, planen, steuern, durchführen, abschließen und evaluieren. Auch in Gesprächen und Reflexionen mit anderen sind die 8+1 W ein gutes Instrument der gemeinsamen Verständigung.

6. Selbstmanagement

6.2. Als Lernende: Lernen selbst steuern

Jede und jeder Lernende ist für ihr und sein Lernen selbst verantwortlich. Sei es die Mitarbeit in einem Seminar oder Workshop, die Vorbereitung auf eine Prüfung oder die Erstellung einer Seminararbeit, eines Portfolios, eines Projektberichts oder einer Thesis. Sie können Ihr Studium und seine Teile als ein Projekt betrachten, *Ihr* Projekt. Es ist ein großes, mehrjähriges Projekt mit Teilprojekten, das und die Sie mit den 8+1 W konzipieren, planen, steuern, durchführen, abschließen und evaluieren können (Buch WERKZEUGE). Als Mindmap visualisiert sind die 8+1 W ein guter Anlauf- und Ausgangspunkt für Ihre tägliche Arbeit und für Reflexionen.

Wozu? Definieren Sie Ihre Lernziele für einzelne Lernveranstaltungen, Semester *und* Ihr gesamtes Studium. Stimmen Sie diese mit den Lehrenden ab. Lernende sollen ihre fachlichen, methodischen und sozialen Kompetenzen entwickeln und ausbauen.

Warum? Erkennen und fördern Sie Ihre Motivation: Neues lernen, Bekanntes vertiefen und erweitern, Zertifikate erwerben, sich persönlich und beruflich weiter entwickeln und auch Freude und Spaß am Lernen zu erleben.

Was? Seminare, Workshops, Prüfungen, Abschlussarbeiten, Forschungsprojekte.

Wer? Nehmen Sie in Ihren Reflexionen vier Perspektiven ein: (a) Lernende = verantwortlich für ihr Lernen; (b) Lehrende = Verantwortliche, dass Lernen passieren kann; (c) Hochschule = Bereitstellung und Organisation von Lern- und Lehrressourcen; (d) im Fall Dualer Hochschulen das Unternehmen, in dem Sie Ihre Ausbildung machen.

6.2. Als Lernende: Lernen selbst steuern

für Wen? Sie lernen für sich selbst und auch für das Unternehmen, in dem Sie arbeiten (wollen). Ihr Lernen kann auch Gesellschaft und Umwelt zugute kommen.

Wie? Machen Sie sich vertraut mit Theorien, Konzepten und Methoden der Didaktik, der Gruppendynamik, der Organisationsentwicklung und dem Coaching und nutzen Sie sie. Lernen Sie allein und mit anderen.

Wann? In Lernveranstaltungen von neunzig Minuten bis mehreren Stunden oder Tagen, als Einzel- oder fortlaufende Veranstaltung über ein oder mehrere Schuljahre, Semester, Forschungsjahre, Weiterbildungsmonate und -jahre.

Wo? In Schulen und Berufsschulen, an Hochschulen und Universitäten, in Akademien und Unternehmen und „anderswo": zuhause, in Bibliotheken, unterwegs.

und Woher? Fachliteratur zur Didaktik (ein Buch lesen Sie gerade) und zu Projekt-, Zeit- und Selbstmanagement, Moderation und Coaching; aktive Teilnahme an Seminaren und Workshops; Austausch und Reflexion zum eigenen Lernen allein, mit Mitlernenden und Lehrenden und vice versa.

Je mehr Sie als Lernende über das Lernen, seine Theorien, Konzepte und Methoden wissen und sie auch selbst anwenden, desto effektiver, effizienter und nachhaltiger ist Ihr eigenes Lernen und das Ihrer Mitlernenden. Außerdem nutzt dies Ihrer Zusammenarbeit mit den Lehrenden, der Hochschule und Ihrem Unternehmen. Sie können auch auf der Theorieebene miteinander in einen Dialog dazu treten, was gut läuft, was fehlt und was die Beteiligten tun können, um ihre Zusammenarbeit und das Lernen weiter zu verbessern. Für Lehrende ist es hilfreich und inspirierend, mit Lernenden in einen solchen Dialog zu treten. Auch das Hochschulmanagement und Ihr Unternehmen profitieren davon.

6. Selbstmanagement

6.3. Als Lehrende: Lernen ermöglichen

Ebenso wie ein Studium für Lernende ein Projekt mit Teilprojekten ist, ist die Vorbereitung, Durchführung und Nachbereitung einer Lernveranstaltung für Lehrende ein Projekt. Die 8+1 W eignen sich auch hier sehr gut als Planungs-, Steuerungs- und Reflexionsinstrument (Buch WERKZEUGE). Visualisiert, beispielsweise als Mindmap, sind die 8+1 W ein guter Anlauf- und Ausgangspunkt für Ihre tägliche Arbeit und für Reflexionen.

Wozu? Formulieren Sie Lernziele und stimmen diese mit den Lernenden und der Hochschule ab. Lernende sollen ihre fachlichen, methodischen und sozialen Kompetenzen entwickeln und ausbauen. Auch Lehrende können dies durch Lehren.

Warum? Motivation: Lernende nehmen an Lernveranstaltung teil, weil sie Neues lernen, Bekanntes vertiefen und erweitern, Zertifikate erwerben, sich persönlich und beruflich weiter entwickeln wollen. Auch Freude und Spaß soll mit dem Lernen und Lehren einhergehen. Für Sie als Lehrende kommt das „Geld verdienen" hinzu.

Was? Seminare, Workshops, Prüfungen, Abschlussarbeiten, Forschungsprojekte.

Wer? Nehmen Sie in Ihren Reflexionen vier Perspektiven ein: (a) Lernende = verantwortlich für ihr Lernen; (b) Lehrende = Verantwortliche, dass Lernen passieren kann; (c) Hochschule = Bereitstellung und Organisation von Lern- und Lehrressourcen; (d) im Fall Dualer Hochschulen das Unternehmen, in dem die Studierenden ihre Ausbildung machen.

für Wen? Lernende lernen für sich selbst, das Unternehmen, in oder mit dem sie arbeiten, für Gesellschaft und Umwelt. Gleiches lässt sich auch für Lehrende sagen.

6.3. Als Lehrende: Lernen ermöglichen

Wie? Nutzen Sie Theorien, Konzepte und Methoden aus der Didaktik, der Gruppendynamik, der Organisationsentwicklung, dem Coaching und vielem mehr und entwickeln Sie diese weiter. Continued Multidisciplinary Project-Based Learning (CM-PBL) und Agiles Lernen & Lehren (ALL) sind zwei Beispiele für solche Weiterentwicklungen (Kapitel LERNEN DURCH FORSCHEN & ENTWICKELN).

Wann? In Ler*n*veranstaltungen von neunzig Minuten bis mehreren Stunden oder Tagen; als Einzel- oder fortlaufende Veranstaltung über ein oder mehrere Schuljahre, Semester, Forschungsjahre, Weiterbildungsmonate und -jahre.

Wo? In Schulen und Berufsschulen, an Hochschulen und Universitäten, in Akademien und Unternehmen und „anderswo", also außerhalb des Alltags.

und Woher? Fachliteratur zur Didaktik (ein Buch lesen Sie gerade) und auch zu Projekt-, Zeit- und Selbstmanagement, Moderation und Coaching (Bücher BERATEN, MENSCHEN, WERKZEUGE); Teilnahme an Fortbildungen; Hospitationen; Super- und Intervision der eigenen Lehre durch Coaches, Mentoren und Kollegen und vice versa.

Gerade die Reflexion mit anderen Lehrenden ist ein wichtiger Teil der Arbeit als Lehrende. Darum geht es, bevor wir zur Konzeption und Durchführung von Lernveranstaltungen kommen, im folgenden Abschnitt um die interkollegiale Beratung.

6. Selbstmanagement

6.4. Interkollegiale Beratung

Vier Ohren hören mehr als zwei.

Menschen, die in ihrer Arbeit Verantwortung für andere tragen, sollten regelmäßig die Möglichkeit zur Reflexion und Supervision bekommen und nutzen (Schneider 2001; Buch MENSCHEN). In Gesundheitsberufen, wie Pflegende, Ärzte und Therapeuten, ist dies allgemein anerkannt. Für Coaches ist es Zeichen guter Qualität in ihrer Arbeit. Angehörige aus sozialen und lehrenden Berufen brauchen es ebenso.

Für Lehrende hat sich die kollegiale Fallberatung entwickelt. In ihrem Aufbau ähnelt sie der Arbeit in Balint-Gruppen (Gesundheitswesen) und in Supervisionen (Gesundheitswesen, soziale Berufe, Coaching). Entweder hat die Gruppe einen externen Moderator oder einer der Beteiligten übernimmt die Moderation. Es gibt pro Sitzung einen bis zwei Menschen, die jeweils einen Fall schildern („Fallgeber") und ungefähr sechs bis zehn weitere Mitglieder. Die Gruppe sollte sich regelmäßig treffen, zum Beispiel alle acht bis zwölf Wochen. Interkollegiale Fallberatungen sind wie Coaching eine Fortbildung zur beruflichen Weiterentwicklung. Die Sitzungen dauern ein bis zwei Stunden und folgen einer Gliederung:

Begrüßung und Einleitung durch den Moderator.

Auswahl des Falls: Kurzvorstellung des Themas von Mitgliedern, die einen Fall vorstellen möchten, und Auswahl des Falls durch die Gruppe.

Fallschilderung: Der Fallgeber schildert den Kontext, seine Fragen und sein Anliegen an die Gruppe.

6.4. Interkollegiale Beratung

Fallerhellung: Fragen der Gruppe an den Fallgeber. Die Fragen müssen offen sein, sie sollten weder suggestiv noch rhetorisch sein.

Fallreflexion: Die Gruppe spricht über den Fall ohne den Fallgeber. Der Fallgeber hört zu.

Lösungsvorschläge: Reihum formulieren die Gruppenmitglieder Hinweise und Empfehlungen. Der Fallgeber notiert ohne zu kommentieren.

Auswahl: Der Fallgeber nennt ein bis zwei Lösungsvorschläge, mit denen er sich weiter auseinandersetzen will.

Gegebenenfalls: kurze *Pause* und zweiter Fall.

Abschluss durch den Moderator und *Abschied*.

In Gruppen, die sich regelmäßig treffen, fragt der Moderator nach der Einleitung die Fallgeber der vorhergehenden Sitzung, ob sie noch etwas zu ihrem Fall sagen möchten. Die Kunst der Moderation liegt darin, ein kurzes Gespräch der Gruppe dazu zuzulassen, ohne dass die Gruppe sich erneut in diesem Fall begibt. Wie in allen Super- und Intervisionen sollte auch die interkollegiale Fallberatung von Wertschätzung und Empathie geprägt sein. Schweigepflicht ist ebenso selbstverständlich und ein Muss.

Begriff Empathie

Empathie bedeutet, sich in einen anderen Menschen, in seine Situation, Gefühlswelt, Möglichkeiten und Einschränkungen hineinversetzen zu können, sie nachzuempfinden und auf sie reagieren zu können. Dies kann

6. Selbstmanagement

Mitgefühl sein, das Sie durch Freude oder Trauer ausdrücken, oder ein Impuls, den anderen zu unterstützen.
(Weßel 2017: MENSCHEN, S. 176)

Die Reflexion mit Kollegen ist *ein* wichtiger Baustein, um gut, mit Freude und lange lehren zu können. Dies ist wie in anderen Berufen auch, in denen sich Menschen anderen anvertrauen: Pflegende, Ärzte, Psychologen, Piloten, Feuerwehrleute und viele mehr. Außerdem brauchen gute Lernveranstaltungen wie jedes andere Vorhaben eine Vorbereitung, Transparenz in der Kommunikation der Beteiligten und weiterer Akteure, beispielsweise der Hochschuladministration, und ... ein Drehbuch. Einige Methoden zur Vorbereitung und Durchführung von Lernveranstaltungen stellt das folgende Kapitel vor.

7. Lernveranstaltungen

7. Lernveranstaltungen

7.1. Lernveranstaltungen konzipieren

Am Anfang steht das Lern_Ziel

Wie im Projektmanagement geht der Lehrende vom Ziel aus: Was sollen die Lernenden am Ende der Lernveranstaltung können? Der Lehrende formuliert in Abstimmung mit der Institution, in der er lehrt, Lernziele und Leistungsnachweise. Zum Teil geben Institutionen diese in Studienordnungen und Modulbeschreibungen vor. In der Wahl der Methoden sind Sie als Lehrende frei.

Wenn Sie von den Lernenden ausgehen, erleichtert dies die Konzeption der Lernveranstaltung. Claus Brabrand und Jacob Andersen haben 2006 an der Universität Aarhus einen Film gemacht, der es auf dem Punkt bringt: „Teaching Teaching & Understanding Understanding". John Biggs beantwortet die Frage, wie Lehrende Lernende aktivieren können mit *constructive alignment*: Sie stimmen Lernziele, Lernerfolg und Lernmethoden aufeinander ab (Biggs 2011).

Wichtig ist, zu Beginn jeder Lernveranstaltungsreihe mit den Studierenden die Lernziele abzustimmen. Sie können dies mit der Arbeit im Raum zu Beginn des ersten Tages durchführen (Buch WERKZEUGE). Fragen Sie die Studierenden nach ihrer Motivation, beispielsweise mit einer *Lebenden Statistik* (Abschnitt LERNEN UND LEHREN IN GROSSEN GRUPPEN). Außerdem können Sie die Studierenden in Kleingruppen visualisieren lassen, was sie bereits wissen und was sie noch lernen wollen. Diese Poster auf Flipchartblättern oder Tafeln stellen die Studierenden dann einander vor. Daraufhin stimmen Lehrende und Studierende das Programm für die Lernveranstaltung ab.

7.1. Lernveranstaltungen konzipieren

Lernziele mit Lernmethoden verknüpfen

Lehrende sind Katalysator, Impulsgeber, Mentor, Coach und „Leitplanke", sie geben die Route vor und folgen damit dem Aal-Prinzip: Andere arbeiten lassen. Das Design und die Moderation des Lernprozesses sind ihre wichtigsten Aufgaben. Dieser Ansatz ermöglicht Studierenden, Kompetenz-orientiert zu lernen (Jones et al. 2002). Bloom's revidierte Taxonomie des Lernens, Lehrens und Bewertens ist ein nützliches Instrument für die Abstimmung von Lernzielen mit Lerninhalten und die Bewertung der Leistungsnachweise (Anderson/Krathwohl 2001; Armstrong 2016).

Während der 1950er Jahre begann Benjamin Bloom mit der Entwicklung einer Taxonomie von Lernzielen, die aus sechs Stufen besteht (Bloom 1984). 2001 haben Lorin Anderson und David Krathwohl eine überarbeitete Taxonomie herausgegeben, die das Erstellen (*create*) einer originalen und originären Arbeit auf die höchste der sechs Stufen und damit ins Zentrum des Lernens und Lehrens stellt. Diese Stufen nutze ich, um Seminare und Workshops an Hochschulen und für Unternehmen oder freie Fortbildungen zu entwerfen und durchzuführen.

Im Folgenden habe ich zur Beschreibung der sechs Stufen nach Anderson und Krathwohl Arbeiten hinzugefügt, die die Lernenden jeweils durchführen. Aufgabe des Lehrenden ist es vor allem, das Material für Übungen und Fallbeispiele bereitzustellen und Fragen zu formulieren.

1. Erinnern (*remember*): abrufen von Fakten und Basiskonzepten – Quiz, Dialog, Testate, Klausuren.

2. Verstehen (*understand*): Ideen und Konzepte erklären – Vortrag, Präsentation, schriftliche Arbeiten.

3. Anwenden (*apply*): Informationen in neuen Situationen anwenden – Übung.

7. Lernveranstaltungen

4. Analysieren (*analyse*): Verbindungen zwischen Ideen herstellen – Fallbeispiel.

5. Bewerten (*evaluate*): einen Standpunkt oder eine Entscheidung begründen – einen eigenen oder anderen Fall reflektieren und begründete Schlüsse ziehen (Fall- und Problembasiertes Lernen).

6. Erzeugen (*create*): einen neues Produkt oder ein Originalwerk herstellen – Software, Kunstwerk, Projektberichte, Portfolio, Seminar- und Abschlussarbeiten.

Natürlich muss der Lehrende auch selbst „Input" geben, beispielsweise durch die Beantwortung von Fragen und in Impulsvorträgen, die in ein Thema einführen. Hierfür eignen sich auch Geschichten (siehe weiter unten).

Leistungsnachweise festlegen und transparent machen

Es folgt die Beantwortung der Frage: Mit welchen Leistungsnachweisen will ich überprüfen, ob die Lernenden die Lernziele erreicht haben? Prüfungen können Auswendig-Gelerntes abfragen und müssen Transferwissen und somit auch praktische Anwendungen behandeln.

Nicht nur die Institutionen, auch die Lernenden wollen wissen, wie fit sie geworden sind. Wichtig ist, den Lernenden zu Beginn, am besten bei der Anmeldung zur Lernveranstaltung Inhalte, Lernziele und Leistungsnachweise inklusive (!) der Beurteilungskriterien vorzustellen. Die Kapitel GANZ REAL, SEMINARARBEIT und PORTFOLIO enthalten Beispiele.

Es geht um mehr als die Leistung der Studierenden, es geht auch um die Leistung der Prüfer. Was könnten Indikatoren und Kriterien für gute Prüfer-Leistungen sein?

7.1. Lernveranstaltungen konzipieren

Transparenz und Nachvollziehbarkeit sollten Hochschule und Lehrende umsetzen mittels

Fundierte Prüfungskriterien und Gewichtung

Bewertungskatalog

Bekanntgabe des Katalogs vor den Prüfungen

Organisation: Kurze Wartezeiten am Prüfungstag und bis zur Bekanntgabe der Noten (wobei „kurz" definiert werden muss)

Fach- und Prüfungs-Methoden-Kompetenz der Prüfer

Um zu wissen, wo ein Projekt hingehen soll – auch ein Seminar mit einem Leistungsnachweis ist ein Projekt, das Projekt der Studierenden – und wie dies erfolgen kann, müssen Lehrende mit den Studierenden zu Beginn des Seminars das Vorgehen abstimmen. Das Vorgehen schließt auch die Gestaltung der schriftlichen Arbeiten ein: Umfang, mögliche Gliederungen, wissenschaftliches Arbeiten, Layout, ... Ein Leitfaden mit Meilensteinen und ein Bewertungskatalog können dazu dienen, Transparenz und Nachvollziehbarkeit im Lern- und Prüfungsprozess herzustellen (Weßel 2008).

Den Unterricht darauf zuschneiden

Die Art der Leistungsnachweise hat Einfluss auf die Gestaltung der Lernveranstaltung. Die Arbeit an einer Seminararbeit, sei es in Kleingruppen oder als Einzelne beginnt – in meinen Seminaren – am ersten Tag. Genauso ist es bei Portfolios. Schließt die Lernveranstaltung mit einer Klausur, einer mündlichen Prüfung oder einem Vortrag, üben die Lernenden an jedem Seminartag.

7. Lernveranstaltungen

Die Studierenden bekommen Aufgaben, wie ein Quiz, einen Kurzvortrag oder die Entwicklung einer Geschichte, beispielsweise „Aus dem Tag einer Führungskraft" im Thema Leadership. Die Lerntechniken folgen damit dem *constructive alignment* nach Biggs. Ziel ist es, Inhalte, Lernziele und Leistungsnachweise in Einklang zu bringen.

Konzeption und Strukturierung

Drei Fragen können Sie hierin leiten.

Was ist das? Theoretische Hintergründe.

Wozu ist es gut? Ziele und Nutzen; Anwendungsgebiete und Beispiele.

Wie geht das? Vorgehen.

Beginnen sollten Sie – wo irgend möglich – mit einem Beispiel, einem Fall. Dies kann auch eine Geschichte sein. Dann erst folgt die Theorie.

Ein Drehbuch für die Lernveranstaltung

Konzentrierte Aufmerksamkeit schenken Menschen einem Thema einige Minuten bis vielleicht einer halben Stunde. Es sei denn, sie geraten in einem Flow, wie zum Beispiel beim Schreiben, Musizieren, Malen oder Software-Programmieren. In Lernverstaltungen gilt es also, einen guten Wechsel von Zuhören, Eigenaktivität und Pausen herzustellen, damit Lernende und Lehrende eine oder mehrere Stunden arbeiten können.

7.1. Lernveranstaltungen konzipieren

Kommentar Erfahrung von Studierenden

Diese Vorgehensweise fördert auch das langzeitige Lernen. Bei der Vorbereitung auf das Kolloquium konnte ich mich an keine Themengebiete einer Vorlesung so gut erinnern wie an die Inhalte, die wir in Consulting behandelt haben.
(Studentin, Herbst 2018)

Lernveranstaltungen brauchen wie ein Film oder ein Theaterstück ein gutes Skript, ein Drehbuch. Dies gilt für Veranstaltungen, die ein paar Stunden, einen oder mehrere Tage dauern, ebenso wie für Seminare, die sich über mehrere Wochen oder auch Semester erstrecken. Für die Lernveranstaltung insgesamt und für jeden Termin einer Lernveranstaltung formulieren Sie Lernziele und Inhalte und ordnen ihnen Methoden, Erfolgsprüfungen und Reflexionen sowie die vorgesehene Dauer zu. Damit erhalten Sie für jeden Termin eine Art Drehbuch, mit dessen Hilfe Sie den Verlauf steuern können.

Dieses Skript muss variabel sein und Zeitreserven enthalten. Die Lernenden bestimmen mit. Vielleicht wollen sie ein Thema vertiefen. In der Stofffülle ist zu beachten: weniger ist mehr. Die Lernenden sollen vor allem Grundlagen lernen und in der Lage sein, sich mit einem Thema weiter auch außerhalb der Lernveranstaltung vertraut zu machen. Es geht darum, sie neugierig zu machen und ihnen Material und Werkzeuge für das eigenständige Lernen an die Hand zu geben. Dazu ist die Nutzung von e-Learning-Instrumenten und -Plattformen ein wichtiger und nicht mehr wegzudenkender Bestandteil.

Lernveranstaltungen haben wie Interviews, Filme und Opern eine Dramaturgie, die Sie nutzen können. Sie brauchen einen Einstieg, Arbeitsphasen und einen Ausklang. Der Wechsel von Aktivität und Zuhören lässt sich mittels der Butterbrottechnik, der

7. Lernveranstaltungen

„Sandwich-Methode" strukturieren. Der Boden ist die Einleitung und dann folgen im Wechsel Salat und anderes, wie Tofu, anderes Gemüse, Käse und Fleisch. Der Deckel ist der Ausklang.

Der Einstieg in eine allererste Stunde kann über Arbeiten im Raum erfolgen (Buch WERKZEUGE). Eine andere Möglichkeit ist ein Interview des Nachbarn, den der Interviewer dann vorstellt. Dazu gibt der Lehrende den Teilnehmern leitende Fragen an die Hand, beispielsweise Fragen zum Beruf oder zur Arbeitserfahrung und Erwartungen an die Lernveranstaltung. Wenn die Gruppe sich bereits kennt, kann der Einstieg auch über Check-In Fragen erfolgen. Check-Out Fragen kommen am Ende des Lernveranstaltungstermins zur Anwendung. Mehr zu Einstiegs- und Ausstiegsfragen finden Sie im Kapitel REFLEXIONEN.

Commitment wecken

Das Commitment, also die Selbstverpflichtung zur aktiven Teilnahme, trägt entscheidend zu effizientem, effektivem und nachhaltigem Lernen und somit zum Erfolg der Lernveranstaltung bei (Kapitel DIDAKTIK MIT DEM FISCH). Als Lehrende können Sie es bei Lernenden wecken, indem Sie in der Anfangsphase der gemeinsamen Vereinbarung zu den Lernzielen und Inhalten genügend Zeit und Raum geben. Die Lernenden und Sie sind eine Gruppe, vielleicht werden Sie sogar zum Team (Buch MENSCHEN). Also liegt es nahe, sowohl auf der Inhalts- als auch auf der sozialen und emotionalen Ebene mit den Phasen der Gruppendynamik zu arbeiten. Das Modell von Tuckman mit Formen, Klären, Regeln, Umsetzen und Loslassen (*forming, storming, norming, performing and adjourning*) ist hierzu äußerst hilfreich (Tuckman 1965; Tuckman/Jensen 1977).

Kommen wir nun zu einigen Instrumenten und Werkzeugen im Lernen und Lehren.

7.2. Das umgedrehte Klassenzimmer

Klassischerweise stellen Dozenten einen großen Teil des Stoffes im Präsenzunterricht vor. Hier und da ist noch eine Übung eingestreut. Umgedrehtes Klassenzimmer (*inverted classroom*) bedeutet, dass die Lernenden sich mit dem theoretischen Stoff zuhause oder unterwegs beschäftigen und dann gemeinsam mit Mitlernenden und Lehrenden die Übungen durchführen. Inverted Classroom wird mit dem Blended Learning noch einfacher. Lehrende können Aufgaben und Materialien auf der e-Learning-Plattform bereit stellen.

Voraussetzung für einen erfolgreichen Inverted Classroom ist, dass die Lernenden tatsächlich eigenständig lesen und Aufgaben bearbeiten. Der Lehrende muss dieses konsequent einhalten und darf sich nicht etwa darauf einlassen, Stoff im Unterricht zu behandeln, den die Lernenden bereits erarbeitet haben sollten. Das Drehbuch für die Lernveranstaltung (siehe oben) sollte er so modular gestalten, dass er, falls die Lernenden sich nicht vorbereitet haben, zum nächsten Thema weitergehen und das ursprünglich vorgesehene Thema auf den folgenden Seminartag vertagen kann. Es funktioniert. Wenn die Studierenden sehen, dass ich tatsächlich ein Thema nur mit ihnen bearbeite, wenn sie sich wie verabredet vorbereitet haben, und es vertage, bis sie sich vorbereitet haben, tun sie es – zumindest die meisten – und die Lernenden und Sie können arbeiten.

7. Lernveranstaltungen

7.3. Lernen durch Lehren

Bevor Sie an einem neuen Tag der Lernveranstaltung in das anstehende Thema einsteigen, nehmen Sie in der Regel Bezug auf den vorhergehenden Termin und seine Inhalte. Wenn Sie Lernenden diese Aufgabe übertragen, kann es spannend werden.

Am ersten Seminartag verteilen wir Termine. Die Studierenden melden sich zu zweit für einen der folgenden Tage, an dem sie mit den anderen den Stoff des vorhergehenden Tages zusammenfassen und damit erinnern und erklären (Stufe 1 und 2 der überarbeiteten Taxonomie nach Bloom; siehe oben). Wir nennen dies Reflexion. Sie soll ungefähr eine viertel Stunde dauern. Die Studierenden dürfen alles nutzen außer PowerPoint. Die Kreativität der Lernenden ist hoch. Ich habe schon Umfragen, Quiz, darin auch Jeopardy, Kreuzworträtsel, Bingo und Arbeiten im Raum bis hin zur Schnitzeljagd auf dem Hochschulgelände erlebt. Zu sehen, wie Lernende selbst zu Lehrenden werden, ist ein großes Vergnügen und hält so manche Inspiration auch für mich als Lehrende bereit.

Ein anderes Beispiel ist, Studierenden, die zu einem Thema bereits eine Projekt-, Seminar- oder Abschlussarbeit verfasst haben, zu bitten, diesen Teil der Lernveranstaltung zu übernehmen. Manche halten kurze Vorträge und gehen mit uns in einen Dialog. Andere führen sogar Übungen durch.

7.4. Innehalten und weitergehen ... mit Reflexionen

Wie schon mehrfach angesprochen, ist Lernen ein Projekt. Im Falle des Studiums hat es viele Teilprojekte, von den Lernveranstaltungen und ihren Leistungsnachweisen bis hin zur Abschlussarbeit. Fester Bestandteil in jedem Projekt sollte die Reflexion sein, das Innehalten, Nachfühlen und -Denken über die eigene Arbeit, die Zusammenarbeit mit anderen und darüber, wie es weitergehen soll und kann. John Dewey hat dies mit dem Modell der ersten und zweiten Erfahrung beschrieben (Abschnitt LERNEN DURCH ERFAHRUNG UND REFLEXION im Kapitel NEUGIER).

Das Reflektieren allein ist genauso wichtig wie informelle und formelle Reflexionen mit anderen (Kapitel REFLEXIONEN). Neben kreativen Ansätzen wie Duschen, Spazierengehen, Malen und anderen Visualisierungen ist das Schreiben ein mächtiges Werkzeug. Natürlich schreiben Sie sowieso Ihren Bericht, die Seminararbeit, das Portfolio, einen Projektbericht oder eine Thesis. Es gibt noch mehr.

Projekt- und Forschungstagebücher sind sehr nützliche Instrumente für die Reflexion. Schreiben Sie zunächst für sich und vielleicht dann auch für Ihre Kollegen und den Begleiter Ihrer Arbeit (Kapitel UND NUN: DIE THESIS). Termine zum Gegenlesen Ihrer Eintragungen können der tägliche Eintrag oder auch Meilensteine der Arbeit sein. Beschreiben Sie, was Sie bis dahin gemacht haben, wo Ihre Probleme liegen und was Sie als nächstes vorhaben. Ihre Kollegen und der Begleiter Ihrer Arbeit können sehen, wo Sie in Ihrer Arbeit stehen, was Sie von den anderen noch brauchen und wie es Ihnen geht. Ihr Leben besteht auch während solcher Arbeiten aus mehr als Studieren, zum Glück.

7. Lernveranstaltungen

7.5. Fragen

Fragen bilden zusammen mit Beobachten und Ausprobieren die Basis des Lernens. Fragen eröffnen die Möglichkeit zum Dialog und zum Austausch. Die Beteiligten können eine gemeinsame Sprache und ein gemeinsames Bild entwickeln. In der Organisationsentwicklung heißt dieser Vorgang „Vergemeinschaftung". Er sollte ein iterativer, also immer wieder durchgeführter Vorgang sein. Anstoßen kann ihn jeder, ob Mitarbeiter, Berater oder Leitungsperson (Buch BERATEN).

Lernende und Lehrende sollten unbedingt frühzeitig und unmittelbar Fragen stellen, wenn ihnen ein Begriff, Daten oder Informationen unklar sind. Dies kann durch explizites Nachfragen erfolgen, beispielsweise durch die Frage „Was verstehen Sie unter diesem Begriff?" Ziel ist, ein gemeinsames Verständnis und eine gemeinsame Sprache zum Thema herzustellen.

Fragen helfen, voreilige Interpretationen zu vermindern. Voreilige Interpretationen können zu Missverständnissen, Fehlentscheidungen und Fehlern führen. Sie entstehen meist in Folge von Vorurteilen oder unvollständigen Informationen. Um dieses Risiko zu verringern, ist es hilfreich, sich dieses bewusst zu machen und diese Interpretationen zu hinterfragen. Visualisierungen, also Skizzen oder Mindmaps können dies unterstützen. Gerade in Gruppen sind sie eine gute Basis für die Reflexion. Die Kapitel SCHREIBEN IST LERNEN, AKTEURE und WAS KÖNNEN WIR TUN? enthalten Beispiele zur Formulierung von Fragen. Das Buch ENTDECKEN geht ausführlich darauf ein, wie Sie Fragen formulieren und mit Ihrem Vorverständnis umgehen können. Vorverständnis setzt sich zusammen aus Vorwissen und Vor-Urteilen.

7.6. Der Dialog im Lernen und Arbeiten

Lernende wenden meiner Erfahrung nach gerne das starke Instrument der Frage an. Fragen und Antworten im Dialog sind ein sehr altes Lerninstrument. In einem Dialog betrachten Sie ein Thema, einen Sachverhalt oder ein Problem. Das Prinzip des Dialogs beruht auf Arbeiten von Sokrates, Buber, Isaacs und vielen anderen. Der Dialog ist ein zentrales Instrument in der Lernenden Organisation (Kapitel LERNENDE SYSTEME). In Firmen, Abteilungen und Teams führen Sie Dialoge vor, während und nach einem Projekt sowie im Verlauf von Reorganisationen und anderen Veränderungen.

> **Begriffe** Dialog und Diskussion
>
> *... der feine Unterschied*
> Im Dialog erörtern Menschen Fragen, Probleme und Ideen. Sie wollen den anderen kennenlernen, Neues lernen und reflektieren. Das Ende eines Dialogs ist offen.
> Eine Diskussion verfolgt ein anderes Ziel. In Diskussionen tauschen Menschen Informationen und Meinungen aus und wollen eine Entscheidung oder ein Fazit herbeiführen.

Im Dialog ist den Beteiligten bewusst, dass es in diesem Gespräch nicht vorrangig um Problemlösungen oder Beschlüsse geht, sondern um Erkenntnisgewinn und Austausch. Einer der Beteiligten kann und sollte dies zu Beginn des Gesprächs deutlich machen, falls hierzu noch kein Konsens oder Bewusstsein zu bestehen scheint. Die Beteiligten sollten als Fertigkeiten mitbringen: aktives Zuhören, Respektieren, Suspendieren (Bewusstsein zu eigenem

7. Lernveranstaltungen

Wissen und Anschauungen besteht und wird nicht verfestigt), Artikulieren, Authentizität. Diese Fertigkeiten können sie im Verlauf mehrerer Dialoge üben und vertiefen.

Das Umfeld sollte ein ruhiges, ungestörtes Gespräch ermöglichen. Die Dauer kann zwischen einigen Minuten bei im Dialog geübten Menschen bis hin zu mehreren Stunden liegen. Meist sind es ein bis zwei Stunden.

Zu Beginn sollte eine Gruppe unterstützt von einem *facilitator* (Ermöglicher) den Dialog erlernen. In Lernveranstaltungen übernimmt diese Rolle zunächst meist der Lehrende. Aufgabe des Facilitators ist es, die Beteiligten dazu zu befähigen, tatsächlich im Dialog zu bleiben und nicht etwa in eine Diskussion zu wechseln. Der Facilitator kann beispielsweise sagen: „auch das Gegenteil ist möglich", wenn ein Beteiligter entschieden eine Position vertritt. Oder der Facilitator kann sich mit der Gruppe auf die Meta-Ebene begeben und die Teilnehmer noch einmal auf die Hintergründe, Regeln und Abläufe des Dialogs aufmerksam machen.

7.7. Vielfalt

Gruppen gemischt zusammenzusetzen ist ein bewährtes Mittel, um aus ihnen erfolgreiche Teams entstehen zu lassen (Buch MENSCHEN). Die Arbeit im Team ist ein wichtiger Baustein für das Lebenslange Lernen. Dies zeigt sich verstärkt im Zeitalter der *Digital Natives, Immigrants and Founders*. Doch zunächst einmal: Wer sind sie?

Natives: Menschen, die geboren wurden als es das Internet schon gab, und die ganz alltäglich mit seiner aktiven Nutzung und Gestaltung aufwachsen.

Immigrants: Diejenigen, die vorher geboren wurden und sich mit den Instrumenten vertraut machen wollen oder müssen.

Founders: Menschen, die an der Entwicklung von Computern und des Internets mitwirken. Dies sind Informatiker und die, die sich nächtelang und am Tag im Netz bewegen. Menschen, die dies schon zu Zeiten von Telefonmodems für den Austausch und die gemeinsame Arbeit an Datenbanken, Systemen und Spielen genutzt haben.

Diese drei Gruppen können sich gegenseitig bereichern, voneinander lernen und ihre „analogen" und „digitalen" Kompetenzen ausbauen. Analog im Sinn von fachlich, methodisch und sozial; digital im Sinn vom souveränen, selbstbestimmten Umgang mit Informations- und Kommunikationstechnologien (IT), Internet, Social Media und den bereits entstehenden und noch zu erwartenden Neuerungen im Zeitalter des Internet 4.0 (Internet der Dinge) und der künstlichen Intelligenz.

Natives finden plötzlich den „Aus-Knopf" auf ihren Geräten (so es diese Knöpfe oder Tasten noch gibt). Founders können mit Natives ihre Ideen noch vielfältiger umsetzen. Immigrants können zeigen,

7. Lernveranstaltungen

dass es Menschen gibt, die nicht der Gattung Homo palmaris angehören. Homo palmaris: Der mit dem Smartphone geht. Haben Sie schon einmal in einer Fußgängerzone oder einer U-Bahn gezählt, wie viele Menschen kein Smartphone in der Hand haben?

> **Kommentar** Erfahrung von Studierenden
>
> *Wir Natives können dadurch lernen, die eigene Kreativität einzusetzen oder dass wir das Smartphone auch mal zuhause lassen können. Als meine Schwester in Frankreich gewohnt hat, hatte sie für 6 Monate kein Smartphone. Sie meinte, dass es am Anfang zwar schwierig war, aber nach einer Zeit fühlte sie sich nahezu befreit, weil sie nicht mehr diesen „Zwang" verspürte, ständig erreichbar zu sein.*
> (Studentin, Winter 2018/2019)

Sie können in jeder Gruppe Vielfalt erleben, beispielsweise auch, wenn die Mitglieder aus einer Altersgruppe stammen und wenn nur ein Geschlecht vertreten ist:

> *Der erste Workshop in der Sozioinformatik an der Hochschule Furtwangen im Wintersemester 2017/2018 ging mit der Aufforderung zu Ende, den Satz „Was ich noch zu sagen hätte ... " weiterzuführen. Nachdem die Studierenden ihre Eindrücke und Erwartungen reflektiert hatten, meinte ich: „Es ist das erste Mal seit Langem, dass nur Männer in einer meiner Lernveranstaltungen sind. Sie sind elf, wie eine Fußballmannschaft. Sie sind bunt – durch Ihre Herkunft, Ihre Fähigkeiten, Ihren Humor, Ihr Temperament. Es macht Freude, mit Ihnen zu arbeiten. Ich glaube, das kann so weiter gehen." Und ich bekam einen Eindruck davon, wie ein Sport-Coach sich fühlt. Über Fußball weiß ich wenig, und doch genügt dies, Begriffe wie*

7.7. Vielfalt

Stürmer, Verteidiger oder Torwart auftauchen zu lassen, wenn wir zusammen arbeiteten.
(Fußballmannschaft ... Vielfalt in der Sozioinformatik – Blog vom 3 Nov 2017)

Einige Reflexionen der Studierenden zu dieser „Fußballmannschaft" finden Sie im Abschnitt AUFFORDERUNG ZUM DENKEN im Kapitel REFLEXIONEN.

7. Lernveranstaltungen

7.8. Verankern in der Wirklichkeit: Fall-basiertes Lernen

Lernen mit dem Aal-Prinzip – „**A**ndere **a**rbeiten **l**assen" – basiert auf dem Konzept des Kompetenz-orientierten Lernens (Kapitel NEUGIER) und nutzt das Arbeiten am konkreten Fall. Eine andere Bezeichnung für Fall-basiertes Lernen ist Problem-basiertes Lernen.

Lernziele in ein realistisches Szenario einzubetten führt zu einer höheren Lernmotivation und verbessert die Lernergebnisse fachlicher, methodischer und sozialer Kompetenzen (Donelly/Fitzmaurice 2005; Slavin 1996; Felder et al. 2000). Juristen an der Harvard University entwickelten das Fall-basierte Lernen während des neunzehnten Jahrhunderts. Lehrende nutzen realistische Fälle, um Studierende an der Law School in das Thema einzuführen und mit ihnen juristisches Denken und Problemlösen zu üben (Merseth 1991). In der Medizin übernahmen Universitäten in Kanada und den Niederlanden in den 1970ern diesen Fall-basierten Ansatz (Neufeld/Barrows 1974; Hasman/Boshuizen 2001; Van der Vleuten et al. 2004), der sich in den folgenden Jahrzehnten an Universitäten in Europa und weltweit verbreitete.

Fall-basiertes Lernen erfolgt zum Beispiel in der Medizin in sieben Schritten. Die Fallbeschreibung besteht aus einer kurzen Anamnese (Befragung) und Befunden aus der körperlichen Untersuchung des Patienten und weiteren Diagnosemaßnahmen, wie Labor oder Röntgen. Ein Tutor begleitet und moderiert eine Gruppe von Studierenden. In der Regel sind es acht bis zehn Studierende.

> Moderierte Arbeitsgruppe – Treffen 1
> Schritt 1: Klärung von Begriffen und noch nicht verstandenen Konzepten (Dialog)
> Schritt 2: Problembeschreibung (kurze Darstellung)

7.8. Verankern in der Wirklichkeit: Fall-basiertes Lernen

Schritt 3: Analyse & Hypothesengenerierung (Brainstorming)
Schritt 4: Ordnen der Hypothesen (Diskussion & Konsens)
Schritt 5: Lernziel-Formulierung (Diskussion & Konsens)

Selbststudium – Zwischenzeit
Schritt 6: Recherche

Moderierte Arbeitsgruppe – Treffen 2
Schritt 7: Synthese, Schlussfolgerungen (in der Medizin zum weiteren Vorgehen hinsichtlich Diagnostik und Therapie) und Überprüfung der neuen Erkenntnisse im Dialog.

Indem die Studierenden ihren Standpunkt und ihre Entscheidung begründen, gehen sie in diesen sieben Schritten des Fall-basierten Lernens bis zur fünften Kompetenzstufe der Lernziele: *evaluate*, bewerten (Abschnitt LERNVERANSTALTUNGEN KONZIPIEREN). Dies erfolgt vom ersten Semester an (Van der Vleuten et al. 2004). Dabei steigen Anspruch und Komplexität der Fälle und damit die Anforderungen an die Lernenden langsam Jahr für Jahr. In der Beurteilung müssen Lehrende den Status der Studierenden berücksichtigen: Bachelor, Master, PhD (Weßel 2008).

Eine andere Möglichkeit, am Fall zu arbeiten, ist das Lernen in nachgestellten Situationen. Schauspieler übernehmen Rollen von Patienten, Kunden oder Klienten in Kurzfilmen oder „live". Bei Letzterem können die Lernenden selbst mit dem „Patienten" oder in der Beratung mit „Klienten" in Interaktion treten. Wenn die Lernenden beide Rollen übernehmen, handelt es sich um eine Rollenspiel. Sie werden in Szenarien selbst zum Akteur und lernen im Setting einer Geschichte.

7. Lernveranstaltungen

7.9. Lernen durch Geschichten

Das Buch zum Film

Geschichten sind die älteste Methode der Dokumentation und Überlieferung. Menschen lernen durch Geschichten und bilden Identitäten – als Individuum, Gruppe, Gemeinde, Organisation oder Land. Geschichten unterhalten. Ein wichtiger Faktor dabei ist, dass wir uns mit Personen oder anderen Akteuren identifizieren. Wenn wir Geschichten weitererzählen, gestalten wir sie mit. Mit jedem Erzählen verändern sie sich.

> *Geschichten unterhalten uns. Fiktive und echte Geschichten aus Forschung und Entwicklung, von erfolgreichen Unternehmen und Unternehmungen können uns inspirieren, etwas Ähnliches zu tun und Neues zu entdecken. Die Handfunkgeräte aus der Fernsehserie „Star Trek" in den 1960ern haben so manchen Ingenieur zur Entwicklung von Mobiltelefonen angeregt. Die Geschichte von Sir Ernest Shackleton und seinen Gefährten, die er 1914 bis 1917 alle lebend aus dem Eis der Antarktis gebracht hat, inspirieren Menschen wie Dennis Perkins zu Führungskräfteseminaren der besonderen Art.*
> (Weßel 2017: ENTDECKEN, S. 238)

Seit etlichen Jahren nutze ich in meinen Lernveranstaltungen Filme. Gute Filme sind in meinen Augen ebenso bedeutende Kunstwerke wie Werke aus der Literatur, der bildenden Kunst, der Oper und dem Theater. Science Fiction liegt in seinen Zukunftsbildern oft sehr nahe an dem, was Jahre oder Jahrzehnte später eintritt. Darin schließe ich mich dem Zukunftsforscher Bernd Flessner und vielen anderen Kollegen an. Informatik ist bereits mittendrin in

7.9. Lernen durch Geschichten

der Science Fiction, wenn wir uns allein die derzeitigen Entwicklungen von Smart and Cognitive Cities ansehen (Informatik Spektrum, Band 40, Heft 1, Februar 2017). Filme, zu denen ich gerne mit Studierenden in einen Dialog trete, sind beispielsweise Christopher Nolan's *Inception* (2010), James Cameron's *Avatar* (2009) oder Ridley Scott's *The Martian* (2015).

Beispielsweise bitte ich Studierende im Fach Consulting, sich zu den Themen Auftragsgewinnung, Leadership, Teamentwicklung und Teamarbeit den Film *Inception* von Christopher Nolan zu einem bestimmten Termin anzusehen. Was hat ein Science-Fiction-Hollywoodfilm mit Consulting zu tun? Vielleicht schauen Sie sich den Film an und beantworten sich anhand der ersten Stunde und der letzten zehn Minuten folgende Fragen:

> Akquise: Wie kommt es zum Auftrag?
>
> Wie verlaufen Vertragsverhandlung und -abschluss?
>
> Wie bildet sich die Gruppe?
>
> Wann und wie entsteht ein Team?
>
> Welche Rollen und Aufgaben erkennen Sie?
>
> Stakeholderanalyse: Wer ist beteiligt? Auch außerhalb des Teams.
>
> Wie geht das Team mit dem Auftraggeber um? Auch der Teamleiter.
>
> Wie geht der Auftraggeber mit dem Team um? Auch mit dem Teamleiter.
>
> Wie erfolgt der Projektabschluss? Inhaltlich und emotional/sozial.

7. Lernveranstaltungen

> Und für die (Wirtschafts-)Informatiker unter Ihnen: Denken Sie auch über Agile Methoden nach, und die Eigenarten von Scrum Teams.

Außerdem nutzen Studierende Filmanalysen in Seminararbeiten zur Bearbeitung eines Themas, wie beispielsweise zur Gruppendynamik (Bäumer und Groß 2017) oder zur Arbeit von verteilten Teams (Brockmann, Lenz und Zerr 2016 – siehe auch Kapitel SEMINARARBEIT).

Selbst zum Akteur werden

Neben der Analyse von Geschichten anderer können Lernende selbst zum Akteur werden. Sie verfassen Kurzgeschichten, Artikel oder fiktive Tagebucheinträge und Szenarien (Buch WERKZEUGE) oder sie tauchen in die „reale" Berufswelt ein, indem sie in Rollenspielen zu Führungskräften, Experten oder Beratern werden. Beispielsweise versetzen sich Studierende in Mitglieder des Managements eines Krankenhauses. Dass dies auch Studierende der Wirtschaftsinformatik als sehr sinnvoll erleben, zeigen mir ihre Kommentare aus den letzten Jahren. Gerade Unternehmensberater müssen sich immer wieder in fremde Branchen einfinden und mit einigen Eckdaten zurechtkommen. Ein Rollenspiel möchte ich Ihnen hier vorstellen. Wenn Ihnen die Geschichte bekannt vorkommt, so ist sie Ihnen wahrscheinlich als *Die Pfadfinder* im Buch BERATEN begegnet.

Szenario

Im Gesundheitswesen wird die Vergütung für Krankenhauspatienten auf Fallpauschalen umgestellt. Dies bedeutet, dass das Krankenhaus unabhängig von der Dauer des Aufenthaltes des Patienten für die Diagnostik, Therapie und Pflege eines Patienten mit

7.9. Lernen durch Geschichten

einer bestimmten Diagnose und Therapie, beispielsweise „Blinddarmentfernung" (Appendectomie) eine pauschale Vergütung erhält.

Die Leitung eines Krankenhauses der Maximalversorgung mit ungefähr 30.000 stationären Patienten und 250.000 ambulanten Kontakten pro Jahr und 2.500 Mitarbeitern entschließt sich, ihre typischen Behandlungsfälle („Patientenpfade") zu beschreiben und diese Beschreibung ihrer Geschäftsprozesse als Grundlage zur Kalkulation ihrer Kosten, zum Controlling und als Verhandlungsinstrument mit den Krankenversicherungen zu verwenden. Hierzu gilt es zunächst, Einigkeit innerhalb der Leitung herzustellen (Commitment) und dann das Projekt zur Beschreibung und Einführung der ersten Pfade anzustoßen.

Die Leitungsebene besteht aus Krankenhausdirektor/in (Chief Executive Officer, CEO), Ärztlicher/m Direktor/in (AD), Pflegedirektor/in (PD), Leitung der Personalabteilung (HRM), Leitung Finanzen und Controlling (FC), Leitung Betriebe und IT (BIT). In zahlreichen Institutionen können an solchen Sitzungen auch ein oder zwei Mitglieder des Betriebsrates (BR) teilnehmen.

Aufgabe

Sie führen als Krankenhausleitung eine (oder mehrere) Routinesitzungen durch, in denen Sie Commitment herstellen und das Projekt anstoßen. Es steht Ihnen frei, weitere Experten zu den Sitzungen hinzuzuziehen und anzuhören.

Bitte beachten Sie folgende Aspekte zur Einführung reorganisierter Geschäftsprozesse im Verlauf Ihrer Aktionen:

Commitment: Unternehmensleitung und Mitarbeiterinnen und Mitarbeiter.
Kommunikation: Transparenz.

7. Lernveranstaltungen

Expertinnen und Experten: Fachbereiche, Ökonomie und IT.
Finanzierung.
Zeit.
Weiterbildung und Training.

Beachten Sie auch wichtige Instrumente der strategischen und operativen Führung:

Fragen.
Entscheiden.
Aufgaben finden und abgeben.

Überlegen Sie sich, in welcher Art Sie Ihre Rolle ausfüllen möchten, zum Beispiel, wie Sie als CEO handeln, eher moderierend oder eher direktiv; als Ärztlicher/m Direktor/in eher zurückhaltend oder eher dominant; als Pflegedirektor/in; als Betriebsrat und so weiter.

Wenn Sie im Verlauf der Übung noch Informationen brauchen, können Sie die Dozentin als „Back-up" hinzuziehen.

Ablauf

Die Studierenden erhalten ein Hand-out mit den Eckdaten und Rollen. Nach der Rollenverteilung und Klärung offener Fragen führen die Studierenden das Rollenspiel durch und treten anschließend mit der Dozentin in eine Reflexion ein. Insgesamt dauert dies ungefähr eine dreiviertel bis eine Stunde. Die Durchführenden verhalten sich in einem Rollenspiel professionell. Übungen wie Kabarett oder Improvisationstheater sind hiervon abzugrenzen.

Sehr zu empfehlen ist auch, die Rollenverteilung am Ende eines Seminartages vorzunehmen und den Studierenden Gelegenheit zu geben, sich in den Tagen bis zum nächsten Termin auf ihre Rolle

7.9. Lernen durch Geschichten

einzustimmen, diese Aufgabe also als *cliffhanger* und Verbindung zum folgenden Seminartag zu nutzen.

Transmedia Story Telling and Story Selling

Über Geschichten lassen sich auch Produkte (Waren und Dienstleistungen) an Frau, Mann und Kind bringen. Dies gab es auch vor der Ausbreitung der digitalen sozialen Medien, der *(digital) social media*. Durch diese hat das Story Selling jedoch eine immense Intensivierung erfahren. Darum ist dieses Thema auch für derzeitige und zukünftige Arbeitsfelder der Lernenden von Bedeutung.

Der Trick im Transmedia Story Telling ist, mehrere Medien zu kombinieren und die Menschen mittels der Medien zu erreichen, die sie nutzen. Es gilt, dabei die Stärke des jeweiligen Mediums auszuspielen – im wahrsten Sinne des Wortes. Denn neben Merchandizing von Produkten wie T-Shirts, Spielzeug und Kaffeetassen zu einem Film gibt es noch viel mehr Möglichkeiten, die wir vor allem von den „Gamern" gelernt haben und weiter lernen. Aus Spielen werden Kinofilme, aus Kinofilmen entstehen Spiele. Die früher manchmal eher abfällig Nerds genannten Menschen haben sich als erste mit den Herausforderungen bewegter Bilder, 3-D-Darstellung, real-time-Interaktion in lokalen und dann auch globalen Netzwerken und der Arbeit mit großen Datenmengen beschäftigt und diese mit zunehmenden Erfolg bewältigt. Dies war und ist weiterhin bahnbrechend für andere Gebiete der Informations- und Kommunikationstechnologie.

Wie wird eine Geschichte zu einem Produkt interessant? Indem es nicht mehr um das Produkt geht, sondern um Individuen. Es müssen nicht immer Menschen sein, es können auch Phantasiewesen oder ein Plüschtier sein. Henry Jenkins definiert Transmedia Story Telling so:

7. Lernveranstaltungen

> *Transmedia storytelling represents a process where integral elements of a fiction get dispersed systematically across multiple delivery channels for the purpose of creating a unified and coordinated entertainment experience. Ideally, each medium makes it own unique contribution to the unfolding of the story.*
> (Jenkins 2007)

Transmedia Story Telling ist ein Prozess, in dem Elemente einer Geschichte systematisch über verschiedene Medien und Kanäle veröffentlicht werden. Ziel ist es, eine einzigartige und koordinierte Unterhaltungserfahrung zu kreieren. Idealerweise leistet jedes Medium einen für dieses Medium spezifischen Beitrag zur Geschichte. Die Erzähler entwickeln eine Welt, in der diese Geschichte stattfindet. Dieser *world-building process* umfasst vier Kernelemente (Jenkins 2011):

1. Hintergrundgeschichte (*offers backstory*)
2. skizziert die Welt, in der diese Geschichte stattfindet (*maps the world*),
3. eröffnet uns die Möglichkeit, die Geschichte aus der Perspektive verschiedener Charaktere zu sehen (*offers us other character's perspectives on the action*) und
4. fördert (und fordert) die Mitwirkung der Zu-Hörer, -Leser, -Schauer (*deepens audience engagement*)

Henry Jenkins beschreibt in seinen Blogeinträgen auch, welche theoretischen Konzepte zum Transmedia Story Telling gehören und wie Sie es in der Praxis umsetzen können.

7.10. Lernen und Lehren in großen Gruppen

Große Lerngruppen beginnen ab ungefähr zwanzig Teilnehmern. In der Moderation spricht man bereits bei mehr als zwölf Teilnehmern von großen Gruppen (Buch MENSCHEN). Lernen in großen Gruppen ist an Hochschulen und in Fort- und Weiterbildung keine Seltenheit. Es gibt einige Techniken zum Umgang damit.

CAT: Classroom Assessment Techniques

Der Lehrende richtet an Einzelne, Paare oder an Murmelgruppen offene oder geschlossene (Ja/Nein) Fragen. Murmelgruppen bestehen aus mehr als zwei Menschen. Sie sollen sich wie Zweiergruppen in gedämpftem Ton unterhalten, damit mehrere Gruppen sich gleichzeitig in einem Raum austauschen können. Die Fragen stellt der Lehrende nach zehn, zwanzig oder dreißig Minuten, je nachdem wie lang der letzte Block war, zum Beispiel über

> *muddiest point:* was war in den letzten <x> Minuten der hakeligste Punkt?

> *one sentence summary:* Formulieren Sie einen Lernslogan.

> *core messages:* Formulieren Sie drei Kernaussagen der letzten <x> Minuten.

> *1-minute-paper:* Schreiben Sie innerhalb von einer Minute positive und negative Lernerfahrungen der letzten <x> Minuten auf.

Nach ein bis zwei Minuten findet der Austausch im Forum statt.

7. Lernveranstaltungen

Lernstopp

Der Lehrende und die Lernenden machen drei Minuten Pause, ohne ihre Plätze zu verlassen. Wenn die Gruppe sehr unruhig ist, beispielsweise weil sie gerade aus der Mittagspause oder einer vorherigen anstrengenden Lernveranstaltung kommt, fordere ich sie auf, eine Minute zu schweigen. Wir alle haben damit Gelegenheit, uns auf die folgenden Stunden einzustellen. Die Lernenden erleben dies – so immer wieder ihr Kommentar – als erholsam und eine Unterstützung, sich zu fokussieren.

Wachsende Gruppe

Dies wird auch *snow balling* oder Pyramide genannt. Ziel ist die Verdichtung des Lernstoffes einer vorhergehenden Lerneinheit. Der Lehrende bittet die Lernenden, wichtige Punkte zum gerade Erlernten zu formulieren:

> Je zwei Lernende formulieren je drei Punkte – 1 Minute.
>
> Je zwei Paare [(2+2) Lernende] einigen sich auf vier dieser sechs Punkte – 3 Minuten.
>
> Je zwei Gruppen [(2+2)+(2+2) Lernende] einigen sich auf fünf dieser acht Punkte – 4 Minuten.

Zur Vergemeinschaftung protokollieren der Lehrende oder ein Lernender die fünf Punkte auf einer Tafel oder einem Flipchart.

Lebende Statistik

Schätzungen sind eine solide Methode, um eine erste Antwort auf eine Frage zu erhalten (Buch WERKZEUGE). Wenn Sie diese Schätzungen als **Arbeit im Raum** durchführen, wird es ein Bild. So können Sie die Lernenden fragen, wie sie ihre Vorkenntnisse zu

7.10. Lernen und Lehren in großen Gruppen

einem Thema einschätzen. Sie sollen die Frage beantworten „Sind Sie Novize, so lala oder „Schwarzer Gürtel"?" und sich zur Beantwortung entlang einer Linie aufzustellen.

Sie können sie auch nach ihren Motivationen fragen und die Antworten vier Ecken eines auf dem Boden gedachten Quadrates oder Rechteckes abbilden lassen: Spaß, Zeit verbringen, Neues lernen, Zertifikat/Schein/Punkte erwerben. Positionen dazwischen sind möglich, beispielsweise zwischen Neues lernen und Spaß oder auch zwischen drei oder vier Punkten innerhalb des Vierecks. Wenn Lernende dies tun, bitte ich sie, der Gruppe zu erläutern, woraus sich ihre Motivationen zusammensetzen. Dies eröffnet oft interessante Dialoge über das Ziel und den Sinn dieser Lernveranstaltung.

Diese Art der Arbeit im Raum ist eine Form der Visualisierung. Jacob Levy Moreno (1889 – 1974) hat in den 1930ern die Soziometrie zur Untersuchung und Interpretation von Gruppen, sozialen Strukturen und Beziehungen entwickelt (Moreno 1974).

Lerntagebücher

Drei Punkte sollen die Lernenden täglich beantworten: Dies wurde mir heute klar. Dies blieb mir unklar. Daran will ich arbeiten.

Außerdem können und sollten die Lernenden ihren Lernprozess auch methodisch und emotional reflektieren:

> Was ist gut gelaufen, und warum?
> Was ist nicht so gut gelaufen, und warum?
> Wie geht es mir mit beidem?
> Wie will ich damit umgehen?

Lerntagebücher können Teil eines Lernportfolios bilden. Das Kapitel PORTFOLIO beschreibt, wie sich Lernportfolios als Leistungsnachweise einsetzen lassen.

7. Lernveranstaltungen

7.11. Workshops

Lernen & Lehren jenseits des 90-Minuten-Korsetts

Der Student und – natürlich – die Studentin kennt die Lösung. Angelehnt ist dies an „Der Klient kennt die Lösung" und dem Action Research nach Kurt Lewin (1947 und 1953). Lernen funktioniert dann am besten, wenn Menschen alle Sinne verwenden können und vor allem, wenn sie ein Thema interessiert. Wie dies funktioniert, lässt sich hervorragend an (kleinen) Kindern beobachten. Sie zeigen Interesse und Engagement. Sie lernen eigenständig.

Doch dann holt viele Kinder und Jugendliche das ganz „alte" Lernen ein: bis zu dreizehn Schuljahre mit häufigem Frontalunterricht. An Hochschulen folgen Erfahrungen mit mehr oder weniger interessanten 90-Minuten-Vorlesungen, -Seminaren und -Übungen. Doch das muss nicht sein. Viele Lehrende und Hochschulen haben sich dem Kompetenz-orientierten Lernen zugewendet und lassen Studierende mit eigenen konkreten Fällen und in Projekten arbeiten und lernen (Kapitel NEUGIER). Workshops bieten ein gutes Format dafür. Wie können Lehrende und Hochschulen Studierenden diese Art des Lernens ermöglichen?

Lernen braucht Zeit

Üblicherweise dauern Lernveranstaltungen an Hochschulen neunzig Minuten. Dies entspricht zwei Unterrichtseinheiten. Aufgabe des Dozenten ist, die Studierenden an ein Thema heranzuführen. Praktische Übungen können sich anschließen. Beispielsweise entwickeln die Studierenden in Kleingruppen zu einer Aufgabe Poster und stellen die Ergebnisse im Forum vor. Eine Aufgabe könnte lauten: „Was sind Datenschutz und Datensicherheit? Wie stellen Sie diese sicher? Und welche Verknüpfungen sehen Sie?" Anschließend tritt die Gruppe dazu in einen Dialog. Studierende und Dozentin

7.11. Workshops

besprechen die Visualisierungen und geben einander Feedback, indem sie Fragen stellen und Anregungen geben. Damit sind neunzig Minuten fast herum. Denn außerdem starten und beenden Studierende und Lehrende die Lernveranstaltung.

Lernen ist ein gruppendynamisches Geschehen

Forming, storming, norming, performing and adjourning. Kennenlernen, kämpfen, Regeln finden, umsetzen, loslassen. Diese fünf Phasen der Gruppendynamik nach Tuckman & Jensen finden in Gruppen immer statt (1965 und 1977). Im Lernkontext eines Seminars erstrecken sich die fünf Phasen über das gesamte Semester plus in jeder Lernveranstaltung. Und – um das Ganze noch zu steigern – wenn ein Mensch eine Gruppe verlässt oder neu hinzukommt, geht es mit *forming, storming ...* von vorne los.

Sich als *facilitator, mentor, guide* zu sehen (Kapitel DIDAKTIK MIT DEM FISCH), bedeutet für Lehrende auch, dass sie Moderator sind. Es ist ihre Aufgabe, den Beteiligten das effektive, effiziente und nachhaltige Lernen zu ermöglichen. Also sollten die Lehrenden die Phasen der Gruppendynamik kennen und Methoden beherrschen, mit denen sie diese Phasen steuern und in einem angemessenen inhaltlichen und zeitlichen Rahmen halten können. Die Bücher MENSCHEN und WERKZEUGE beschreiben zusammen mit den theoretischen Hintergründen, wie Sie vorgehen können.

Lernen braucht Raum

... und Material. Haben Sie sich in letzter Zeit einmal an Hochschulen umgesehen? Tische in Reihen. Oft lassen sich diese Tische umstellen, aber nicht immer einzeln. Mit großem Bedauern musste ich erleben, wie an einer der Hochschulen, an denen ich lehre, die Tische in den Reihen fest miteinander verbunden wurden. Die Begründung der Hochschuladministration lautete: Die Studierenden

7. Lernveranstaltungen

brauchen Steckdosen für ihre Rechner (Notebooks et cetera). Was ist mit Akkus? Laden in Arbeitspausen? Nicht möglich? Doch.

Also müssen Tische einzeln umstellbar und Räume so groß sein, dass Sie ein Lernsetting für die Arbeit in Gruppen schaffen können. Sie brauchen am besten viel Tafelfläche, damit die Studierenden und auch die Lehrenden ausreichend Raum für Visualisierungen haben. Dies ist umweltverträglicher als das Abholzen von Wäldern durch die Verwendung von Flipcharts. Außerdem schonen Sie den Kohlendioxidgehalt der Atmosphäre. Die Verwendung von Filzstiften und Boardmarkern entfällt. Auf Whiteboards kommen Sie übrigens auch nicht weit. Details gehen auf Fotos schnell verloren. Die Fotos sind Teil der Dokumentation zur Lernveranstaltung, die die Lehrenden den Studierenden auf der e-Learning-Plattform zur Verfügung stellen.

Let's work and have fun

An Hochschulen finden Lernveranstaltungen vormittags, meist von acht oder neun Uhr bis mittags statt und dann wieder von vierzehn Uhr bis in den Abend, zum Beispiel bis achtzehn Uhr fünfundvierzig. Was spricht eigentlich dagegen, statt drei oder vier Vorlesungen, Seminaren oder Übungen einen ganzen Vor- und/oder Nachmittag „nur" Software Engineering, Consulting, Change Management, wissenschaftliches Arbeiten oder Sozioinformatik (Informatik und Gesellschaft) zu machen? Richtig: nichts.

Es braucht dazu natürlich die Aufgeschlossenheit der Lehrenden und der Hochschule, dies so zu organisieren. An der RWTH Aachen, der Beuth Hochschule für Technik in Berlin, der Hochschule Fulda, der Hochschule Furtwangen und der DHBW Mannheim besteht diese Aufgeschlossenheit. Dort konnten und können die Studierenden und ich im Workshopformat arbeiten. Ausführlich beschrieben habe ich dies in meinem Blog zur Sozioinformatik für die Workshops im Sommersemester 2017.

7.12. Hackathon

Was ist eigentlich ein Hackathon?

(Ein nicht ganz wörtlich wiedergegebener Dialog.)

„... Ich dachte, die sitzen nur da und programmieren." Für die Beantwortung dieser Frage einer Sekretärin aus der Informatik-Fakultät an der Hochschule Furtwangen beim freitagmorgentlichen Kaffee durfte ich weiter ausholen.

„Programmieren: Das war bei den ersten Hackathons Ende der 1990er Jahre so. Software-Entwickler haben sich für ein bis zwei oder auch drei Tage – und Nächte – getroffen, um gemeinsam eine Software oder ein Softwaresystem zu entwickeln und/oder Hardware zu bauen. Die große Stärke: Sie arbeiten an den Aufgaben, die ihnen Freude machen. Sie arbeiten in wechselnden Gruppen und Teams, so wie sie gerade Unterstützung brauchen und geben können. Und sie sind frei in ihren Zeiten. Über Pausen und Ruhe entscheiden sie selbst. Da müssen Sie eher aufpassen, dass die Beteiligten sich tatsächlich mal hinlegen oder etwas essen."

„Ah, und die Studenten im Seminar bauen an der Smart City."

„Genau, und am Produktmarketing für Printmedien mittels der Instrumente der sozialen Netze."

„Das ist gut, da können sie also ganz konzentriert arbeiten."

„Und sich vor allem auch über ihre Teamgrenzen hinweg Unterstützung und Inspiration holen. Denn der Trick in der Software-Entwicklung und auch im IT-Produktmanagement – denn das studieren sie ja – ist: Im Austausch werden sie stark. Hat ja Aristoteles schon gesagt: Das Ganze ist größer als die Summe seiner Teile."

7. Lernveranstaltungen

„Und wie funktioniert das?"

„Die Studierenden haben sich vor dem Hackathon überlegt, woran sie arbeiten wollen und was sie am Ende des Hackathons fertig haben wollen. Am Beginn des ersten Tages haben wir die Aufgaben verteilt und einen Zeitplan aufgestellt, den wir heute Morgen, am zweiten Tag, noch mal angepasst haben. Es war ja gestern Einiges passiert. Und dann ging es los. Kreuz und quer über die Gruppengrenzen hinweg."

„Ja, aber die programmieren doch gar nicht."

„Nein, sie bauen. Sie können alles bauen. Eine Software, ein Buch, einen Film. Der Trick: Sie haben einen und mehrere dabei, die Sie immer wieder drauf gucken lassen und von ihnen Feedback erhalten. Zum Teil sitzen sie auch direkt zu zweit an einer Aufgabe. In der Software-Entwicklung nennt sich das Pair Programming. Und sie haben sehr viel geschafft, jetzt schon. Das Faszinierende ist immer wieder im Hackathon: Wie schnell Sie gemeinsam neue Ideen entwickeln und umsetzen können. Sie [die Sekretärin] haben uns doch auch schon einige im Interview gegeben. Eigentlich sind Sie damit Teil des Teams."

„Na, dann habe ich ja wohl den Frauenanteil erhöht."

„Sicher. Schade, dass so wenige Frauen und Mädchen in den MINT-Fächern sind, immer noch." [MINT: Mathematik, Informatik, Naturwissenschaften und Technik.]

„Ja, man muss in die Schulen. Letztens hatten wir hier auch den Girls' Day."

„Am besten ist, die Schülerinnen kommen hierher und gucken nicht nur, sondern machen. Eigentlich könnten wir doch einen Hackathon hier machen: für Schülerinnen."

7.12. Hackathon

„Das wäre klasse, da hätten sie bestimmt Spaß dran. Ich werde mal mit Frau # sprechen. Die organisiert die Workshops in den Schulen."

„Damit ist es endgültig klar: Sie sind mit im Team."

„Wieso?"

„Also, wenn das nicht gerade eine schnelle Entwicklung einer Idee für eine neue Dienstleistung war, mit Definition der nächsten Schritte, der möglichen Beteiligten und [das hatten wir auch besprochen] eines möglichen Datums – dann weiß ich nicht, wie sie sonst aussehen könnte."

Hackathon in der Sozioinformatik

In der als Workshopreihe konzipierten Lernveranstaltung „Sozioinformatik" im Sommer 2017 und Winter 2017/2018 haben wir mit dem Ansatz des Projekt-basierten Lernens gearbeitet. Es ist Kompetenz-orientiert und nachhaltig. Der sechste von insgesamt acht zweitägigen Workshops war ein Hackathon mit einem Co-Teacher-Gespann. Ein Kollege mit Expertise aus der Psychologie und der Informatik war mit mir nach Furtwangen gekommen.

Wir sind beide in und mit den Teams der Seminararbeiten aktiv geworden und haben auf Augenhöhe mit den Studierenden an ihren Themen gearbeitet. Der Nutzen für mich: ich bekam im Verlauf und auch in unserer Reflexion nach dem Workshop von meinem Kollegen Feedback zu meiner Arbeit als Dozentin und konnte unmittelbar Einiges anpassen.

Die Studierenden in der Abschluss-Reflexion zum Ende der Workshops meinten: „Das war mein erster Hackathon. Klasse, so praktisch zu arbeiten." – „Es war kreativ, inspirierend, hat Spaß gemacht und wir haben viel geschafft."

7. Lernveranstaltungen

7.13. Noch mehr Werkzeuge

Kersten Reich hat mit seinem Methodenpool einen umfassenden Fundus an didaktischen Methoden zusammengetragen. Dieser steht online zur Verfügung. Als Überblick empfehle ich nach dem Besuch der Startseite den „Zugang zum Methodenpool". Das Kapitel „Methodenlandschaft" bietet einen guten Einstieg in der Welt des Lernens mit Metaphern.

Start: http://www.methodenpool.uni-koeln.de/

Übersicht: http://www.methodenpool.uni-koeln.de/frameset_uebersicht.htm

Methodenlandschaft: http://www.methodenpool.uni-koeln.de/methodenlandschaft/index.html

Andere Plattformen sind beispielsweise

Universität Bern. Zentrum für universitäre Weiterbildung ZUW, Hochschuldidaktik & Lehrentwicklung. DidakTipps. – https://www.didaktipps.ch/

Coursera. Online-Kurse [Zusammenarbeit mit mehreren Universitäten] – https://www.coursera.org/

8. Schreiben ist Lernen

8. Schreiben ist Lernen

Es gibt einen wichtigen Antrieb, eine Seminararbeit, einen Projektbericht oder auch eine Thesis anzufertigen: der Schein, die Credit Points, das Diplom, beziehungsweise der Bachelor-, Master- oder Doktorgrad. „Anzufertigen", weil das Schreiben ein Teil der Arbeit ist.

Ist da noch mehr?

Das Kompetenz-orientierte Lernen und Lehren will die Motivzahl mindestens verdoppeln: Neues lernen, Interesse an einem Thema bekommen oder vertiefen, Fähigkeiten und Fertigkeiten entwickeln und – besonders wichtig für nachhaltiges Lernen – Freude daran, diese Arbeit allein oder mit anderen zu schreiben.

Schreiben ist ein Prozess

Eine wissenschaftliche Arbeit ist vom Tag 1 an auch Schreiben. Dies erlebe ich selbst und auch die Studierenden, mit denen ich in Seminaren zusammenarbeite, immer wieder. Wir gehen dabei ganz praktisch von einem konkreten Fall aus, mittels dessen die Studierenden in Kleingruppen ein Thema bearbeiten. Im Strategischen Management oder Consulting kann es sich beispielsweise um Strategieentwicklungen, Unternehmens- und Umfeldanalysen oder um Leadership handeln.

8.1. Wie an das Schreiben herangehen?

Die Studierenden stellen im Seminar alle ein bis zwei Wochen den Stand ihrer Arbeiten vor, berichten über Unklarheiten und stellen uns Fragen. Wir, die anderen Studierenden und die Dozentin, geben Rückmeldung. Zugang zu ihrer Arbeit finden sie beispielsweise für Seminararbeiten im Fach Consulting mit folgenden Fragen:

Thema und Gruppe finden
Was interessiert mich? Mit wem möchte ich arbeiten?

Fall entwickeln aus eigenen oder beobachteten Erfahrungen
Was hat mich in den vergangenen Monaten bis Jahren besonders berührt?

Fall, Problem und Dilemma und ihre Auswirkungen skizzieren
Beispielsweise mittels der 8+1 W Fragen: *Wozu was wer warum für wen wie wann wo? Und Woher?* (Kapitel SELBSTMANAGEMENT).

Ideen zur Analyse und für mögliche Lösungen entwickeln
Wie würde ich, wie würden wir an das Problem oder das Dilemma herangehen?

Die Studierenden haben einen größeren Schatz an Erfahrungen und Wissen als sie im Allgemeinen annehmen. In ihrem Austausch, ihren Dialogen und ihrer gemeinsamen Arbeit können sie dieses implizite (verborgene) Wissen explizit machen, an den Tag bringen und weiterentwickeln – ohne zuvor Tante Wikipedia und Onkel Google zu bemühen.

Nach Aristoteles ist „Das Ganze größer als die Summe seiner Teile". Darum ist es wichtig, zunächst einmal die eigenen Erfahrungen und Ideen zu visualisieren (auf einer Tafel oder auf einem großen Blatt Papier), zu beschreiben (im Dialog – siehe Kapitel LERNVERANSTALTUNGEN) und zu Papier, beziehungsweise in eine

8. Schreiben ist Lernen

Datei zu bringen, also zu schreiben. Erst dann geht es weiter mit dem, was andere schon vor uns gedacht, gesagt und geschrieben haben.

Die Kunst liegt dann darin, sich immer wieder zu fokussieren und beim Thema zu bleiben. Eine Seminararbeit ist eine Seminararbeit ist eine Seminararbeit, frei nach Gertrude Stein's „A rose is a rose is a rose" (aus dem Gedicht „Sacred Emily" aus dem Buch *Geography and Plays*, zuerst erschienen 1922). Dies bedeutet, dass der Aufwand der Seminararbeit entsprechen muss. Gleiches gilt für Bachelor-, Master- und Doktorarbeiten. Manchen fällt es nicht leicht, eine angemessene Tiefe zu finden. Bei den einen fehlt noch etwas, andere nehmen sich einen Umfang vor, der eher einer Dissertation entspricht. Der Austausch der Studierenden miteinander und mit dem Lehrenden im Seminar unterstützt sie darin, sich zu fokussieren.

Viele Hochschulen bieten Schreibkurse und Schreiblabors an. In den USA hat es Tradition, beispielsweise an der Purdue University und auch in Deutschland gibt es einige, zum Beispiel an der Universität Bielefeld (beide: siehe QUELLEN).

8.2. Literaturarbeit

In der Wissenschaft ist es ein Muss, in der Arbeitswelt, beispielsweise in Beratungs- und Entwicklungsprojekten, ist es mindestens ein Soll: Der Bezug auf und die Auseinandersetzung mit den Arbeiten anderer. Es kann nur funktionieren, wenn Sie Literaturarbeit durchführen können. Dieses zentrale Instrument wissenschaftlichen Arbeitens kommt neben der Beherrschung von Feldforschungsmethoden und den Grundlagen der Statistik – so meine persönliche Erfahrung – an vielen Hochschulen zu kurz.

Am besten erlernen Studierende Literaturarbeit im Verlauf eigener Arbeiten. Trockenübungen bleiben nicht wirklich hängen. Darum ist es zu begrüßen, wenn Kurse zum wissenschaftlichen Arbeiten den Studierenden ermöglichen, an eigenen Projekten zu arbeiten. Außerdem müssen Lehrende wissenschaftliche Methoden beherrschen und den Studierenden vermitteln können.

Im Englischen bezeichnet *research* das, was wir auf deutsch als „Literaturarbeit" beschreiben. Forschung ist ebenfalls *research* und auch *study*. Die Auseinandersetzung mit den Arbeiten anderer ist eines von vielen Werkzeugen der Arbeit von Forschenden, sei es in einer Thesis, einem Projekt oder auch in Unternehmen, beispielsweise als Ingenieure, Ökonomen oder Ärzte – um nur ein paar Berufe zu nennen. In vielen Gebieten geht Forschung mit Entwicklung einher. Wie dies beispielsweise in der Informatik aussehen kann, beschreibt der Abschnitt IM PROJEKT MIT CM-PBL im Kapitel LERNEN DURCH FORSCHEN & ENTWICKELN.

> **Tipp** online selbstbestimmt lernen
>
> Sehr zu empfehlen ist das zusätzliche, selbstbestimmte Lernen mit guten Online-Kursen. Es gibt zahlreiche Angebote im Netz. Mein derzeitiger Favorit ist *Research Basics: an open academic research skills*

8. Schreiben ist Lernen

course von JSTOR. Die drei Module mit jeweils drei Lektionen und Tests bieten eine gute Einführung und Übungen in der Literaturarbeit. Für Lehrende gibt es Zusatzmaterial, das sie in ihren Lernveranstaltungen verwenden können. Der gute Nebeneffekt: Die Studierenden können ihr Englisch üben und verbessern (JSTOR 2019). Wenn Sie einen Ausflug in die Kunstgeschichte machen und sehen möchten, wie reichhaltig ausgestattet ein online-Kurs sein kann: das Städel Museum bietet seit 2016 einen online-Kurs über Kunstgeschichte der Moderne an, seit 2018 auch auf Englisch (Städel Museum 2016; 2018).

„Echte" Bibliotheken sind ein hervorragender Ort für die Literaturarbeit. Es stehen Ihnen Menschen zur Seite, die die Arbeit mit Fachliteratur zu ihrem Beruf, manche auch zu ihrer Berufung gemacht haben: Bibliothekare. Außerdem können Sie das Haptische und die digitale Arbeit miteinander fast grenzenlos verknüpfen. Auch wenn Sie kein philologisches Fach studieren, unterrichten oder darin forschen, lohnt sich ein Besuch der Philologischen Bibliothek der FU Berlin: lassen Sie sich von der Architektur, den Menschen, den digitalen Medien und natürlich von den Büchern inspirieren (Weßel, Blog 17 Dec 2018).

Von Tante Wikipedia und Onkel Google zur Arbeit mit Literatur

Internet und world wide web und mit ihnen auch Suchmaschinen bereichern Lernen und Arbeiten unendlich. Ohne sie wäre ich wahrscheinlich nicht auf Idee gekommen, doch noch zu promovieren (mit deutlich über dreißig), wäre nicht von der Ärztin zur Wissenschaftlerin und Leiterin einer Forschungsabteilung in

8.2. Literaturarbeit

der Informatik geworden, würde nicht bloggen und vielleicht auch nicht Bücher veröffentlichen.

Die Schattenseite für viele Menschen ist: Der unmittelbare Griff zum Smartphone auf eine Frage hin lässt das Hirn verkümmern – plakativ ausgedrückt. Unsere Kreativität und unsere Denk- und Merkfähigkeit leiden darunter. Und wem nutzen schon Lexikoneinträge? Wissen ist das noch nicht. Wissen entsteht durch die Verknüpfung von Informationen mit eigenen Erfahrungen und Schlussfolgerungen daraus. Dies geschieht zum Beispiel bei der Arbeit mit Literatur (Marder 2017).

Ask, acquire, appraise

Auch in der Literaturarbeit ist die Frage ein zentrales Instrument. Das Finden und Erarbeiten von für die eigene Arbeit wichtigen Quellen können Sie mit den drei A durchführen.

1. *ask* – Fragen: Formulieren Sie das Thema oder Ihr Problem als beantwortbare Frage. Formulieren Sie daraus weitere Unterfragen.

2. *acquire* – Finden: Verdichten Sie die Fragen zu Stichworten (tags, keywords, Schlagworte) und suchen und finden Sie systematisch in unterschiedlichen Literaturdatenbanken.

3. *appraise* – Bewerten: Beurteilen Sie kritisch die Qualität und Relevanz einer Quelle anhand definierter Kriterien. Dokumentieren Sie alle Quellen, die Sie untersucht haben, auch diejenigen, die Sie nicht verwenden werden. Die minderwertigen Quellen nehmen Sie dadurch nur einmal in die Hand. Vor allem gibt es noch einen anderen Nutzen: Ihnen begegnen Bücher und Artikel, die Sie vielleicht für eine andere Arbeit verwenden können.

8. Schreiben ist Lernen

Qualitätskriterien für hochwertige Literatur und die Literaturarbeit selbst hat Umberto Eco in seinem Buch *Wie man eine wissenschaftliche Abschlussarbeit schreibt* hervorragend beschrieben (Eco 1977). Es ist auch mehr als vierzig Jahre nach seiner Ersterscheinung und vielen weiteren Auflagen in meinen Augen eine Pflichtlektüre auch für MINT- und Wirtschaftsfächer. Einige Anregungen finden Sie auch in der *Paper Route* (Weßel 2004).

Die Literaturrecherche ist durch das Internet komfortabler geworden, aber nicht unbedingt einfacher: Wie finde ich in diesem Wust wissenschaftlich fundierte Literatur? Auch dazu gibt es wieder viele Quellen. Mit „How to write a paper?" und „How to read a paper?" lässt sich viel zur Methode finden.

Zunächst einmal geht es darum, sich mit einigen Übersichtsartikeln zum Thema genau das zu verschaffen: eine Übersicht. Die Artikel enthalten weiterführende Literatur, sowohl wiederum als Artikel oder auch als Lehr- und Handbücher. Durch dieses Schneeballprinzip entsteht jedoch die Gefahr, nur in eine Richtung zu geraten und nur einen Teil relevanter Literatur zu finden. Um dies zu verhindern, müssen Sie außerdem eine systematische Literaturrecherche in einschlägigen Literaturdatenbanken durchführen.

Rezipieren: Vom „Draufgucken" zum Lesen zum Verstehen

Sich mit einem Text zu beschäftigen geht über das einfache Lesen hinaus. Denken Sie über den Text nach. In der Literaturarbeit sprechen wir auch von

> **Rezipieren**
> 1. fremdes Gedanken-, Kulturgut aufnehmen, übernehmen
> 2. einen Text, ein Kunstwerk als Leser[in], Hörer[in] oder Betrachter[in] sinnlich erfassen

8.2. Literaturarbeit

Synonyme: annehmen, aufnehmen, übernehmen, sich zu eigen machen
(Duden – https://www.duden.de/rechtschreibung/rezipieren 07.03.2018)

Die gute Nachricht: Studierende sind hungrig und wollen nicht dumm bleiben. Sie bleiben neugierig und lassen sich immer wieder auf Neues ein. Und so verstehe ich auch Steve Jobs' Botschaft an die Studierenden der Stanford University in seiner Rede 2005: „keep looking, don't settle" (Jobs 2005).

8. Schreiben ist Lernen

8.3. Die eigene Fachbibliothek

Der Reiz und Sinn des Haptischen ... Das Lernen mit Hand, Herz und Verstand ist seit Johann Heinrich Pestalozzi (1746 – 1827) ein seit Jahrhunderten erprobter und mittlerweile wissenschaftlich fundierter didaktischer Ansatz. Wenn wir das Lesen, Sehen oder Hören mit einer körperlichen Aktivität verbinden und mit dem Thema positiv emotional verbunden sind, ist der Lerneffekt groß und nachhaltig. Wir werden uns immer wieder erinnern.

Die körperliche Aktivität kann aus handschriftlichen Notizen zum Thema („Mitschreiben"), dem Zeichnen oder Kritzeln von irgendwelchen Bildern (Strichmännchen in „langweiligen" Besprechungen machen also Sinn!) oder großen Visualisierungen auf Tafeln oder Flipcharts bestehen ... oder Sie bauen gleich mit dem Handwerksmeister zusammen den Tisch. Ihr Handwerkszeug beim Schreiben ist Ihre eigene Fachbibliothek.

Für Studierende und Berufstätige ist es zumeist selbstverständlich, sich nach und nach eine eigene Fachbibliothek aufzubauen. Aus „richtigen" Büchern. Dass nichts das Arbeiten mit Büchern ersetzen kann, keine noch so phantastische App, auch kein eBook, darüber sind sich Leser und Experten seit einiger Zeit einig. Welche Vorteile die Arbeit mit einem Buch bietet, zeigt das bookbook (TM) von IKEA (2014). Als ich 2014 den Vorläufer des Buchs ENTDECKEN schrieb, habe ich für den Statistikteil meine Bücher aus dem damals vierzehn Jahre zurückliegenden Public-Health-Studium genutzt. Innerhalb von Minuten „saß" ich wieder in den Seminaren und Prüfungen und konnte anhand meiner Notizen in den Büchern rasch nachvollziehen, wo Fragen und Hürden der Lernenden auftreten. Es gibt Bücher, die auch nach zehn, zwanzig, hundert und mehr Jahren ihre Gültigkeit bewahren – ein paar Beispiele finden Sie in den QUELLEN.

8.4. Der Bericht ... und die TeXnik

Seminararbeiten, Projektberichte, Portfolios, Fachartikel oder Thesis – sie alle sind Berichte. Empfehlungen für das Verfassen eines Berichts und damit auch zur Gliederung finden Sie im Kapitel SEMINARARBEIT, bei Eco (1977), in der *Paper Route* (Weßel 2004) und in den Büchern BERATEN und ENTDECKEN.

Viele schreiben in Textverarbeitungsprogrammen wie Microsoft Word, Apple iWork Pages oder LibreOffice Writer und kämpfen bereits während und vor allem gegen Ende des Schreibens mit der Formatierung. Inhalt ist das eine. Das Formatieren das andere.

Donald Knuth hat mit der Entwicklung von TeX Kunst und Schönheit in das Programmieren und das Schreiben gebracht (Knuth 1968 ff). TeX ist ein Programm, das Inhalt und Form trennt. Erst durch die Kompilierung, also das Umwandeln des Textes aus einem Editor in ein Dokument entsteht der „Druck". Das Resultat: druckreif gesetzte Texte, die Möglichkeit mathematische Formeln und vieles mehr im Text mühelos zu platzieren *und* gut aussehen zu lassen.

Über TeX, seinen Nachfolger LaTeX und die Geschichten und Anekdoten über die Entwickler und die Entwicklung gibt es zahlreiche Bücher und Einträge im Netz. Empfehlen möchte ich an dieser Stelle den Besuch von Don Knuth's Homepage. Studierende, Kollegen und ich haben es Don zu verdanken, dass wir eine umfangreiche Projektdokumentation, viele Publikationen, Artikel und auch Bücher stabil aufbauen und nutzen konnten und jederzeit auf Knopfdruck schöne, gut lesbare Texte entstanden.

Natürlich braucht es für die Nutzung von TeX und Co Wissen und Übung. Dante e.V. und viele andere stellen Tutorials zur Verfügung. Mein Top-Favorit ist derzeit *The TeX Frequently Asked Question List* (TeX faq Contributors 2019). Es gibt Buchsetzer,

8. Schreiben ist Lernen

die sich auf den Buchsatz mit TeX spezialisiert haben. Vor allem gibt es das Tun. Die ersten Schritte in TeX sind einfach. Danach können Sie allmählich Ihre Artikel, Haus- und Seminararbeiten, Theses und Bücher aufbauen. Einfach loslegen. Ein Hinweis noch, falls Sie vorzugsweise mit Notebooks arbeiten: TeX und LaTeX sind starke Programme, auch in der Leistungsanforderung an den Rechner. Er sollte stark sein.

8.5. Schreiben wie ein Schriftsteller

Dies ist der Titel des hervorragenden Buches von William Zinsser (2001). Studierende fertigen zahlreiche Berichte im Verlauf ihres Studiums an: Seminar- und Hausarbeiten, Praxis- und Projektberichte, Portfolios, Thesis. Nützlich ist dieses Training für die Berichte, die sie im weiteren Verlauf ihres Berufslebens schreiben und (gegen)lesen werden. Zum Handwerk des Schreibens gehören Zeit, Rhythmus (Regelmäßigkeit), Pausen, Ernährung, Bewegung und – Lektoren. Gegenlesen heißt nicht, dass die Lektoren Formulierungsvorschläge machen müssen, sondern sie sollen Fragen beantworten wie:

> Sind Thema, Setting, Motivation, Ziel et cetera verständlich und nachvollziehbar?
>
> Sind Struktur und Inhalt logisch aufgebaut oder gibt es Brüche?
>
> Hast du dich gelangweilt oder war es spannend? (auch Wissenschaft darf unterhalten)
>
> Ist die Sprache klar und aktiv oder umständlich, mit zu vielen Adjektiven versehen und passiv?
>
> Wie steht es um Rechtschreibung, Grammatik und Kommasetzung?

Nach jedem Kapitel oder ungefähr fünf bis zehn DIN-A 4 Seiten sollten Sie Ihren Lektoren (Freunde, Familie, Kollegen) Texte geben. Tipp: Fragen Sie drei bis vier Menschen schon vor dem Start Ihrer Arbeit.

Ihre Sprache und Ihr Ausdruck werden sich im Verlauf verbessern, vor allem, wenn Sie Ihre Lektoren bitten, Sie beispielsweise bei der

8. Schreiben ist Lernen

Genesung vom Morbus Passiv zu unterstützen. Die klare Benennung des „Wer macht was?" vermindert im Arbeits- und Privatleben Missverständnisse, Frustrationen und Zeitverluste. In Projekten wird dies besonders deutlich. Auch Joschka Fischer weiß ein Lied davon zu singen. Im Dokumentarfilm *Joschka und Herr Fischer* erzählt er, wie schwierig es für ihn als frischgebackener Umweltminister in Hessen in den 1980er Jahren war, mit der Sprache des Beamtenapparates umzugehen. „Die wichtigste Frage lautet: Wer ist zuständig?" (Danquart 2011)

Leider gibt es im deutschen Wissenschaftsbetrieb und damit auch bei den Gutachtern und Begleitern von Seminar-, Abschluss- und anderen Arbeiten die Unsitte der passiven Sprache. Studierende lassen sich davon anstecken und fürchten vielleicht auch eine schlechtere Note, wenn sie eine klare Sprache sprechen und schreiben. Meine Master Thesis (2000) leidet auch unter Morbus Passiv. Erst mit dem Verfassen des Leitfadens, der das Ergebnis der Arbeit repräsentierte, wurde es besser. Gelöst habe ich mich vom Morbus Passiv durch die Forschungs- und Entwicklungsarbeit an der RWTH Aachen. Dort dokumentierten wir ausschließlich auf Englisch. Auch die Publikationen erfolgten vor allem auf Englisch. Sehr inspiriert haben mich Autoren wie Tom DeMarco und Timothy Lister (Peopleware 1999). In den Reflexionen der Studierenden im gleichnamigen Kapitel hier im Buch finden Sie einige Beispiele für einen Morbus Passiv. Sie können ja mal überlegen, wie Sie diese Reflexionen formulieren würden.

Noch einiges mehr finden Sie bei William Zinsser, Umberto Eco und Natalie Goldberg. Mein Lieblingstipp kommt von Natalie: „Halten Sie Ihre Hand in Bewegung." Schreiben Sie, möglichst jeden Tag.

9. Lernen durch Forschen & Entwickeln

9. Lernen durch Forschen & Entwickeln

9.1. Forschen, Entwickeln, wissenschaftlich Arbeiten

Auf den folgenden Seiten werden Sie Ansätze kennenlernen, mit denen sich *Lernen durch Forschen & Entwickeln* in Lernveranstaltungen integrieren lassen. Zuvor gilt es, die Begriffe genauer zu betrachten.

Forschung (*research*) ist die systematische, strukturierte und nachvollziehbare Untersuchung einer Frage unter Verwendung wissenschaftlicher Methoden in Studien. Zu diesen zählen Experimente, Beobachtungen, Interviews, Fragebögen, Interventionen, Quellenarbeit (beispielsweise in den Geschichtswissenschaften) und Literaturarbeit. Die Auswertung des Datenmaterials erfolgt je nach Datenart quantitativ mit der deskriptiven und der induktiven Statistik und qualitativ mittels Text-analysierender Methoden.

Entwicklung (*development*) kann die Entwicklung einer Software, einer Maschine, eines Medikamentes oder anderer Stoffe und Materialien sein. Entwicklung kann auch die Entwicklung einer Theorie, eines Modells oder eines Konzepts beinhalten. Berichte zu Forschung und Entwicklung sollten auch Empfehlungen aussprechen. Oftmals sind Empfehlungen Teil des Forschungs- und/oder Entwicklungsauftrages.

Forschung und Entwicklung findet an Universitäten, staatlichen und privaten Instituten und in Unternehmen statt. Auch einige (Fach-)Hochschulen sind in F&E aktiv.

Wissenschaftliches Arbeiten umfasst vielmehr als Literaturarbeit. Es beginnt mit einer Frage, wie beispielsweise in der BLaVL-Studie im Kapitel AKTEURE. Daran schließen sich

9.1. Forschen, Entwickeln, wissenschaftlich Arbeiten

Formulierung des Ziels, Auftragsklärung und die Formulierung von weiteren Fragen, Annahmen und Hypothesen an. Es folgen das Studiendesign mit der Auswahl der Methoden, die Auseinandersetzung mit den Arbeiten anderer – hier ist sie, die Literaturarbeit – und die Durchführung der Datenerhebung und -auswertung und/oder Entwicklung eines Produkts (Ware und/oder Dienstleistung). All dies mündet in den Bericht, der außerdem Schlussfolgerungen, eine Diskussion und einen Ausblick, gegebenenfalls mit Empfehlungen, enthält. Das Kapitel UND NUN: DIE THESIS enthält ein Beispiel mit den Schritten einer wissenschaftlichen Arbeit.

Literatur zur Forschung, Entwicklung und wissenschaftlichem Arbeiten, wie beispielsweise die Klassiker von Bortz & Döring, Eco oder Friedman & Wyatt und Beschreibungen zum Forschen mittels Beobachtungen, Interviews und Fragebögen gibt es im Buch ENTDECKEN.

9. Lernen durch Forschen & Entwickeln

9.2. Im Projekt mit CM-PBL

Neben den klassischen Lernveranstaltungen Vorlesung, Seminar und Übung ist die Einbindung von Studierenden in ein laufendes Forschungs- und Entwicklungsprojekt ein nachhaltiger Ansatz, um ihnen zu ermöglichen

- einen Leistungsnachweis zu erbringen – dies kann sich von einer Projektarbeit über eine Bachelor- oder Master-Thesis bis hin zu einer Dissertation oder Habilitation erstrecken;

- sich mit einem (neuen) Gebiet und Thema vertraut zu machen und fachliche, methodische und durch die Einbindung in das Projektteam soziale Kompetenzen zu erwerben und zu vertiefen;

- als studentische Hilfskräfte, Doktoranden auf einer Promotionsstelle oder Post-Docs Geld zu verdienen.

Dieses haben mein Kollege Cord Spreckelsen und ich in meiner Forschungsgruppe „Informationssysteme im Gesundheitswesen" an der RWTH Aachen (Aachen University) 2002 bis 2007 als Continued Multidisciplinary Project-Based Learning (CM-PBL) konzipiert, umgesetzt und wissenschaftlich untersucht (Kapitel DIDAKTIK MIT DEM FISCH; Weßel/Spreckelsen 2009). Während an (Fach-) und Dualen Hochschulen die praxisbezogene Ausbildung im Vordergrund steht, bieten Universitäten mit ihrem Auftrag zu Lehre *und* Forschung (und damit Entwicklung) oftmals sehr gute Bedingungen für die gemeinsame Arbeit von Studierenden, Graduierenden (Studierende, die ihre Thesis anfertigen), Promovierenden und Habilitierenden in einem Forschungsprojekt.

9.2. Im Projekt mit CM-PBL

Der Auftrag

Bis dato war das Projekt-basierte Lernen eher auf ein- bis zweisemestrige Veranstaltungen beispielsweise in den Ingenieurswissenschaften und der Informatik beschränkt (Pape et al. 2002; Rugarcia et al. 2000; Slavin 1996). Wir haben das Ganze auf ein fünfjähriges Forschungsprojekt ausgedehnt, in dem es um die Entwicklung eines web-basierten Informationssystem *über* Krankenhäuser ging. Die Idee war, Bürgern und Experten eine Plattform zur Verfügung zu stellen, die umfassende Daten und Informationen zu Krankenhäusern einzeln und in Übersichten enthält (Weßel et al. 2005).

Das Team

Die Studierenden und Doktoranden und auch mehrere Auszubildende als technisch-mathematische Assistenten entwickelten eine auf das Projekt bezogene Applikation oder ein Modul oder sie führten Untersuchungen zu Nutzeranforderungen und Evaluationen durch. Außerdem arbeiteten einige Studierende als studentische Hilfskraft in unserer Forschungsgruppe, beispielsweise als IT-Administratoren oder mit dem Auftrag, eine Datenbank oder einen Webauftrit aufzusetzen. Cord und ich fungierten als Co-Teacher und -Begleiter der Arbeiten. Die Projektleitung und das Projektmanagement lagen bei mir. Wir folgten damit dem vier-Augen-Prinzip des Qualitätsmanagements und der Intervisionskultur des Coachings und der Beratung (Bücher BERATEN und MENSCHEN). Außerdem deckten wir durch unsere unterschiedlichen Ausbildungen mehrere Disziplinen ab.

Kommunizieren

Die Gruppe, die im Verlauf der Jahre zum Forschungsteam wurde, traf sich einmal pro Woche für zwei Stunden und ging an-

9. Lernen durch Forschen & Entwickeln

schließend gemeinsam Mittagessen. Die digitale Kommunikation zwischen den Treffen führten wir mittels E-mails, Chats und Benachrichtigungen auf unserem Forschungsserver durch. Die Studierenden, Doktoranden und Auszubildenden als technisch-mathematische Assistenten absolvierten eine definierte Folge von sechs-Augen-Treffen mit den beiden Begleitern der Arbeiten und stellten den Fortschritt ihrer Arbeiten in den Teamtreffen an definierten Meilensteinen vor. Dazu zählten

> Forschungsfrage (Leitende Frage), Studiendesign, Projektplan
>
> Exposé
>
> Literaturarbeit
>
> Entwicklung eines Produkts, beispielsweise einer Software einschließlich ihrer Evaluation, oder Datenerhebung und Intervention, falls es sich um eine Interventionsstudie handelt
>
> Auswertung und Interpretation
>
> Abschluss des Berichts (Artikel, Thesis, Buch, ...)

Im Team waren bis zu vierzehn Mitglieder gleichzeitig aktiv. Sie kamen aus der Informatik, der Medizin, der Betriebswirtschaft und den Gesundheitswissenschaften (Public Health). Die explizit mündlich und schriftlich formulierte und kommunizierte Team-Policy und ein fundiertes Konzept zur Wahrung der Datensicherheit und des Datenschutzes förderten die Identität unseres Teams (Weßel 2007).

9.2. Im Projekt mit CM-PBL

Ergebnisse

Von April 2002 bis April 2007 schlossen dreißig Teilnehmerinnen und Teilnehmer erfolgreich ihre Arbeiten ab: sechzehn Studienarbeiten in der Medizinischen Informatik (entspricht einer Bachelor-Thesis), vier Diplomarbeiten in der Informatik (entspricht einer Master-Thesis), vier (plus zwei bald danach abgeschlossene) Doktorarbeiten in der Medizin. Außerdem gab es vier Projektarbeiten der Auszubildenden. Sechs Studierende brachen ihre Arbeiten aus Zeitgründen oder wegen einer schweren Erkrankung ab. Die (gruppendynamische) Geschichte zu diesem fließenden Team, in dem im Verlauf Menschen neu ins Team kommen und es auch wieder verlassen, erzählt „Go Web" im Buch MENSCHEN.

Die formative Evaluation der Zufriedenheit der Studierenden, Azubis und Doktoranden und die formative und summative Bewertung der Arbeiten zeigten bemerkenswerte Verbesserungen ihrer fachlichen, methodischen und sozialen Kompetenzen im Verlauf ihrer Mitarbeit im Projekt und eine hohe Zufriedenheit sowohl der Lernenden als auch der Lehrenden (Weßel/Spreckelsen 2009). Die Evaluation erfolgte sowohl in Einzel- als auch Gruppengesprächen. Die Einzelgespräche führten die Co-Teacher mit den Studierenden an Meilensteinen ihrer wissenschaftlichen Arbeiten (Planung, Proposal und Abschlussgespräch) und bei zusätzlichem Bedarf. Die Evaluation in der Gruppe erfolgte als leitfadengestütztes Gruppeninterview zweimal pro Jahr plus bei Bedarf. Sowohl in den Einzel- als auch in den Gruppengesprächen entwickelten die Teammitglieder Vorschläge zur kontinuierlichen Verbesserung ihrer eigenen Arbeit, der der Co-Teacher und der Gruppe insgesamt. Hieraus entstanden beispielsweise die *CERES Software Development Guidelines* (Ißler et al. 2007).

Die wissenschaftlichen Arbeiten bewerteten wir Co-Teacher formativ und summativ. Formativ steht für begleitend und damit

9. Lernen durch Forschen & Entwickeln

kontinuierlich im Verlauf der Anfertigung der Arbeit. Die summative Bewertung ist das Review und Gutachten zur abgegebenen Arbeit.

Ziel der kontinuierlichen Bewertung war, die Studierenden, die zusätzliche Hilfestellungen benötigten, anhand transparenter und nachvollziehbarer Kriterien zu identifizieren und unsere Maßnahmen dazu abzustimmen. Da dies in den Bereich der Leistungsnachweise fällt und sich dieses Instrument auch in Lernveranstaltungen anwenden lässt, die sich über ein oder zwei Semester erstrecken, finden Sie eine ausführliche Beschreibung im Kapitel GANZ REAL und in den *CM-PBL Frame and Assessment Criteria* (Weßel 2008).

Neben dem hier vorgestellten Setting einer Forschungsgruppe lässt sich CM-PBL auch in leicht abgewandelter Form in Seminar- und Workshopreihen umsetzen, indem die Studierenden am ersten Tag beginnen, an ihren Seminararbeiten oder an Portfolios zu arbeiten. Die Seminararbeiten erstellen sie in Kleingruppen. Für die Portfolios arbeiten sie zu zweit als Buddies (Kapitel SEMINARARBEIT und PORTFOLIO). Für die Umsetzung wähle ich einen Ansatz, der den Agilen Methoden entlehnt ist: Das Agile Lernen und Lehren (ALL), um dem es im folgenden Abschnitt geht.

9.3. Agil lernen und lehren

Fokussiere dich auf den Kunden, auf die Erstellung eines lauffähigen Produkts, schätze deine Mitarbeiter und Kollegen und arbeite kooperativ, flexibel und zügig. Dies sind für mich die Kernbotschaften Agiler Methoden. Eine Gruppe von Software-Entwicklern und anderen Menschen aus der IT hatte sich Anfang dieses Jahrtausends zum Skifahren getroffen und dabei auch herausgefunden, dass es bessere Wege zur einer guten Software-Entwicklung gibt als langwierigen Vorgehensmodellen zu folgen. Heraus gekommen ist dabei das Agile Manifest, dessen Werte und Prinzipien auf http://agilemanifesto.org/ auf Englisch und in vielen anderen Sprachen beschrieben sind (Beck et al. 2001).

Es zeigte sich in den folgenden Jahren, dass dieser agile Ansatz, der hohen Wert auf eine gute Kommunikation der Beteiligten auf Augenhöhe legt, allgemein als Managementmethode (Buch BERATEN) und auch im Lernen und Lehren sehr gut anwendbar ist (Babb/Norbjerg 2010; Kreuz et al. 2013-2015; Layman et al. 2006; Weßel 2015/2017). Damit gewinnen die Lernenden einen Einblick, wie agiles Arbeiten im Berufsleben aussehen kann.

Teamarbeit

Um mit den Lernenden als Lehrende zu einer Gruppe und dann vielleicht sogar zu einem Team zusammenzuwachsen, verwende ich Konzepte und Methoden aus der Gruppendynamik und der Teamentwicklung (Abschnitt WORKSHOPS). Wichtig ist, einen Bogen über den gesamten Verlauf des Semesters oder der Workshopreihe zu spannen und außerdem an jedem Veranstaltungstag einen definierten Beginn und ein definiertes Ende zu gestalten, beispielsweise mit dem Daily-Stand-up-Meeting aus Scrum.

9. Lernen durch Forschen & Entwickeln

Scrum als eine der Agilen Methoden verwendet dieses Treffen, damit die Beteiligten einander über den Stand der Dinge informieren. In ungefähr zehn Minuten beantworten alle Teammitglieder drei Fragen des Moderators (Scrum Master):

> Was habe ich seit gestern gemacht?
> Was will ich heute machen?
> Was beeinträchtigt mich in meiner Arbeit?

Dieses Vorgehen kenne ich auch aus der Medizin, vor allem der Chirurgie, vom Tauchen, vom Segeln und aus der Beratung. Dort heißt es Rapport oder Briefing und Debriefing. Ich wende solche kurzen Einstiege und Ausstiege neben der Lehre auch im Projektcoaching an (Check-in/Check-Out im Kapitel REFLEXIONEN).

Scrum translated

Der Eingangssatz dieses Kapitels lässt sich für das Lernen und Lehren übersetzen mit: Fokussiere dich als Lehrende auf die Lernenden, als Lernende auf das Lernen, auf die Erstellung hochwertiger Lehre und Leistungsnachweise, schätze (Mit-)Lernende und Lehrende, arbeite kooperativ, flexibel und zügig in kurzen Zyklen – und behalte dabei das Ganze im Auge. Auch die Scrum-Begriffe Produkt, Rolle, Artefakte und Treffen lassen sich auf Agiles Lernen und Lehren anwenden.

> *Produkte*
> o Aufgaben
> o Leistungsnachweise
>
> *Rollen*
> o Lehrende: Moderator & Kunde (Leser der Arbeiten)
> o Lernende: (a) Entwicklerteam & (b) Kunde: Leser der Arbeiten der anderen

9.3. Agil lernen und lehren

Artefakte
o Vision: Beschreibung des Leistungsnachweises
o Product-Backlog (Anforderungen): Lernziele
o Sprint-Backlog (Aufgaben): Meilensteine; einmal pro Woche Bericht zum Stand der Dinge
o Burndown-Chart (erledigt): Stand der Dinge in der Dokumentation
o Impediment-Backlog (Hindernisse): mündlich: Berichte zum Stand der Dinge
o Produkt-Inkrement (Software): die wachsende Seminararbeit, respektive das Portfolio

Treffen
in der Lernveranstaltung
o Release Planning: Tag 1 – Philosophie, Vorgehen, Gruppen, Themen
o Sprint (Iteration-) Planning: Einmal pro Woche: Bericht und Planung der Folgewoche in den Kleingruppen und im Forum
o Daily Stand-up Meeting: Check-In/Check-Out
o Sprint Review: siehe Sprint Planning: Einmal pro Woche: Bericht = Reflexion
o Sprint Retrospective: als übergreifende Retrospektive: Evaluation am letzten Tag

Ein lauffähiges Produkt

Und zwar von Anfang an.

„Ihre Arbeit an Ihrer Seminararbeit und an Ihrem Portfolio beginnt nicht eine Woche oder ein paar Tage vor dem Abgabetermin sondern jetzt." Die Studierenden schauen mich meist erstaunt an, denn diesen

9. Lernen durch Forschen & Entwickeln

Satz sage ich am ersten Tag der Seminar- oder Workshopreihe. „Jetzt? Wie?" – „Indem Sie sich im Verlauf dieses Tages Gedanken dazu machen, zu welchem Thema Sie etwas machen wollen und mit wem Sie in einer Kleingruppe eine Seminararbeit schreiben und mit wem Sie als Buddy im Portfolio zusammenarbeiten wollen." – „Aber ich weiß doch noch gar nichts über Consulting [oder Change Management oder Sozioinformatik – je nachdem, in welcher Lernveranstaltung wir uns gerade befinden]" – „Am Ende dieses Tages werden Sie sich so viel erarbeitet haben, dass Sie zumindest wissen, mit wem Sie arbeiten wollen und meist auch, worüber."

Dazu sei angemerkt: „Tag" heißt in der Regel tatsächlich zumindest vier bis fünf Unterrichtseinheiten, da es sich um ein halbtägiges oder gar ganztägiges Setting handelt, wie es der Abschnitt WORKSHOP im Kapitel LERNVERANSTALTUNGEN beschreibt. Die Studierenden stellen im weiteren Verlauf der Veranstaltungsreihe in Abständen von ein bis drei Wochen den Stand ihrer Arbeiten anhand definierter **Meilensteine** vor.

Bei den Seminararbeiten sind dies Thema & Fallbeispiel, Literatur, Lösungsvorschläge und Fazit & „letzte" Fragen. Für die Portfolios erfolgen die ersten drei Präsentationen durch den Buddy zu Reflexionen an drei Meilensteinen im Semesterverlauf. Die vierte und letzte Präsentation führt die Autorin, beziehungsweise der Autor des Portfolios selbst durch (mehr zum Buddy-Ansatz im Kapitel PORTFOLIO).

Im Unterschied zu den Arbeiten in Kleingruppen nennen wir den Austausch in der großen Gruppe „Forum". Die Studierenden nutzen die Vorstellung ihrer Arbeiten im Forum, um Fragen an ihre Mitstudierenden und an die Dozentin zu stellen, Rückmeldung

9.3. Agil lernen und lehren

zu ihrem Vorgehen und ihren derzeitigen Ergebnissen einzuholen, Fragen aus dem Forum zu beantworten und Anregungen und Ideen zum weiteren Vorgehen zu erhalten. Für die Präsentation fertigen die Studierenden Visualisierungen an der Tafel oder auf Flipchartblättern an. Die Studierenden können also je nach der Intensität ihres Engagements zu jedem Meilenstein ein „lauffähiges Produkt" vorlegen.

Abnahme und Abschluss

Diese erfolgt tatsächlich zum und am letzten Veranstaltungstag. Die Studierenden laden ihre Arbeiten sieben bis zehn Tage vor diesem Tag auf der e-Learning-Plattform in den geschützten Kursraum hoch. Die Dozentin kommentiert die Arbeiten in einer Kopie der PDF und lädt diese wiederum in den Kursraum hoch.

Damit ist es möglich, dass alle Kursteilnehmer auch die Arbeiten der anderen, inklusive der kommentierten Arbeiten einsehen können. Die Erlaubnis dazu hole ich zu Beginn der Veranstaltungsreihe von den Studierenden ein. Sie erkennen schnell den Vorteil, dass sie hierdurch voneinander lernen können. Außerdem sind sie als Digital Natives gewohnt, auf Plattformen und in Clouds zusammenzuarbeiten. Das Review mit einer differenzierten Benotung sende ich ihnen vor dem letzten Veranstaltungstag einzeln per E-mail.

Am Abschlusstag gibt es eine gemeinsame Reflexion, in der die Studierenden als Gruppe für ihre Seminararbeit und einzeln für ihre Portfolios zunächst folgende Fragen zum Inhalt, zum Erstellungsprozess und zu den Reviews in freien Kurzvorträgen beantworten:

Zum Inhalt
o Worum geht es in Ihrer Seminararbeit?

9. Lernen durch Forschen & Entwickeln

o bzw.: Was war für Sie das wichtigste Thema in Ihrem Portfolio?

Zum Erstellungsprozess
o Wie haben Sie in der Seminararbeit die Zusammenarbeit erlebt?
o bzw.: Wie haben Sie die Erstellung Ihres Portfolios erlebt?
o und: Was werden Sie beim nächsten Mal genauso wieder machen, was anders und warum?

Zu den Reviews und der Bewertung durch die Dozentin
o Was stach besonders hervor – negativ und positiv?
o Wo sind Sie nicht einverstanden?
o Welche Fragen haben Sie zu den Kommentaren und zum Review der Dozentin?

Dann zieht auch die Dozentin ein Fazit und wir gehen im Forum in einen Dialog. Schließlich gibt es noch Kaffee und Gebäck bevor die Abschlussevaluation mittels Filmszenario oder Zeitungsseite erfolgt (Kapitel REFLEXIONEN).

10. Was schief gehen kann

10. Was schief gehen kann

10.1. Bulimie-Lernen

Im European Credit Transfer System (ECTS) erhalten Studierende einen Credit Point für einen Arbeitsaufwand von 25 bis 30 Stunden (EC 2015). Bei 60 Punkten pro akademischem Jahr entspricht dies einem Arbeitsaufwand von 1500 bis 1800 Stunden. Dieser setzt sich aus Präsenzunterricht und Selbststudium zusammen.

Im Bologna-System leisten Studierende in der Regel eine Stunde Selbststudium pro Stunde Präsenzunterricht. Für 25 Einheiten Anwesenheitsunterricht pro Woche entspricht dies bei 45 Minuten pro Unterrichtseinheit knapp 19 Stunden. Daraus resultieren mindestens 38 Stunden Arbeitsaufwand pro Woche. Vielleicht werden es auch bei einigen Studierenden mehr, wenn sie für Prüfungen lernen oder schriftliche Arbeiten anfertigen. Drei Monate nonstop. Nicht enthalten sind Pausen im Tagesverlauf, die zwischen den Veranstaltungen entstehen können. Die Tage werden lang – sehr lang (Abschnitt UNTERFORDERT? ÜBERFORDERT?).

> Ein Student: „Die Semester gipfeln regelmäßig in Bulimie-Lernen." – „Sie wissen, dass Sie sich dann übergeben müssen." – „Genau dieses Gefühl hatte ich nach den letzten Klausuren. In der Klausur habe ich alles ausgeschüttet und als ich rauskam, war mein Kopf leer. Ich weiß nicht, wie viel überhaupt vom Stoff des Semesters hängenbleiben wird."

Ein Lösung kann nur sein, als Lehrende und Hochschulmanagement die Dichte der Veranstaltungen zu entzerren und der Maxime Qualität statt Quantität zu folgen:

Don't work harder but smarter.

10.2. Wie wichtig ist ein Modul?

Über schlechte Lehre und ihre Bedeutung für das „wirkliche" Leben

Studierende sind in der Lage, gute Lehre und faire Lehrende zu erkennen. Und sie suchen und finden Wege, wie sie mit schlechter Lehre umgehen können. In meiner Arbeit als externe Dozentin an verschiedenen Hochschulen bewegen die Studierenden und ich uns auch auf der Metaebene des Lernens und Lehrens. Wir sprechen über Theorien, Konzepte und Methoden guten Lernens und Lehrens. Immer wieder tauchen dabei zwei Themen auf: (In-)Transparenz in der Notenvergabe und positive oder negative Voreingenommenheit. Dazu möchte ich aus drei Perspektiven etwas beitragen.

Perspektive 1: Qualität der Lehre

Dozenten und Professoren müssen ihre Lehre und die Vergabe von Noten nachvollziehbar, transparent, auf fundierten Kriterien basierend und – ! – möglichst neutral durchführen.

Ich schreibe „möglichst", weil wir Lehrende natürlich auch Sympathien und Antipathien kennen. Wir müssen sie kontrollieren. Ein erster Schritt dazu ist, mit dieser Tatsache bewusst umzugehen. Dies können Sie in Reflexionen allein und/oder in der Intervision mit Kollegen, in einer Supervision und/oder durch die Zusammenarbeit mit einem Coach durchführen (Kapitel SELBSTMANAGEMENT). Einige Kollegen scheinen dies nicht im erforderlichen Maß durchzuführen. Ich schreibe „scheinen", weil ich nicht dabei war oder bin. Ich schreibe „nicht durchzuführen", weil ich den Studierenden sehr wohl zutraue, die Qualität von Lehre zu beurteilen.

10. Was schief gehen kann

Perspektive 2: Real life training

Das, was Studierende mit Professoren und anderen Dozenten erleben, ist „das echte Leben". Dazu gehören auch intransparente Notenvergabe, schlechte Lehre, unqualifizierte und unfaire Kommentare und über Noten entscheidende Sym- und Antipathien. Studierende werden in ihrer beruflichen Laufbahn immer wieder Menschen begegnen, die ihre Präsentationen und anderen Arbeiten unqualifiziert kommentieren, schlecht machen oder sogar behindern. Also kann das, was Studierende an der Hochschule erleben, auch eine Übung für den Umgang mit solchen Attacken sein. Solch eine Art des Umgangs ist eine Attacke.

Perspektive 3: Wie wichtig ist ein Modul?

In einem Bewerbungsgespräch werden sich zukünftige Arbeitgeber nicht auf ein Modul konzentrieren, sondern den Kandidaten (w/m/d) insgesamt betrachten – sonst hätten sie ihn gar nicht eingeladen. Vor allem wird eine solch schlechte Note unglaubwürdig, wenn der Kandidat in anderen Fächern, in denen ähnliche Kompetenzen gefragt sind, gut bis sehr gut abgeschnitten hat. Dazu zählt zum Beispiel ein Modul zur Moderation und Rhetorik im Kontrast zu Modulen wie „Consulting", „Change Management", „Informatik im sozialen Kontext" und „Soziale Netze".

Darum bin ich zuversichtlich, dass Studierende, die ich selbst als fachlich, methodisch und sozial kompetent in meinen Lernveranstaltungen erlebe, und die von schlechten Erfahrungen mit anderen Lehrenden berichten, ihren Weg machen werden. Außerdem sehe ich es immer wieder: Es gibt gutes Lernen und Lehren, vielleicht nicht in jedem Fach, aber in jedem Studiengang und an jeder Hochschule.

10.3. Krankheit & Co

Respekt, Vertrauen und Wertschätzung für Studierende

Was passiert eigentlich, wenn Studierende während eines Semesters und vor allem dann in der Prüfungsphase erkranken oder in ihrer Abschlussarbeit, ihrer Thesis, länger ausfallen? Dies kommt immer mal wieder vor und lässt sich meist gut organisieren.

Für eine Abschlussarbeit, beispielsweise für eine Bachelor- oder Master-Thesis, sind an Hochschulen meist drei Monate vorgesehen. Wenn jemand zwei Wochen ausfällt, mag sie oder er es noch ausgleichen können. Danach wird es kritisch. Ein Ausfall geschieht meist auf Grund einer Erkrankung. Wie lange können Studierende verlängern? Wann müssen sie von ihrer Arbeit, ihrer Prüfung zurücktreten? Und:

> *Wer entscheidet wie über die Prüfungsfähigkeit von Studierenden?*

Es gibt erhebliche Unterschiede im Umgang der Hochschulen mit Erkrankungen von Studierenden und den dazu ausgestellten ärztlichen Bescheinigungen. Wichtig ist vor allem, den Studierenden Vertrauen entgegen zu bringen. Es darf und kann nicht sein, dass Professoren und Hochschulverwaltung erst einmal von einer negativen Absicht der Studierenden ausgehen. Die Studierenden haben Respekt verdient.

Krank oder nicht krank

Im April 2019 ging es wieder einmal auf das Semesterende an der DHBW zu. Es gibt Studierende, die sich blass und noch geschwächt von ihrer schweren, akuten Erkrankung in die Hochschule schleppen, so auch in einem meiner Seminare.

10. Was schief gehen kann

Rekonvaleszent bedeutet nicht Gesund-sein.

„Was machen Sie hier?" – „Ich habe doch schon so viel verpasst." Dies war der Anlass, allen Studierenden dieses Seminars eine kleine Ansprache zu halten: „Denken Sie daran, Sie müssen ungefähr noch fünfzig Jahre arbeiten. Bis 2070 sind wir vielleicht bei einem Rentenalter von siebzig." Zustimmendes Grinsen und Nicken. „Leider ist in unserer Leistungsgesellschaft der Gedanke an die Bedeutung der Rekonvaleszenzphase ziemlich verloren gegangen. Nach einer akuten Erkrankung sind Sie nicht sofort wieder fit. Sie müssen sich erholen. Sie brauchen je nach Art der Erkrankung eine bis mehrere Wochen, manchmal auch Monate, um wieder geistig und körperlich – das lässt sich übrigens nicht wirklich trennen – vollkommen leistungsfähig zu sein. Wenn Sie zum Beispiel eine echte Grippe mit vierzig Grad Fieber haben und eine Woche platt im Bett liegen, dauert es nochmal zwei bis drei Wochen, bis Sie wieder ganz auf der Höhe sind. Denken Sie also daran: gehen Sie nicht zu früh wieder arbeiten, an die Hochschule oder in eine Prüfung. Das, was Sie Ihrer Gesundheit jetzt antun, holt Sie in ein paar Jahren oder Jahrzehnten wieder ein. Außerdem ist niemandem, weder Ihnen noch Ihren Kollegen und Ihren Familien und Freunden damit geholfen, wenn Sie wie ein Schluck Wasser in der Kurve liegen und versuchen, zu arbeiten oder eine Prüfung zu bestehen."

Ärztliche Atteste und Prüfungsfähigkeit

Der Student blieb erst einmal zuhause und erholte sich. Allerdings standen Klausuren an. Und da ist sie wieder: die Frage nach dem Inhalt ärztlicher Bescheinigungen zur Prüfungsunfähigkeit. Ich präferiere das Vorgehen der Hochschule Trier [HS Trier 09.04.2019]: dreimaliger Prüfungsrücktritt: einfache Arbeitsunfähigkeit (AU) ohne Diagnose und ab dem vierten Mal ein ärztliches Attest.

10.3. Krankheit & Co

In einem ärztlichen Attest legt der Arzt dar, dass ein Mensch für eine bestimmte Aufgabe geeignet ist (bspw. Pilot) oder nicht geeignet ist (bspw. Prüfungsunfähigkeit wegen einer Erkrankung). Dies muss der Arzt so erläutern, dass die zuständigen Entscheider, bspw. in der Fluggesellschaft oder im Prüfungsamt einer Hochschule entscheiden können, ob dieser Mensch tatsächlich als Pilot arbeiten kann, bzw. von einer Prüfung zurücktreten kann.

Und da scheiden sich die Geister. Ein Gesetz dazu habe ich nicht gefunden. Maßgebend sind die Prüfungsordnungen der jeweiligen Hochschule. Die DHBW hat sich für den Weg des Misstrauens entschieden und verlangt von der ersten Bescheinigung an ein ärztliches Attest mit einer Beschreibung der Symptome [DHBW 12.05.2017]. Das Formular der DHBW „Antrag auf Prüfungsrücktritt aus wichtigem Grund gemäß § 11 Absatz 2 StuPrO der jeweiligen Studienbereiche/-gänge der DHBW" fordert auf Seite 2, dem ärztlichen Attest „Angaben zur krankhaften Beeinträchtigung – Beschreibung der Symptome".

Der § 11 (3) StuPrO Wirtschaft der DHBW [DHBW 22.11.2011], in dem es um Krankheit und Prüfungsunfähigkeit geht, sagt nichts darüber, welchen Inhalt die ärztlichen Atteste wegen Prüfungsunfähigkeit haben müssen. In § 11 (2) StuPrO Wirtschaft geht es um Familienpflichten.

Wahrscheinlichkeit und Vertrauen

Und was sage ich Studierenden, die mich fragen, wie sie mit der Forderung der DHBW umgehen sollen? Meine Empfehlung lautet: Sprechen Sie mit Ihrer Ärztin, mit Ihrem Arzt, legen Sie ihm dar, dass diese Atteste Teil der Akten werden. Die Ärztin, der Arzt wird wissen, wie sich eine Prüfungsunfähigkeit beschreiben lässt und sich Rückschlüsse auf die Diagnose minimieren lassen. Gleich-

10. Was schief gehen kann

wohl und wie gesagt: ich meine, in den ersten drei Bescheinigungen haben eine Diagnose und auch Symptome *nichts* zu suchen.

Wenn ein Arzt ein ärztliches Attest erstellt und darin schreibt, dass die oder der Studierende aus Krankheitsgründen nicht in der Lage ist, eine prüfungsrelevante Leistung zu erbringen, so muss dies der Hochschule genügen. Der Arzt steht schließlich mit seiner Unterschrift dafür ein. Professoren und Hochschulverwaltung sollten nicht annehmen, dass ein Arzt nicht beurteilen kann, wie fit ein Mensch für eine Prüfung sein muss.

Anzunehmen, dass Studierende sich ein Attest ausstellen lassen, weil sie einfach keine Lust auf eine Prüfung haben, mehr Zeit herausschinden wollen oder zu faul sind, ist ein Misstrauen, das einer guten Lern- und Lehratmosphäre abträglich ist.

Ich bin froh, dass es zahlreiche Hochschulen gibt, deren Kultur und Klima sich durch Wertschätzung, Respekt und Vertrauen auszeichnet. Deutlich wird dies auch und gerade im Krankheitsfall – zum Beispiel an der Johann Wolfgang Goethe-Universität Frankfurt am Main und an der Otto-Friedrich-Universität Bamberg (beide: siehe QUELLEN).

Schwarze Schafe

... und was dahinter stecken könnte

Im Mai 2018 hat der massenweise Abbruch einer Klausur durch Studierende an der Universität Hohenheim und die anschließende Vorlage eines ärztlichen Attests für Aufsehen gesorgt.

75 der 244 Prüfungsteilnehmer in der Klausur GWBL (Allgemeine Betriebswirtschaftslehre) brachen am 23.05.2018 die Prüfung ab. Die Universität prüfte die hierzu vorgelegten Atteste und im Verlauf noch weitere Atteste des Arztes, der 2018 insgesamt mehr als

10.3. Krankheit & Co

hundert Studierenden ärztliche Atteste bezüglich ihrer Prüfungsunfähigkeit ausgestellt hatte. Die Universität Hohenheim stellte auf ihren Webseiten unter https://www.uni-hohenheim.de/presse hierzu Pressemitteilungen und Datenmaterial zur Verfügung, siehe auch QUELLEN, Universität Hohenheim. Die Staatsanwaltschaft Stuttgart nahm auf Grund der Berichterstattung in der Presse, zum Beispiel (hej/dpa 16.06.2018; lie/dpa 18.06.2018; Wager 18.06.2018), wegen des Verdachts einer Straftat Ermittlungen gegen den Arzt auf, der diese Atteste ausgestellt hatte. Der Verdacht bezieht sich auf das Ausstellen unrichtiger Gesundheitszeugnisse (Staatsanwaltschaft Stuttgart 27.07.2018). Ihm drohen damit nach § 278 StGB, Ausstellen unrichtiger Gesundheitszeugnisse, eine Freiheitsstrafe bis zu zwei Jahren oder eine Geldstrafe (BRD, StGB 2019).

Ein Jahr später, am 4. Juni 2019 teilte die Staatsanwaltschaft Stuttgart mit, dass sie gegen ungefähr einhundert Studierende ermittelt (Spiegel Online 05.06.2019; StZ 05.06.2019). Die Studierenden könnten sich nun gegen den Verdacht des Gebrauchs unrichtiger Gesundheitszeugnisse äußern. Ihnen drohen nach § 279 StGB, Gebrauch unrichtiger Gesundheitszeugnisse, eine Freiheitsstrafe bis zu einem Jahr oder eine Geldstrafe (BRD, StGB 2019).

Zum einen ist sicher zu untersuchen, was den ärztlichen Kollegen zu diesen Handlungen bewogen hat. Waren Honorare und Gebühren im Spiel? Fakt ist, es gibt auch in Heilberufen schwarze Schafe. Es könnte auch sein, dass dieser Kollege die Studierenden schützen wollte.

Andererseits ist auch zu fragen: Was war dies für eine Klausur, bei der sich etliche Studierende nicht in der Lage sahen, diese erfolgreich abzuschließen? Nach der Gaus'schen Normalverteilung hätte es ein deutlich geringerer Anteil sein müssen. War die Vorbereitung durch die Studierenden *und* die Lehrenden auf den Prü-

10. Was schief gehen kann

fungsstoff unzureichend? War die Klausur fair? (Kapitel KLAUSUREN)

Und siehe da. Nachdem die Staatsanwalt Stuttgart ihre Ermittlungen auch gegen ungefähr einhundert Studierende aufgenommen hatte, und diese der Gefahr einer Vorbestrafung ausgesetzt sind, reagierte ein Jahr nach dem Vorfall die Universität Hohenheim: Sie wollen ihre Prüfungsmodalitäten hinterfragen und ändern (Universität Hohenheim 05.06.2019; StZ 06.06.2019).

Mit meinen Fragen möchte ich Sie zum Nachdenken anregen. Auch die Kommentare der Leser auf Spiegel Online zum dortigen Artikel vom 05.06.2019 sind interessant. Denken Sie bitte daran: Ein fauler Apfel – Studierende, Lehrende, Hochschulverwaltung oder Ärzte – steht nicht für das ganze Fass.

Der hier vorgestellte Fall bezieht sich auf Klausuren. Noch schwerwiegender wird es für Studierende, wenn es um eine Abschlussarbeit geht. Dann sind in der Regel auch schwerere Erkrankungen im Spiel.

Schwerwiegende Erkrankungen

Welche Erkrankungen können Studierende mehr als eine Woche arbeitsunfähig machen?

Dazu zählen schwere Erkrankungen wie

> schwere Infektionen

> Stoffwechsel- und Autoimmunerkrankungen (Rheuma, Nieren, Schilddrüse, ...)

> vorzeitige Wehen in der Schwangerschaft (glauben Sie mir: im Liegen schreiben Sie keine Abschlussarbeit, da geht es um Ihr Baby)

10.3. Krankheit & Co

psychische Erkrankungen

Unfälle mit Verletzungen

Neoplasien (Krebs)

AIDS

Welche dieser Erkrankungen möchten Sie mit Ihrem Arbeitgeber diskutieren?

Sie können es sich aussuchen. Die Antwort einiger Führungskräfte und ärztlicher Kollegen lautete: keine. Krank ist krank. Lehrende und Studierende waren da schon etwas anders: Na ja, also wenn das unter uns bleibt, und wir haben ja eigentlich ein gutes Verhältnis. Bleibt aber nicht „unter uns". Symptome und Diagnosen in ärztlichen Attesten werden aktenkundig. Wollen Sie das? (Im Folgenden spreche ich in der Einzahl von „der Studierende", dabei sind Frauen und Männer gemeint.)

Welches Vorgehen halten Sie für sinnvoll?

Diese Frage stellte ich Führungskräften und ärztlichen Kollegen. Tenor: Sobald der Studierende erkennt, dass die Erkrankung zu einem Ausfall von mehr als zwei Wochen führen kann, bespricht er dies mit seinem behandelnden Arzt und lässt sich ein ärztliches Attest *ohne* Symptome oder gar Diagnosen ausstellen. Dieses reicht der Studierende bei der Hochschule genauso ein, wie er es für eine AU („gelber Zettel") machen würde.

Außerdem bespricht er dies mit dem für diese Abschlussarbeit verantwortlichen Professor, dem wissenschaftlichen Betreuer (wenn dies nicht der Professor ist) und – im Falle einer Dualen Hochschule – mit dem Praxisbetreuer. Dies ist ein Mitarbeiter der Firma, in der der Studierende seine praktische Ausbildung macht.

10. Was schief gehen kann

Die Firma zahlt in der Regel auch die Semester- und, falls erforderlich, Studiengebühren für den Studierenden. Hier liegt also ein Arbeitsverhältnis mit drei Parteien vor: Studierender, Hochschule und Firma. Sie sollten dabei auf Folgendes achten:

> Transparenz in der organisatorischen Kommunikation (beispielsweise E-mails zwischen den drei oder vier Beteiligten an alle – nicht „der hat jetzt aber geschrieben").
>
> Hochschule und Arbeitgeber dürfen keinerlei Druck ausüben.
>
> Die Beteiligten sollten eine längere Erkrankung nicht bagatellisieren.
>
> Alle Beteiligten müssen die Schweigepflicht und die Kompetenz des Arztes respektieren und damit die Privatsphäre des Studierenden.
>
> Wichtig ist ein klares, zeitnahes und eindeutiges Vorgehen des Studierenden: Er muss mit seinen Kräften haushalten.

Ein Begleiter Ihrer Arbeit, der sich als *facilitator, mentor, guide* sieht (Kapitel DIDAKTIK MIT DEM FISCH) und eher wie ein Thesis-Coach mit Ihnen zusammenarbeitet (Kapitel UND NUN: DIE THESIS), wird diesem Vorgehen gerne folgen.

11. Und dann wird Lehren und Lernen leicht

11. Und dann wird Lehren und Lernen leicht

Aus dem Blog vom Sonntag, 2. November 2014

Vor fünf Tagen, am 28.10.2014, haben Studierende und ich – wieder einmal – den ersten Teil des zweisemestrigen Seminars Consulting abgeschlossen. Neun Seminarnachmittage, eine hervorragende Zusammenarbeit mit einer Opern- und Sprechtheater-Regisseurin am zweiten Tag zum Thema Leadership und fünf interessante Seminararbeiten der Studierenden liegen hinter uns. Diese Studierenden waren sehr motiviert, professionell und phantasievoll. Ich durfte Reflexionen erleben, in denen die Studierenden das Gelernte des vorherigen Seminartages in unterschiedlichsten Quiz- und Befragungsarten mit ihren Kolleginnen und Kollegen wiedergegeben und vertieft haben [Abschnitt LERNEN DURCH LEHREN im Kapitel LERNVERANSTALTUNGEN].

Jeder Lehrende ist so gut wie die Lernenden und umgekehrt.

Warum war diese Gruppe von Studierenden so fit?

Ich vermute, dass hier die Firma, die hinter diesen Studierenden steht, einen großen Anteil daran hat. Fast alle Studierenden dieses Dualen Bachelorstudiengangs Wirtschaftsinformatik kamen aus einer Firma. Diese Firma fordert und fördert ihre Studierenden und vermittelt eine klare und positiv besetzte Identität. Dies fördert das professionelle Selbstverständnis der Studierenden.

Was habe ich als Dozentin diesmal anders gemacht?

Einige Monate zuvor [und hier im Buch im Abschnitt UNTERFORDERT? ÜBERFORDERT?] hatte ich festgestellt, dass Studierende oft mehr können als sie selbst und manchmal auch ich annehme, und daraus gefolgert, dass ich (a) dem Fall-basierten Lernen wieder mehr Raum gebe und (b) die Anforderungen höher stelle – an die Studierenden und an mich.

Ein wichtiger Punkt ist, Lernveranstaltungen immer wieder vor- und nachzubereiten und sich nicht etwa auf Routine zu verlassen. Jedes Seminar verläuft anders. Die Studierenden setzen neue Schwerpunkte. Ich will tagesaktuelle Aspekte einfließen lassen. Das Lerntempo ist immer wieder anders. Also bedeutet dies, dass Inhalte, Struktur, Plan und Lernmethoden und der erste Nachmittag stehen, und ab da geht es in kurzen Entwicklungsschleifen weiter. Die Ähnlichkeit zu Agilen Softwareentwicklungs- und Projektmanagement-Methoden ist dabei beabsichtigt [Kapitel LERNEN DURCH FORSCHEN & ENTWICKELN].

Warum ist Lehren so leicht?

In diesem Fall führe ich es auch auf das Thema zurück. Im *Consulting* geht es unter anderem um Projekte, Kulturen, Kommunikation, Gruppendynamik und um Werte und Selbstverständnis [Bücher BERATEN und MENSCHEN]. Die Studierenden und ich haben über Werte reflektiert. Dabei ging es auch um ihre persönlichen Werte. Wir haben Phasen der Gruppendynamik und Charakteristika von Teams erarbeitet. Und wir haben dies praktisch auf diese Lernveranstaltung und somit auf uns als Gruppe angewendet.

In Lernveranstaltungen mit anderen Themen, beispielsweise *Wissenschaftliches Arbeiten*, muss der Dozent die Gruppendynamik und die Auseinandersetzung mit Werten, Normen, Regeln, Rollen, Aufgaben, Umsetzung und Abschluss „nebenher" mit den Studierenden bearbeiten. Für diese Art des Arbeitens müssen Lehrende die Verantwortung übernehmen und sollten empathisch sein – immer wieder und an jedem Seminartag neu.

Post scriptum

Lernveranstaltungen bieten auch die schöne Möglichkeit, Neues zu entwickeln und mit den härtesten Kritikern, die ich kenne – Studierende – auf seine Tauglichkeit zu überprüfen. In diesem Fall

11. Und dann wird Lehren und Lernen leicht

handelte es sich um den Workshop *Shakespeare and Steve*, den ich mit einer Opern- und Sprechtheaterregisseurin durchführe [Engelhardt/Weßel 2014]. Das Feedback der Studierenden lautete: Ute soll wieder kommen.

Teil III.
Leistungen nachweisen

12. Ganz real

12. Ganz real

Lernen in realistischen Szenarien macht meistens Spaß und zeigt eine länger anhaltende Wirkung. Sie erinnern sich auch Jahre und Jahrzehnte besser an etwas, wenn Sie eine Geschichte, einen Spruch oder ein Ereignis damit verknüpfen können (Abschnitt LERNEN DURCH GESCHICHTEN). Wenn Sie außerdem an einem eigenen Fall im Fall- und Projekt-basierten Lernen arbeiten, fördert dies das Kompetenz-orientierte Lernen. Blended Learning ist dabei ein wichtiges Instrument (Kapitel NEUGIER).

Agil arbeiten

In der Konzeption und Durchführung von Lernveranstaltungen wende ich das im Kapitel LERNEN DURCH FORSCHEN & ENTWICKELN beschriebene Agile Lernen & Lehren an. Im Folgenden liste ich einige Charakteristika auf und nenne Abschnitte und Bücher, die darauf eingehen, soweit die Charakteristika nicht im Abschnitt AGIL LERNEN & LEHREN beschrieben sind.

> klare, zeitnahe, termingerechte, offene, wertschätzende Kommunikation (Buch MENSCHEN)
>
> Transparenz in den Anforderungen an und der Bewertung von Leistungsnachweisen (Abschnitt LERNVERANSTALTUNGEN KONZIPIEREN)
>
> Moderatorenrolle der Lehrenden (Abschnitt LEHRENDE SIND ERMÖGLICHER)
>
> Gruppendynamik und Teamarbeit (Buch MENSCHEN)
>
> Meilensteine in der Erstellung der Leistungsnachweise
>
> Lauffähige Produkte
>
> Abnahme und Abschluss

Bei den Lernveranstaltungen handelt es sich um ein bis mehrtägige Workshops, um Seminare über ein oder zwei Semester und um Workshopreihen. Leistungsnachweise können aus Klausuren, Seminararbeiten, Portfolios oder einer Abschlussarbeit, einer Thesis bestehen. Auch Projektarbeiten und -berichte, praktische Arbeiten (Kunstwerke, Bau von Maschinen oder Teilen davon), mündliche Präsentationen und Prüfungen sowie eine Bewertung der Mitarbeit im Lernveranstaltungsverlauf sind möglich. Der Phantasie sind fast keine Grenzen gesetzt.

Kontinuierlich bewerten und unterstützen

Um als Lehrende oder Begleiter einer wissenschaftlichen Arbeit Studierende frühzeitig unterstützen zu können, ist eine kontinuierliche Einschätzung ihrer Leistungen sowohl in ihrer wissenschaftlichen Arbeit als auch in ihren methodischen und sozialen Kompetenzen erforderlich.

Im Rahmen des Continued Multidisciplinary Project-Based Learning haben wir hierzu die *CM-PBL Frame and Assessment Criteria* angewendet (Kapitel LERNEN DURCH FORSCHEN & ENTWICKELN). Dies lässt sich sowohl in einer Forschungsgruppe als auch in Lernveranstaltungen anwenden, die sich über ein oder zwei Semester erstrecken. Lehrende können es allein oder mit einem Co-Teacher durchführen.

In Aachen haben wir Co-Teacher, Cord Spreckelsen und ich, einmal im Monat eine formative Einschätzung der Fortschritte der wissenschaftlichen Arbeiten und der professionellen Fähigkeiten für jede/n der Studierenden durchgeführt. Unser Gespräch dauerte ungefähr dreißig Minuten. Ziel war es, die Studierenden, die zusätzliche Hilfestellungen benötigten, anhand transparenter und nachvollziehbarer Kriterien zu identifizieren und unsere Maßnahmen dazu abzustimmen.

12. Ganz real

Für die wissenschaftlichen Arbeiten verwendeten wir Bewertungskriterien nach Deininger und Kollegen (2002):

Kenntnisse und Fähigkeiten
Systematik und Wissenschaftlichkeit
Initiative und Einsatz, Selbständigkeit
Qualität der Ergebnisse
Präsentation der Ergebnisse

Die Kriterien für die Einschätzung der professionellen Fähigkeiten habe ich auf der Basis von Arbeiten von Tom DeMarco und Timothy Lister (1998) und Josef W. Seifert (2001) entwickelt (Weßel 2008):

Zuverlässigkeit
Aufgeschlossenheit
Ziele
Zeitmanagement
Teamfähigkeit

Die professionellen Fähigkeiten haben wie die „Deininger-et-al-Kriterien" jeweils eine Ausprägung von vier Stufen. War die oder der Studierende in der Einschätzung auf Stufe A folgte Lob. Bei Stufe B lobten wir ebenfalls die wissenschaftliche Arbeit beziehungsweise die professionellen Fähigkeiten und gaben Hinweise, wo und wie sich die Studierenden verbessern könnten. In der Stufe C ermutigten wir die Studierenden und gaben Empfehlungen, wo und wie sie sich verbessern könnten. In der Stufe D erfolgte ein engmaschiges Monitoring. Diesen Studierenden sagten wir, wo Verbesserungen erforderlich sind und wie sie diese erreichen können. Tabelle 12.1 zeigt die professionellen Fähigkeiten und ihre jeweils vier Stufen. Die Gespräche in den Stufen A und B fanden im Rahmen der Teamtreffen statt. Die Gespräche in den Stufen

Tab. 12.1: Bewertung professioneller Fähigkeiten

	Zuverlässigkeit	Aufgeschlossenheit	Ziele	Zeitmanagement	Teamfähigkeit
A	sehr	sehr	identifiziert Ziele klar und verfolgt sie kontinuierlich	teilt Ressourcen für Studium, Job und Privatleben sinnvoll und zielorientiert ein	erreicht alle auf der folgenden Seite genannten Punkte
B	gelegentlich nicht	meist	verfolgt vorgegebene Ziele	gut bei gelegentlichem Feedback durch Betreuer	erfüllt mindestens einen der Punkte nicht oder nur unzureichend
C	oft nicht	von Tagesform abhängig	neigt zum Abschweifen von identifizierten Zielen	muss zum Teil „Trouble-Shooting" durchführen	nimmt nicht teil (innerlich) oder ist unbeherrscht
D	gar nicht	beratungsresistent	orientierungslos	nicht vorhanden	stört die Teamarbeit

12. Ganz real

C und D waren in der Regel vier- oder sechs-Augen-Gespräche zwischen Studierender/m und einem oder beiden Co-Teachern.

Teamfähigkeit: Das Teammitglied
   ist respektvoll den Kollegen gegenüber,
   trennt Sachebene von Beziehungsebene,
   hört aktiv zu,
   bringt eigene Ideen ein,
   tut etwas für das Forschungsprojekt oder ihre/seine Teamgefährten.

Die Klassiker

In den folgenden Kapiteln geht es um die schriftlichen Klassiker Klausuren, Seminararbeiten, Portfolios und Thesis. Für die Bewertung solcher Leistungsnachweise nutze ich die im vorhergehenden Abschnitt beschriebenen Kriterien nach Deininger und Kollegen (2002) und die von der jeweiligen Hochschule vorgegebenen Kriterien. Wie von qualitativ hochwertigen Kriterien zu erwarten, liegen die Ergebnisse in den Bewertungen in der Regel nahe beieinander.

Mit REFLEXIONEN schließt dieser Teil des Buches. Sie sind ein wichtiges Instrument der persönlichen und beruflichen Entwicklung und damit des Lernens: Nachdenken über Leistungen, eigene und die der (Mit-)Lernenden und Lehrenden.

13. Vom Sinn der Klausuren

13. Vom Sinn der Klausuren

Sinn, Zweck und Ziel von Klausuren ist, zu prüfen, ob die Lernenden ein Thema verstanden haben und auch außerhalb der Lernveranstaltung anwenden und darauf aufbauen können. Damit stehen auch Lehrende in einer Prüfung. Schaffen sie es, eine „gute" Klausur zu entwerfen und gut durchzuführen?

Woran ist eine „gute" Klausur festzumachen?

Zunächst einmal muss sich die Klausur am Curriculum und an den spätestens zu Beginn, besser noch vor der Lernveranstaltung bekanntgegebenen Lernzielen orientieren. Je nach Gestaltung der Klausur kann die Prüfung der Lernziele auf den Stufen 1 (Erinnern) bis 5 (Bewerten) in der revidierten Fassung von Bloom's Taxnomy erfolgen (Abschnitt LERNVERANSTALTUNGEN KONZIPIEREN). Dabei müssen die Entwickler der Klausuren darauf achten, für welche Lernenden diese Klausur ist. Je nachdem ob es sich um Bachelor- oder Masterstudiengänge handelt, können unterschiedliche Niveaus zum Tragen kommen, die in der Regel in den Modulbeschreibungen enthalten sind.

Neben den Lernzielen müssen die Studierenden auch den Klausurtermin rechtzeitig kennen. „Rechtzeitig" ist in meinen Augen zu Beginn des Semesters. Die Termine der Klausurenphase, der einzelnen Klausuren und der mündlichen Prüfungen sollte die Hochschuladministration zuverlässig planen und allen Beteiligten bekannt geben. An Hochschulen ist dies meist die Studiengangsleitung und/oder das Dekanat. „Alle Beteiligte" sind Studierende, Lehrende und die Verwaltungsmitarbeiter der Studiengänge. e-Learning-Plattformen sind nützliche Instrumente für Kommunikation, Management und Dokumentation.

Wozu eine Klausur?

Gewisse Dinge eines Themengebietes müssen wir „im Schlaf beherrschen". Dies soll beispielsweise bedeuten, dass

> uns Definitionen geläufig sind,
>
> wir unter anderem verstehen, wann und warum wir welche Instrumente einsetzen,
>
> und wir auch analysieren und bewerten können, ob ein bestimmtes Vorgehen Sinn macht oder nicht.

Die Aussicht auf eine Klausur soll die Studierenden von Beginn des Semesters an dazu anspornen, gewisse Dinge zu verinnerlichen. Manch einer mag „ein Gebiet im Schlaf beherrschen" mit schlichtem Auswendig-Lernen und -Können verwechseln. Es ist aber mehr. Wir können auch durch das Kompetenz-orientierte Lernen sicher in einem Gebiet werden. Mit einer Klausur können Lehrende herausfinden, ob die Studierenden die angestrebten Kenntnisse erlangt haben. Dies lässt zusammen mit den Evaluationen Rückschlüsse auf die Qualität des Lernens *und* der Lehre zu.

Woran ist erkennbar, ob eine Klausur angemessen ist?

Das wichtigste Kriterium ist die Gauß'sche Normalverteilung. Dabei kann sich der Gipfel in der Mitte der Notenskala befinden oder nach rechts oder links verschoben sein. Es darf jedoch nicht zwei Gipfel geben. Wenn es einige sehr gute und andererseits sehr schlechte Noten, aber nichts dazwischen gibt, ist zu untersuchen, ob für einen Teil der Lernenden diese Klausur unangemessen war. Dies können Sie durch die Überprüfung einer Klausur durch Kollegen verhindern – wie mit einem Pre-Test in einer Fragebogenentwicklung (Buch ENTDECKEN).

13. Vom Sinn der Klausuren

Und noch etwas ...

... ich gehe davon aus, dass Studierende immer versuchen werden, sich alte Versionen von Klausuren zu verschaffen und auch sehr erfolgreich darin sind. Also ist es unsere Aufgabe als Lehrende, die Klausuren und vor allem unsere Lehre so zu gestalten, dass wir in den Klausuren tatsächlich prüfen können, ob die Studierenden das Gelernte verinnerlicht und vor allem verstanden haben.

14. Seminararbeiten

14. Seminararbeiten

Auch bei Seminararbeiten lässt sich das Fall-basierte Lernen anwenden (Abschnitt KOMPETENZ-ORIENTIERTES LERNEN UND LEHREN). Klassischerweise schreiben einzelne Studierende im stillen Kämmerlein eine Seminar- oder Hausarbeit, oftmals drei Tage vor dem Abgabetermin. Die Alternative: Studierende fertigen Seminararbeiten in Kleingruppen an und stellen den Stand der Dinge wöchentlich in der Lernveranstaltung vor (Abschnitt AGIL LERNEN & LEHREN).

Die Studierenden fertigen also ein Originalwerk an. Damit erfüllt die Arbeit Stufe 6 der Lernziele von Anderson und Krathwohl, das „Erzeugen" (Abschnitt LERNVERANSTALTUNGEN KONZIPIEREN). Lehrende müssen darauf achten, bei den Anforderungen den Status der Studierenden zu berücksichtigen. Eine Seminararbeit im Verlauf eines Studiums muss nicht so hohe Anforderungen wie eine Thesis erfüllen. Das Vorgehen beschreibe ich für die Studierenden auf https://veraenderung-gestalten-lernen.de/ als Teil unseres Blended Learning (Kapitel NEUGIER). Im Kapitel REFLEXIONEN beschreiben Studierende, wie sie in ihren Arbeiten vorgegangen sind und den Erstellungsprozess erlebt haben.

14.1. Vorgehen

Lernziele

Einen Fall beschreiben; erklären; anwenden; analysieren; verallgemeinern, übertragen; bewerten; Lösungen und neue Wege kreieren. Dabei sind Komplexität des Falls (Studierende/Autoren) und die Beurteilung der Arbeit (Dozent/Gutachter) der Art des Studiums anzupassen: Bachelor, Master, PhD.

Wissenschaftliche Methoden, insbesondere Literatur- und Quellenrecherche, -Rezeption und Nutzung in der eigenen Arbeit beherrschen, beispielsweise nach den Regeln guter wissenschaftlicher Praxis und des Copyrights zitieren.

Einen Fall und Lösungen so zusammenfassen können, dass der Leser bereits aus der Zusammenfassung Inhalt und Güte der Arbeit erkennen und Schlussfolgerungen ziehen kann. Diese Fähigkeit ist im Berufsleben unter anderem erforderlich für die Verfassung von „Executive Summaries". Dies sind kurze Darstellungen, die Managern der eigenen Firma oder einem (möglichen) Kunden vorgelegt werden.

Wer wie was ...

Mit den 8+1 W (Kapitel SELBSTMANAGEMENT) lässt sich eine Seminararbeit dieser Art wie folgt beschreiben:

Warum? Studierenden-zentriertes Lernen und Lehren.

Wozu? Fachliche, methodische und soziale Kompetenzen erwerben.

14. Seminararbeiten

Wer? Studierende/r in Zweier- oder Dreiergruppen.

Wie? Themen- und Fallfindung: Fragen Sie sich beispielsweise: Was hat mich in den letzten 12 Monaten in meinem Unternehmen oder in anderen Arbeitszusammenhängen genervt | berührt | entmutigt | ermutigt?
Kontext (Thema und Fragestellung), Szenario, Literaturarbeit, Lösungskonzepte, kritische Würdigung (Diskussion und Ausblick).
Austausch und Bewertung mit Mit-Studierenden und Lehrenden über den Fortschritt und die fertige Arbeit an Meilensteinen im Semesterverlauf.

Was? Seminararbeit in Kleingruppen von zwei bis drei Personen pro Gruppe. Keine abschnittsbezogene Nennung der Autor*innen, sondern gemeinsame Autorenschaft. Umfang: 10 Seiten pro Person, also 20 bzw. 30 Seiten +/- 10 % plus Deckblatt, ehrenwörtliche Erklärung und Verzeichnisse.

Wann? Erstellung im Verlauf des Semesters.

Wo? Im Präsenzunterricht, zuhause, unterwegs, auf e-Learning-Plattformen.

für Wen? Die/den Studierende/n selbst, Lehrende, ...

und Woher? Verfassen von Berichten siehe beispielsweise Buch ENTDECKEN und die dort genannten Quellen zum wissenschaftlichen Arbeiten. [Hier im Buch Kapitel SCHREIBEN IST LERNEN.]

14.1. Vorgehen

Der Fall ... Erstellung der Seminararbeit mit Hilfe von Fragen

Was ist passiert? Sie können eine Fallbeschreibung mittels der 8+1 W durchführen: Wozu was wer warum für wen wie wann wo? Und woher? Außerdem können Sie sich fragen:

Was ist das Problem oder das Dilemma? Was sind die Auswirkungen? Wie würden wir an das Problem oder das Dilemma in diesem Unternehmen herangehen? Nehmen Sie eine Beraterperspektive ein, ob als interne oder externe – oder auch die einer Führungskraft. Welche Modelle, Konzepte und Methoden gibt es dazu in der Literatur? Welche allgemeineren Aussagen können Sie treffen?

Beurteilungskriterien

Neben den Studien- und Prüfungsordnungen der jeweiligen Hochschule nutze ich *CMPBL Frame and Assessment Criteria* (Weßel 2008) – Darin beschrieben sind Bewertungskategorien nach Deininger et al. (2002):

Kenntnisse und Fähigkeiten
Systematik und Wissenschaftlichkeit
Initiative und Einsatz, Selbständigkeit
Qualität der Ergebnisse
Präsentation der Ergebnisse

Review

Die Studierenden laden sieben bis zehn Tage vor dem letzten Veranstaltungstag ihre Arbeiten in unseren virtuellen Lernraum hoch. In einer Kopie des PDF kommentiere ich ihre Arbeiten und lade diese ebenfalls hoch. Das Review mit einer differenzierten Benotung sende ich ihnen vor dem letzten Veranstaltungstag einzeln per E-mail. Am letzten Tag der Lernveranstaltung reflektieren die

14. Seminararbeiten

Studierenden und ich den Inhalt ihrer Arbeiten, den Erstellungsprozess und meine Reviews. Zunächst beantworten sie einige Fragen in freien Kurzvorträgen, die Sie im Abschnitt AGILES LERNEN & LEHREN finden. Dann gehen wir in einen Dialog.

14.2. Bringt Mark nach Hause

Aus dem Blog vom Samstag, 1. April 2017

Stellen Sie sich vor, Sie nehmen an einem Seminar zum Thema Consulting teil und drei Ihrer Kollegen entwickeln aus der Analyse eines Science Fiction Films wertvolle Checklisten für die Arbeit verteilter Teams auf der Basis fundierter theoretischer Kenntnisse und einer sorgfältigen Analyse des Films. Außerdem haben sie den Roman gelesen, der dem Film zugrunde liegt. Das ist vielleicht nicht so ungewöhnlich – wenn Sie Beispiele kennen, schreiben Sie mir bitte.

Bemerkenswert ist, dass diese Kollegen Anfang zwanzig und im damals fünften Semester ihres Bachelorstudiums der Wirtschaftsinformatik an der Dualen Hochschule Baden-Württemberg und das Ganze noch vor ihrer Abschlussarbeit in wenigen Wochen auf die Beine stellten:

> Brockmann N, Lenz E, Zerr T. Bring him home – Virtuelle Teams unter Druck. Seminararbeit im Fach Consulting: Sozial- und Methodenkompetenz. Mannheim, DHBW Mannheim – Studiengang Wirtschaftsinformatik 2016. – Download via https://www.christa-wessel.de/resources/attended-theses/seminar-paper/

Natürlich, nachdem Sie den Film gesehen und/oder das Buch gelesen haben. Viel Spaß damit.

15. Portfolio

15. Portfolio

... viel mehr als ein Leistungsnachweis.

Portfolio bedeutet „Blätter tragen". *Portefeuille* heißt auf französich Brieftasche oder Aktenmappe. Wenn Sie sich an einer Kunstakademie bewerben wollen, stellen Sie Bilder und Fotos für Ihr Portfolio zusammen. In der Sprache der Ökonomen gehört zu einem Portfolio unter anderem der Wertpapierbestand. Portfolios finden sich in Kunst und Architektur, in der Finanzwelt, im Produktmanagement für Waren und Dienstleistungen, im Marketing und im Lernen & Lehren.

Das Portfolio der Lernenden setzt sich aus seinem oder ihrem persönlichen Lernstoff zusammen. Dazu zählen Lerntagebuch, Dokumente, Aufgaben und Protokolle. Lernende sollten und müssen in manchen Lernveranstaltungen ihren Dozenten und zum Teil auch ihren Mitlernenden ihr Portfolio zugänglich machen. Als Autoren müssen Sie selbst entscheiden, in welchem Umfang und in welcher Tiefe Sie anderen Einblick in Ihre Reflexionen geben, insbesondere wenn es um die Beschreibung von Emotionen geht. Wie in Supervisions- und Intervisionsgruppen (Abschnitt INTERKOLLEGIALE BERATUNG) gilt für alle Autoren und Lesenden Schweigepflicht und Wertschätzung.

Wenn Lernende ihr Portfolio anderen digital zugänglich machen, beispielsweise auf einer e-Learning-Plattformen, sind Datenschutz (*privacy*) und Datensicherheit (*data security*) zu beachten. Besonderes Augenmerk sollten Sie auf Integrität und Authentizität richten.

Als ich im Herbst 2014 für den zweiten Teil des Seminars Consulting vor der Wahl stand, eine Klausur oder ein Portfolio als Leistungsnachweis mit den Studierenden durchzuführen, musste ich nicht lange überlegen. Das Portfolio ist ein bewährtes Instrument des Kompetenz-orientierten Lernen und Lehren (Kapitel NEUGIER). Das Seminar erstreckte sich damals über das fünfte und sechste Semester des Bachelorstudiengangs Wirtschaftsinformatik. Wir, die Studierenden, die Dozentin und der für diese Lernveranstaltung zuständige Studiengangsleiter hatten im Herbst im ersten Teil des Seminars Folgendes abgestimmt:

> Die Studierenden beginnen bereits in Consulting 1 mit der Erstellung des Portfolios. Sie sammeln und dokumentieren ihre Arbeiten im Semesterverlauf, zu denen unter anderem Präsentationen, Reflexionen und Fallstudien gehören.
>
> In Consulting 1 fertigen die Studierenden außerdem eine Seminararbeit in Kleingruppen von zwei, in Ausnahmefällen drei Studierenden an.
>
> Im Verlauf von Consulting 2 fertigen die Studierenden schriftliche Reflexionen zu bestimmten Fragestellungen an.

Die Studierenden erstellen also ein Originalwerk. Damit erfüllt die Arbeit Stufe 6 der Lernziele von Anderson und Krathwohl, das „Erzeugen" (Abschnitt LERNVERANSTALTUNGEN KONZIPIEREN). Wichtig ist, bei den Anforderungen den Status der Studierenden zu berücksichtigen. Ein Portfolio im Verlauf eines Studiums muss nicht so hohe Anforderungen wie eine Thesis erfüllen. Das Vorgehen beschreibe ich für die Studierenden auf https://veraenderung-gestalten-lernen.de/ als Teil unseres Blended Learning (Kapitel NEUGIER). Wie Studierende diese Art des Leistungsnachweises erleben, schildern einige Beispiele im Kapitel REFLEXIONEN.

15. Portfolio

15.1. Vorgehen

Lernziele

Grundlagen des bearbeiteten Lernstoffes (beispielsweise des Fachs Consulting) verstehen, anwenden und bewerten.

Reflexionen allein, zu zweit und in Gruppen durchführen können.

Selbst- und Fremdeinschätzungen vornehmen und Feedback geben können.

Eigenständig persönliche Lernziele definieren und anwenden können – beispielsweise in Mitarbeitergesprächen.

Wer wie was ...

Mit den 8+1 W (Kapitel SELBSTMANAGEMENT) lässt sich ein Lern-Portfolio wie folgt beschreiben:

Warum? Studierenden-zentriertes Lernen und Lehren.

Wozu? Förderung des Lernprozesses.

Wer? Studierende/r (Einzelarbeit).

Wie?
Entwickeln einer persönlichen Lernstrategie.
Dokumentation des Lernprozesses in einer Mappe oder als ePortfolio (auf einer Lernplattform).
Austausch und Bewertung mit Mit-Studierenden und Lehrenden über das Portfolio.

15.1. Vorgehen

Was?
Reflexionen: Start, Meilensteine, Schluss.
Präsentationen.
Poster, Filme, ...
Texte.

Wann? Pro Lernveranstaltung, zu mehreren miteinander zusammen hängenden Lernveranstaltungen, über ein ganzes Studium.

Wo? Im Präsenzunterricht, zuhause, unterwegs, auf e-Learning-Plattformen

für Wen?: Die/den Studierende/n selbst, Lehrende, ...

und Woher? Verfassen von Berichten siehe beispielsweise Buch ENTDECKEN [Hier im Buch Kapitel SCHREIBEN IST LERNEN.]

Lern-Portfolios gibt es auch als persönliche Weiterbildungsportfolios für das Berufsleben. Ist das Portfolio ein Leistungsnachweis, muss der Dozent zu Beginn Lernziele und Beurteilungskriterien mit den Studierenden abstimmen (Abschnitt LERNVERANSTALTUNGEN KONZIPIEREN).

Arbeitsweise und Material

Jede und jeder Studierende erstellt kontinuierlich im Semesterverlauf auf der e-Learning-Plattform in einem eigenen „Thema" [Ordner im virtuellen Kursraum] ein eigenes Portfolio. Das Material der Portfolios besteht aus Reflexionen und weiteren Dokumenten.

Die **Reflexionen** an vier Meilensteinen im Semesterverlauf behandeln beispielsweise im Fach Consulting folgende Themen:

15. Portfolio

Eingangsreflexion: „ich als Beraterin/Berater" – was kann ich, was will ich, was will ich lernen in den nächsten 5 Wochen – 1-2 Seiten.

Werte & Normen, Visionen & Ziele: Person, Unternehmen – 1-2 Seiten.

Mitarbeitergespräch – vor allem aus der Perspektive Führungskraft: Ziele, Themen, Vorgehen – 1-2 Seiten.

Synopsis: ich als Beraterin/Berater – was kann ich, was will ich, was will ich lernen ... in 12 Monaten ... in fünf Jahren – 1-2 Seiten.

In Reflexionen in Studium, Wissenschaft und anderen Berufen geht es auch darum, sich mit den Aussagen und Erkenntnissen anderer auseinanderzusetzen. Mit anderen Autoren treten Sie in einen Dialog, indem Sie Publikationen zitieren, also ein Literaturverzeichnis anlegen, und die Aussagen dieser Autoren wiedergeben und kritisch Stellung dazu nehmen: Wo stimmen Sie zu? Wo widersprechen Sie? Und warum? Was hat Sie zu weiteren Schlüssen und Haltungen inspiriert?

Außerdem nehmen Sie **Dokumente** auf, die Sie im Rahmen der Aufgaben von Consulting 1 und 2 erstellt haben / erstellen. Über die Auswahl und den Umfang entscheiden Sie selbst. Zu den Dokumenten zählen neben Texten beispielsweise Fotos von Postern und anderen Visualisierungen.

Zum Abgabetermin führen Sie Ihre Materialien in einem PDF zusammen, das auch ein Inhaltsverzeichnis, eine Zusammenfassung und ein Quellenverzeichnis enthalten muss. Das kontinuierliche Feedback geben die Mitstudierenden und die Dozentin im Verlauf des Semesters an den Meilensteinen. Dazu bilden Sie 2er Gruppen (bei ungerader Anzahl ist eine 3er Gruppe dabei). Sie machen

15.1. Vorgehen

sich jeweils mit der aktuellen Arbeit Ihres *Buddies* (engl.: Kamerad, Kollegin/Kollege (nicht beschränkt auf Arbeitskollegenkreis), Freund) vertraut und stellen dem Forum die Arbeit des anderen vor. Hierdurch sollen Sie

> lernen, einer oder einem Kollegen ihre Arbeit vorzustellen und zu reflektieren;
> in der Lage sein, sich zügig einen Überblick über die Arbeit eines anderen zu verschaffen;
> und diese im Forum vorzustellen.

Dieses Vorgehen ist der Software-Entwicklung entlehnt: im Pair-Programming ist deutlich geworden, wie das Arbeiten zu zweit die Qualität der Arbeit heben kann. Außerdem kommt es im Arbeitsleben häufig vor, dass Sie die Arbeit von Kollegen vorstellen müssen, manchmal sogar sehr kurzfristig.

Beurteilungskriterien

Neben den Studien- und Prüfungsordnungen der jeweiligen Hochschule nutze ich *CMPBL Frame and Assessment Criteria* (Weßel 2008) – Darin beschrieben sind Bewertungskategorien nach Deininger et al. (2002):

> Kenntnisse und Fähigkeiten
> Systematik und Wissenschaftlichkeit
> Initiative und Einsatz, Selbständigkeit
> Qualität der Ergebnisse
> Präsentation der Ergebnisse

Kontinuierliches Feedback und abschließendes Review

Die Studierenden erhalten im Semesterverlauf zu jeder der Einzelreflexionen im Portfolio ein schriftliches Feedback von mir. Die

15. Portfolio

Studierenden laden sieben bis zehn Tage vor dem letzten Veranstaltungstag das vollständige Portfolio in den virtuellen Lernraum hoch. In einer Kopie des PDF kommentiere ich ihre Arbeiten und lade diese ebenfalls hoch. Außerdem erhalten die Studierenden einzeln ein Review per E-mail mit einer Bewertung der obigen Kriterien und ihren Teil- und ihrer Gesamtnote.

Am letzten Tag der Lernveranstaltung reflektieren die Studierenden und ich den Inhalt ihrer Arbeiten, den Erstellungsprozess und meine Reviews. Zunächst beantworten sie einige Fragen in freien Kurzvorträgen, die Sie im Abschnitt AGILES LERNEN & LEHREN finden. Dann gehen wir in einen Dialog.

15.2. Den Anzug ablegen

Aus dem Blog vom Mittwoch, 22. Februar 2017

Alan Roura hat mit noch 23 Jahren (geboren am 26.2.1993) als bislang jüngster Teilnehmer der Vendée Globe – sie findet seit 1989 alle vier Jahre statt – am Montag Les Sables d'Olonne erreicht. Er ist zwölfter einer der schwierigsten Einhandregatten der Welt geworden. In einem Segelboot, das nur sechs Jahre jünger ist als er, hat dieser Mensch gezeigt, welche Fähigkeiten in jungen Menschen stecken können. Sein Können, seine Ausdauer, seine Phantasie und vor allem sein Humor haben mich in diesen gut drei Monaten immer wieder fasziniert. Alan lief nach 105 Tagen 20 Stunden 10 Minuten und 32 Sekunden im Ziel ein.

Im Seminar Consulting an der DHBW Mannheim nehmen Studierende teil, die auch Anfang zwanzig sind. Als ich heute in den Portfolios die ersten Reflexionen der Studierenden zum Thema „ich als Berater" las, fiel mir sofort Alan ein, der mit so viel Witz

15.2. Den Anzug ablegen

an seine Regatta heranging. Ein Student schrieb: „Sollten die Mitarbeiter eines Kunden leger auftreten, würde ich den Anzug ablegen, jedoch weiterhin ein Hemd tragen." Den ganzen?

Den Humor der fünfzehn Studierenden durfte ich schon im vergangenen Herbst im ersten Teil des Seminars kennen lernen (Blogs vom 08.09.2016 und vom 28.10.2016). In den Portfolios scheint es gleich so weiter zu gehen. Sehr schön. Das ist einer der vielen Gründe, warum ich so gerne lehre: ich arbeite mit Menschen, denen ich fast so viel zutraue wie Alan Roura. Dass sie wie Alan Humor haben, klar. Dass sie auch fachlich schon sehr weit sind, zeigen ihre Reflexionen und haben auch die Seminararbeiten des ersten Teils gezeigt.

Hier finden Sie mehr zu Alan und zur Vendée Globe:

> Vendée Globe. Alan Roura takes twelfth place.
> Monday 20 February 2017, 09h13 – http://www.vendee globe.org/en/news/18911/alan-roura-takes-twelfth-place

Gut einen Tag später traf übrigens der bislang älteste erfolgreiche Teilnehmer ein: Rich Wilson ist 66 Jahre und – Mathematiklehrer.

> Vendée Globe. Rich Wilson takes thirteenth place.
> Tuesday 21 February 2017, 13h50 – http://www.vendee globe.org/en/news/18933/rich-wilson-takes-thirteenth-place

16. Und nun: Die Thesis

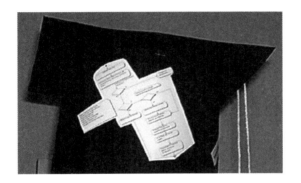

16. Und nun: Die Thesis

16.1. Vom Thema zum Projekt

Ein Thema taucht in einer Seminararbeit auf oder in einem Projekt, im Job oder im privaten Umfeld und lässt Sie nicht mehr los. Also liegt es nahe, sich in weiteren Projekten und Abschlussarbeiten damit zu beschäftigen. Oder Sie stehen schon im Berufsleben und begegnen einer Frage, die Sie klären wollen – und Sie wollen einen Doktorgrad erlangen.

Das hier für Abschlussarbeiten Beschriebene ist auch für diejenigen gedacht, die sich überlegen, ob sie promovieren möchten. Einige weitere Aspekte kommen dort noch hinzu, wie die Vereinbarkeit von Beruf, Privatleben und der zusätzlichen Belastung – und auch der Freude – durch die Arbeit an einer Promotion (Abschnitt LERNEN IN SCHLEIFEN).

Wie kann und sollte ich vorgehen? Diese Frage stellen Studierende immer wieder. Natürlich freut es mich, wenn Studierende sich für ein Thema begeistern und es auch wissenschaftlich weiter bearbeiten wollen. Um die Frage des Vorgehens ranken sich weitere Fragen: *Wer wird mich betreuen? Soll ich quantitativ oder qualitativ forschen? Oder beides?*

Eine Abschlussarbeit, eine Thesis ist ein komplexes, schönes und arbeitsreiches Vorhaben, das Studierende und Doktoranden wohl überlegt angehen sollten. Sie haben die Chance, zu forschen, etwas zu entwickeln und dadurch zu lernen. „Etwas zu entwickeln" schließt auch ein, Konzepte zu erarbeiten und Empfehlungen zum Vorgehen auszusprechen. Dabei kann es sich beispielsweise um Managementfragen eines Unternehmens oder die Gesundheitsversorgung in einer ländlichen Gemeinde mit Unterstützung durch e-Health handeln. Umberto Ecos *Wie man eine wissenschaftliche Abschlussarbeit schreibt* ist und bleibt ein Standardwerk dazu.

16.1. Vom Thema zum Projekt

Stock und Kollegen haben ein Buch herausgegeben, in dem Promovierte Tipps und Empfehlungen für Promovierende geben (Stock et al. 2014). Einen Einstieg in das Schreiben einer (Abschluss-) Arbeit finden Sie in der *Paper Route* (Weßel 2004).

Jeder Mensch, der am Ende seines Studiums steht oder, im Fall eines Dissertationsvorhabens, bereits ein Studium erfolgreich absolviert hat, kann in meinen Augen eine gute bis sehr gute Thesis anfertigen – wenn die Rahmenbedingungen stimmen. Zum Rahmen gehören eine sehr gute Begleitung durch eine Wissenschaftlerin oder einen Wissenschaftler, die Unterstützung der Hochschule und die Unterstützung des Unternehmens, in dem Sie arbeiten. Dies gilt für Menschen, die bereits im Arbeitsleben stehen oder deren Ausbildung als Duales Studium erfolgt. Ebenfalls sehr wichtig ist die Unterstützung von Partnern, Familie und Freunden.

Ich schreibe „Begleitung" durch einen Wissenschaftler, weil *Sie* Ihre Thesis anfertigen. Betreuung hat etwas Paternalistisches, also Bevormundendes. Allerdings kann ich sagen, dass ich immer mit Stolz und Freude von meinem Doktorvater gesprochen habe und von der Götti (Schwyzerdütsch für Patin). Er hatte mir eine Oberärztin an die Seite gestellt. Also kann eine Doktorarbeit auch etwas Familiäres haben. Für Abschlussarbeiten in Bachelor- und Masterstudiengängen ist das eher selten. Es sei denn, Sie sind in ein Projektteam eingebunden, wie es die Mitglieder des „Go Web"-Teams erlebt haben, von denen im Abschnitt IM PROJEKT MIT CM-PBL die Rede ist.

Im Folgenden erzähle ich aus der Perspektive der Begleiterin von Abschluss- und Doktorarbeiten, wie das Setting für Abschlussarbeiten aussehen kann. Dies verfolgt mehrere Ziele:

> Studierende sollen sich ein Bild davon machen können, was Sie erwartet und was Sie verlangen können.

16. Und nun: Die Thesis

Dozenten, auch externen an Hochschulen, soll es Anregungen geben, wie Sie vom „Betreuer" zum Begleiter und Coach werden.

Es ist eine Skizze für Hochschulen, damit Verwaltung, Dekane und Studiengangsleiter sich ein Bild davon machen können, was Sie tun können, damit eine hochwertige Begleitung von Abschussarbeiten stattfinden kann.

Es ist eine Erläuterung für Führungskräfte in Unternehmen, damit Sie Ihre Mitarbeiter und Studierenden zur Arbeit an einer Thesis ermutigen und diese unterstützen können.

Alle vier Gruppen haben einen Nutzen von einer guten Thesis.

Die Studierenden und Doktoranden lernen und sie erhalten einen akademischen Grad mit oftmals einer guten bis sehr guten Note.

Die Begleiter lernen ebenfalls und erleben die Befriedigung, ein erfolgreiches Projekt und einen Menschen in seinem Vorhaben begleitet zu haben. Natürlich muss auch das Honorar stimmen. Das Kapitel WAS IST LEHRE WERT? geht auf die Bedeutung des Honorars für externe Dozenten ein.

Die Hochschule baut ihre Reputation mittels guter Abschlussarbeiten aus und gewinnt somit weitere Studierende, kooperierende Unternehmen und gute Dozenten.

Unternehmen ermöglichen die Qualifikation ihrer Mitarbeiter. Dies zieht weitere Menschen in die Unter-

16.1. Vom Thema zum Projekt

nehmen und stärkt deren Position im zunehmend enger werdenden Wettbewerb um gute Fachkräfte.

Ein Beispiel

An dieser Stelle möchte ich Ihnen – vor allem den Studierenden – einen ersten Einstieg am Beispiel einer Master-Thesis in den Gesundheitswissenschaften geben. Die Studentin führte eine Feldstudie durch, in deren Rahmen sie einen Fragebogen entwickelt und eine Umfrage und ihre Auswertung durchgeführt hat (Buch ENTDECKEN). Folgendes habe ich ihr mit auf den Weg geben.

Begleitung der Arbeit: Sie finden einen Menschen, der die Vorgaben der Hochschule oder Universität erfüllt, also in der Regel dort Professorin oder Professor ist.

Sie schreiben ein Exposé zu Ihrer Arbeit: Anlass, Fragestellung, Situation, mögliche Forschungsfragen und -Methoden, Feld (wen wollen Sie „beforschen"?), Vorgehen, erwartete Ergebnisse und Nutzen. Und vor allem beschreiben Sie die Bedeutung (Relevanz) für das Gebiet. In den Gesundheitswissenschaften (Public Health) ist dies die Bedeutung für die Gesundheit und das Wohlergehen der Bevölkerung. In den MINT-Fächern (Mathematik, Informatik, Naturwissenschaften und Technik) ist es der für das Gebiet zu erwartende Erkenntnisgewinn. Es kann auch der Nutzen sein, der durch ein Produkt (Ware oder Dienstleistung) für Gesellschaft und Umwelt entstehen kann. Auch Geistes- und Sozialwissenschaften stellen sich diesen Fragen. Betriebs- und Volkswirtschaft sind – das wissen Sie wahrscheinlich – Sozialwissenschaften. Auch bei ihnen geht es um Menschen und ihr Zusammenleben. Geld ist nur ein Mittel.

16. Und nun: Die Thesis

Das Exposé besprechen Sie mit Ihrem Begleiter.

Dann legen Sie beide gemeinsam die Forschungsroute fest.

In quantitativen Studien nehmen Sie Kontakt zu einem Statistiker auf. Er muss Ihnen sagen, ob das Design so in Ordnung ist, und wie viele Teilnehmer Sie brauchen werden, um valide Aussagen gewinnen zu können.

Eventuell müssen Sie das Studiendesign noch einmal überarbeiten.

Und dann geht es los: (Fortsetzung der) Literaturrecherche und -arbeit, Entwicklung von Fragebögen, Pilotstudie zur Validierung des Fragebogens. Diesen Schritt müssen Sie nicht im Feld machen. Sie können die Pilotstudie im Institut oder Fachbereich durchführen.

Falls erforderlich, folgt eine Überarbeitung des Fragebogens. Dabei sollten Sie sich eng mit den Statistikern abstimmen, denn sie sind die Experten.

Frühzeitig müssen Sie auch Kontakt im Feld aufnehmen, also zu einer Einrichtung oder Organisation, in der oder mit der Sie die Menschen finden, die Ihre Fragen beantworten können und wollen.

Dazu müssen natürlich auch diese Menschen und Organisationen einen Nutzen durch Ihre Studie haben. Überlegen Sie sich frühzeitig, welcher Nutzen dies sein könnte und kommunizieren Sie dies. Fragen Sie dazu auch Ihre Professoren, Kollegen und Mitstudierenden.

16.1. Vom Thema zum Projekt

Dies alles und viele Schritte mehr sind Teil Ihrer Arbeit. Kurz: Sie brauchen einen Projektplan. Diesen zu erstellen und immer wieder zu aktualisieren, ist eine Ihrer wichtigen Aufgaben. Unterstützung, Feedback und Verbesserungsempfehlungen bekommen Sie von Ihrem wissenschaftlichen Begleiter, Ihren Mitstudierenden, Kollegen, Freunden und Ihrer Familie. Es wird alle berühren.

Der Mensch, der Sie begleitet (im alten Sprachgebrauch „betreut"), wird Sie auch in gewisser Weise coachen. Es geht um ein langes Projekt, das Einfluss auf Ihre berufliche und persönliche Entwicklung haben wird. Sie beide brauchen Zeit dafür. Worauf Sie beide dabei achten sollten, beschreibt der Abschnitt COACHING FÜR HABILITANDEN, DOKTORANDEN & CO.

Eine große Effizienz und Effektivität entsteht, wenn eine Wissenschaftlerin oder ein Wissenschaftler eine Gruppe von Studierenden und/oder Doktoranden begleitet und ein Thesis-Coaching im Team erfolgt. Wie dies interne und auch externe Dozenten zusammen mit den Studierenden an einer Hochschule umsetzen können, beschreibt der folgende Abschnitt.

16. Und nun: Die Thesis

16.2. Thesis-Team

Als freiberuflicher Dozent „nebenbei" Bachelorarbeiten zu begleiten, ist möglich, wenn Sie es als Projekt aufsetzen und Instrumente des Blended Coaching nutzen. Natürlich können Sie das Folgende auch als Professor durchführen.

Blended Coaching (*blended*, engl: gemischt) nutzt e-Plattformen, e-mails, Telefonate und persönliche Treffen. Neben dem Dialog gehört zum Blended Coaching die Erstellung und das Gegenlesen von Dokumenten mit dem Aussprechen von Empfehlungen zum weiteren Vorgehen. Freiberuflich „nebenbei" als externe Dozentin an einer Hochschule Bachelorarbeiten zu begleiten funktioniert dann hervorragend, wenn

> die Anzahl der Studierenden nicht zu hoch liegt – drei bis sechs sind optimal;

> die Studierenden motiviert sind und professionell arbeiten – professionell arbeiten bedeutet unter anderem: zuverlässig, pünktlich, wertschätzend und kooperativ;

> wir einen – unseren – virtuellen Raum auf einer e-Learning-Plattform nutzen;

> uns alle drei bis vier Wochen für drei Stunden persönlich treffen, um uns gegenseitig über den Stand der Arbeiten zu berichten, Fragen zu stellen und Antworten für das weitere Vorgehen zu finden.

Meine Motivation, dieses an Hochschulen nicht unbedingt übliche Setting aufzubauen und mit den Studierenden durchzuführen, war, eine hohe Qualität der Begleitung zu erreichen. Diese ist eine

16.2. Thesis-Team

wichtige Voraussetzung für die Studierenden. Nur mit kontinuierlichem, fundierten Feedback von wissenschaftlichen Begleitern und Peers werden Studien wirklich gut. Dazu gehören auch Bachelorarbeiten an Dualen Hochschulen. Von 2013 bis 2017 habe ich an der DHBW Mannheim insgesamt zwölf Bachelorarbeiten begleitet. Abgesehen von der ersten Bachelorarbeit fand die Begleitung in zweier- bis dreier-Gruppen statt. Sie dienen im Folgenden als Beispiel für das „Thesis-Team".

Win-win-win ... Nutzen für alle Beteiligten

Der Nutzen der im Folgenden vorgestellten Art der Begleitung von Abschlussarbeiten ist vielfältig. Es entstehen Synergien, indem die Studierenden und die Dozentin voneinander lernen und sich gegenseitig unterstützen. Die Arbeit in Kleingruppen ist effizient, da sich Fragen rasch klären lassen, die im Verlauf von Abschlussarbeiten immer wieder auftauchen, wie beispielsweise nach dem Vorgehen in der Literaturarbeit oder der Strukturierung der Arbeit. Die Beteiligten stärken ihre fachlichen, methodischen und sozialen Kompetenzen:

Fachlich: Die Studierenden lernen, indem sie ein Projekt, die Bachelorarbeit mit Studiendesign, Datenerhebung und -Auswertung, durchführen und darüber schreiben. Die Dozentin lernt neue Themen und Felder kennen – und dazu den aktuellen Stand der Fachliteratur.

Methodisch: Dazu zählen die Nutzung einer e-Learning-Plattform und die Anwendung von Projekt- und Zeitmanagement. Außerdem bauen die Beteiligten im Rahmen der persönlichen Treffen ihre Fähigkeiten im Präsentieren, im Führen von Dialogen sowie im Geben und Erhalten von Feedback aus.

16. Und nun: Die Thesis

Sozial: Sie lernen und arbeiten in verteilten Teams – die Studierenden und die Dozentin sind geographisch verteilt und treffen sich im Verlauf einiger Monate nur ein paar Mal persönlich.

An Dualen Hochschulen entstehen die Themen der Bachelorarbeiten in der Regel aus den Bedürfnissen und aktuellen Themen der Abteilung oder des Bereichs im Unternehmen, in dem die Studierenden zu dieser Zeit tätig sind. Bei hochwertigen Arbeiten entsteht auch für das Unternehmen ein Nutzen. Es erhält Material für weitere Projekte und sogar strategische Entscheidungen, so auch im Herbst und Winter 2016/2017:

Thema 1 – unmittelbarer Nutzen: Instrumente zur formativen, also begleitenden Evaluation bei der Einführung einer neuen Arbeitsplattform für die Kunden des Unternehmens.

Thema 2 – mittel- und langfristiger Nutzen: Modellierung komplexer und wachsender Datenbankmanagementsysteme.

Thema 3 – langfristiger Nutzen: Modelle und Ist-Analyse zur Preisgestaltung, die das Unternehmen als Basis für strategische Entscheidungen verwenden kann.

„Unser Thesis-Projekt"

Die Studierenden und ich haben diese Form der Zusammenarbeit auch „unser Thesis-Projekt" genannt, denn durch die Zusammenarbeit entstand, neben den Einzelprojekten „meine Bachelorarbeit" ein gemeinsames Projekt, in dem wir die klassischen Methoden des Projektmanagements für verteilte Teams anwandten (Buch BERATEN).

16.2. Thesis-Team

Beispiel Wenn der Dozent offline ist

Im einem Winter war ich drei Wochen in der Endphase vor Abgabe der Bachelorarbeiten verreist und konnte nur selten online gehen. Es war wunderbar zu sehen, wie die drei Studierenden sich gegenseitig unterstützt haben. In den anderen Jahren lief es ähnlich. Dies zeigte sich sowohl im Nachrichtenforum auf der e-Learning-Plattform als auch in unseren monatlichen persönlichen Treffen.

An der DHBW Mannheim erstreckte sich das Projekt jeweils vom Oktober bis zum Februar des Folgejahres. Es startete mit den Anfragen der Studierenden, ob ich sie in ihren Arbeiten betreuen würde, und es endete – zunächst – mit der Abgabe der Bachelorarbeiten und meinen Gutachten. Einige Wochen nach der Abgabe und dem Gutachten führten wir noch ein Reflexionsgespräch. Dazu gleich mehr.

Außerdem müssen die Studierenden einige Monate später im Rahmen ihrer Bachelorprüfung ihre Arbeiten in einer Präsentation vorstellen. Wenn sie wollten, konnten sie auch die Präsentation mit uns übrigen in unserem virtuellen Raum auf der e-Learning-Plattform diskutieren.

Es funktionierte, weil wir uns zu Beginn des Projekts auf einige Regeln einigten, die ich dann auf der e-Learning-Plattform im Nachrichtenforum in der Kategorie „Zweck, Beteiligte, Inhalt, Arbeitsweise" hinterlegt habe. Ich erläuterte dort den Zweck dieser Plattform und wies die Studierenden auf einige Grundsätze in unserer Zusammenarbeit hin.

16. Und nun: Die Thesis

Der virtuelle Raum auf der e-Learning-Plattform

Auf der e-Learning-Plattform der Hochschule haben wir jeweils den aktuellen Stand der Arbeiten und das Feedback der Dozentin hinterlegt und uns im Forum ausgetauscht, beispielsweise im Winter 2014/2015 in den Kategorien

> Zweck, Beteiligte, Inhalt, Arbeitsweise
> BA Meilensteine
> Terminabsprachen
> Formale Fragen
> Anfragen zur Literatur
> Hinweise zu neuen Inhalten
> cw ... Feedback für <student1>
> cw ... Feedback für <student2>
> cw ... übergreifendes Feedback

Die Arbeit im virtuellen Raum ist freiwillig. Die Studierenden entscheiden, ob sie etwas hochladen, und wenn ja, was sie hochladen. Meine Empfehlung dazu lautet:

> Vorhabensbeschreibungen
> wissenschaftliche Exposés
> gewonnene Daten
> Auswertungen, zu denen sie Fragen haben
> den jeweilig aktuellen Stand ihrer Thesis
> Präsentation zur Bachelorprüfung

Verschwiegenheit

Die Studierenden sind ausdrücklich eingeladen, die Arbeiten ihrer Kolleginnen und Kollegen durchzusehen und ebenfalls Feedback und Anregungen zu geben und Fragen zu stellen. Dadurch lernen sie von- und miteinander.

16.2. Thesis-Team

Wichtig ist daher die Verpflichtung zur Verschwiegenheit: Wir, die Studierenden und die Dozentin, verpflichten uns zur Verschwiegenheit; wir dürfen Dritten nicht von den Arbeiten der anderen erzählen und keinerlei Daten an Dritte weitergeben.

Planen und Steuern

Für „unser Thesis-Projekt" ist natürlich ein Zeitplan erforderlich, den wir je nach Verlauf anpassen müssen. Nur ein Datum ist gesetzt: der Tag der Abgabe. Die Termine der anderen Meilensteine und Eckpunkte passen wir nach Bedarf an. Im Zeitplan „BA Meilensteine" sind enthalten: Termine zum Hochladen des aktuellen Standes der Arbeit für das Zwischenlektorat durch mich, die Termine unserer Treffen, der Termin für das Hochladen der Version „0.99" für das Schlusslektorat vor Abgabe der Bachelorarbeiten und der Termin für die Abgabe der Arbeit an der Hochschule. Die Meilensteine des Projektplans sind

> Woche -3: Vorgespräche
>
> Woche -2: Exposé und Projektplan
>
> Woche -1: Unterschrift der Dozentin auf der Anmeldung
>
> Woche 1: Abgabe der Anmeldung
>
> Woche 4: BA: Struktur, Zusammenfassung v 0.1, Literatur, Projektbeschreibung
>
> Woche 6: BA: Literatur (Fortsetzung), Datenerhebung
>
> Woche 9: BA: Datenauswertung und Interpretation
>
> Woche 13: BA: Datenauswertung, Interpretation, Empfehlungen, Diskussion

16. Und nun: Die Thesis

Woche 14: BA „fertig"

Woche 15: BA: Abgabe (zum Beispiel: Montag, 13.02.2017)

Woche 15: Gutachten der Dozentin zur BA

Woche 19 (bis 21): Abschlusstreffen: Rückblick und Ausblick

BA steht für Bachelorarbeit. Dies sind Aktivitäten der Studierenden. Montagmorgens laden die Studierenden den aktuellen Stand ihrer BA auf die e-Learning-Plattform hoch. Innerhalb von zwei bis drei Tagen erhalten sie ein schriftliches Feedback von der Dozentin, das sie ebenfalls auf die e-Learning-Plattform hochlädt.

Die persönlichen Treffen finden in den Wochen 4; 6; 9 und 13 donnerstags statt. Dort besprechen die Studierenden und die Dozentin den Stand der Arbeiten, das Feedback, offene Fragen und die nächsten Schritte und Termine. Nach der Abgabe der BA folgt das Gutachten der Dozentin. Abbildung 16.1 zeigt den Projektplan vom Winter 2016/2017 – *panta rhei* (griech.: alles fließt), natürlich auch Termine.

Arbeitsaufwand

Die Studierenden sollen laut Studien- und Prüfungsordnungen der Hochschule jeweils mindestens 360 Stunden für die Anfertigung ihrer Bachelorarbeit aufwenden. Für die in der hier beschrieben Form begleiteten Arbeiten stellte ich das Gutachten jeweils innerhalb weniger Tage nach Abgabe der Bachelorarbeiten fertig. Solch ein Gutachten erfordert jeweils nur zwei bis drei Stunden, da ich die Arbeiten durch die kontinuierliche Begleitung sehr gut kenne. Die Begleitung und die Gutachten dauern für zwei bis drei Bachelorarbeiten insgesamt vierzig bis sechzig Stunden. Dieses Tempo kann ich auf Grund meiner Erfahrung als Lehrende und durch ein

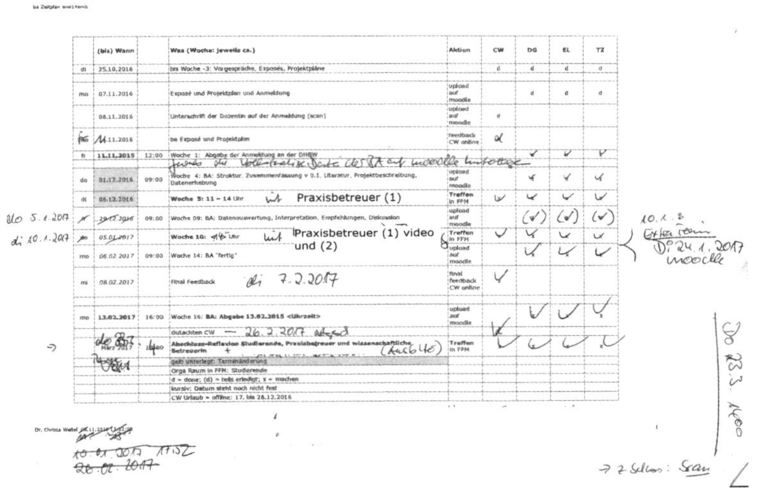

ba Zeitplan ww14amb

	(bis) Wann		Was (Woche: jeweils ca.)	Aktion	CW	DG	EL	TZ
di	25.10.2016		bis Woche -3: Vorgespräche, Exposés, Projektpläne		d	d	d	d
mo	07.11.2016		Exposé und Projektplan und Anmeldung	upload auf moodle		d	d	d
	08.11.2016		Unterschrift der Dozentin auf der Anmeldung (scan)	upload auf moodle	d			
	11.11.2016		ba Exposé und Projektplan	feedback CW online				
fr	11.11.2015	12:00	Woche 1: Abgabe der Anmeldung an der DHBW					
do	01.12.2016	09:00	Woche 4: BA: Struktur, Zusammenfassung v 0.1, Literatur, Projektbeschreibung, Datenerhebung	upload auf moodle				
di	06.12.2016		Woche 5: 11 – 14 Uhr Praxisbetreuer (1)	Treffen in FFM				
	29.12.2016	09:00	Woche 09: BA: Datenauswertung, Interpretation, Empfehlungen, Diskussion	upload auf moodle				
	05.01.2017		Woche 10: Uhr Praxisbetreuer (1) video und (2)	Treffen in FFM				
mo	06.02.2017	09:00	Woche 14: BA "fertig"	upload auf moodle				
mi	08.02.2017		Final Feedback	final feedback CW online				
mo	13.02.2017	16:00	Woche 16: BA: Abgabe 13.02.2015 <Uhrzeit>	upload auf moodle				
			Gutachten CW					
	März 2017		Abschluss-Reflexion Studierende, Praxisbetreuer und wissenschaftliche Betreuerin	Treffen in FFM				
			gelb unterlegt: Terminänderung					
			Orga Raum in FFM: Studierende					
			d = done; (d) = teils erledigt; x = machen					
			kursiv: Datum steht noch nicht fest					
			CW Urlaub = offline: 17. bis 28.12.2016					

Dr. Christa Weßel

Abb. 16.1: Projektplan Thesis Winter 2016/2017 (23.03.2017)

strukturiertes Vorgehen halten. Vor allem ermöglichen engagierte Studierende diese Art des Lernens und Lehrens.

Das besondere Setting … VIER Vertragspartner

An einer Dualen Hochschule gibt es vier Vertragsparteien: die Studierenden [St], die Hochschule [HS], das Unternehmen [Fa] und die Begleiterin der Bachelorarbeiten (Dozentin) [D]. Abbildung 16.2 zeigt, dass Beziehungen zwischen Hochschule und Studierenden, Studierenden und Unternehmen, Dozentin und Studierenden, Dozentin und Hochschule sowie Hochschule und Unternehmen bestehen. Nicht ausdrücklich geklärt ist die Beziehung zwischen Dozentin [D] und Unternehmen [Fa].

16. Und nun: Die Thesis

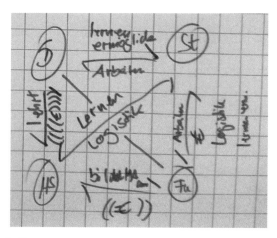

Abb. 16.2: Beteiligte und Vertragsbeziehungen im Dualen Studium (06.09.2016)

Oftmals besteht kein direkter Austausch zwischen den wissenschaftlichen und den für die Studierenden zuständigen Praxisbetreuern aus den Unternehmen. In welches Dilemma die Studierenden dadurch geraten können, schildert der folgende Abschnitt. Wir konnten ab 2015 durch die Teilnahme der Praxisbetreuer an einigen unserer Treffen dieses Dilemma klären.

Der Arbeitsprozess

Aufgabe der Studierenden ist die Anfertigung einer Bachelorarbeit. Meine Aufgabe als Begleiterin der Studierenden in ihrer wissenschaftlichen Arbeit besteht unter anderem darin, sie im Erlernen und Anwenden wissenschaftlicher Methoden zu unterstützen. Dies setze ich unter anderem durch das Lektorieren der Arbeiten an den genannten Meilensteinen um.

16.2. Thesis-Team

Wo können, sollten oder müssen die Studierenden ihre Texte verbessern und wie können sie dies tun? Die Studierenden, die ich begleite, wissen aus den Vorgesprächen und unseren regelmäßigen Treffen im Verlauf der Arbeit, dass meine Kommentare Empfehlungen sind. Die Studierenden entscheiden, ob sie einer Empfehlung folgen oder nicht. Solange sie nicht auf eine Empfehlung reagieren, wiederhole ich sie im nächsten Durchgang. Sie können auch eine Empfehlung ablehnen und sollten dies begründen.

Die Studierenden und die wissenschaftliche Begleiterin (WB) wissen dies. Allerdings wissen es nicht immer die Praxisbetreuer (PB) und wundern sich, warum ihr Azubi nicht so sehr seinen, sondern den Empfehlungen der Wissenschaftlerin folgt. Antwort der Studierenden: wir folgen dem, der die Note vergibt. Es besteht also Gesprächsbedarf, damit die Studierenden nicht in ein Dilemma geraten und sich als Diener zweier Herren sehen, wie dies Abbildung 16.3 zeigt.

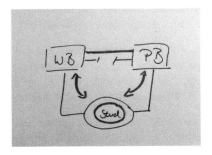

Abb. 16.3: Setting Bachelorarbeit (02.03.2016)

Wir greifen zum Äußersten, wir reden miteinander. Wissenschaftliche Begleiterin, Studierende und Praxisbetreuer treffen sich zu Beginn der Arbeit, im Verlauf und im Reflexionsgespräch nach Abgabe der Arbeiten und dem Gutachten mit der Note.

16. Und nun: Die Thesis

Lessons Learned

Exemplarisch stelle ich hier unsere Erkenntnisse am Ende des Zyklus 2016/2017 vor. Der Kommunikationswissenschaftler Schulz von Thun beschreibt in seinen Büchern anschaulich, wie wichtig das fortlaufende sich-Vergewissern zum gemeinsamen Verständnis ist (Schulz von Thun und Kollegen 2009).

„Ach so, es gibt nicht nur echte Räume, sondern auch welche auf der e-Learning-Plattform." Worte eines Praxisbetreuers, der zum ersten Mal an einem solchen Treffen teilnahm. Wenn die Dozentin von einem Lernraum spricht, sollte sie sich also vergewissern, dass die Beteiligten auch merken, dass es der virtuelle Raum auf der Plattform ist. Das ist wie mit der Maus. Was verstehen eine Informatikerin und ein Biologe darunter? Außerdem haben wir Folgendes herausgefunden.

Die Studierenden müssen noch mehr lernen zu fragen, vor allem wenn organisatorische Unklarheiten bestehen, und sie müssen ihr Zeitmanagement verbessern.

Die wissenschaftliche Begleiterin sollte nicht nur zu Beginn einen Projektplan und ein Exposé einfordern, sondern auch im Verlauf noch stärker darauf achten, wie die Studierenden mit ihrem Zeitmanagement zurecht kommen.

Die Praxisbetreuer aus dem Unternehmen arbeiten drei Jahre lang sehr engagiert mit den und für die Studierenden. Das Unternehmen sollte den Zeitaufwand entsprechend berücksichtigen und die Praxisbetreuer frühzeitig informieren, also zum Beispiel ungefähr ein Jahr bevor ein Praxisbetreuer einen dual Studierenden in seine Obhut bekommt.

Die Hochschule muss die Qualität der Lernveranstaltungen zu wissenschaftlichen Arbeiten deutlich erhöhen. Die Studierenden müssen spätestens zu Beginn der Bachelorarbeit nach

16.2. Thesis-Team

dem fünften Semester Grundkenntnisse zur Literaturarbeit haben. Dazu gehört auch der Umgang mit online-Literaturdatenbanken, Studiendesign und dem Verfassen eines Exposés sowie dem wissenschaftlichen Schreiben.

Reflexion: Was ist gut? Was könnte besser laufen?

Zu jedem Projekt gehört eine Abschlussreflexion. Auch wir fragten uns in den Abschlusstreffen: Wie verlief die Zusammenarbeit? Was war gut? Was könnte besser sein, und wie?

Die Kommentare der Studierenden lauteten: sehr gut seien die persönlichen Treffen mit der Möglichkeit, die Arbeiten regelmäßig zu besprechen, und das regelmäßige Feedback der Dozentin auch online auf der e-Learning-Plattform. Außerdem wachse die Arbeit. Die Anforderungen stiegen im Verlauf der Arbeit stetig. Die Dozentin finde immer wieder Neues. Dadurch werde die Arbeit sehr anspruchsvoll. Und: „Ich hatte noch nie so viel Spaß bei einer wissenschaftlichen Arbeit."

Mein Fazit aus Sicht der Dozentin war immer wieder, dass ich mit den Leistungen der Studierenden sehr zufrieden war, weil sie oftmals sehr professionell gearbeitet haben (das höchste Lob, das ich aussprechen kann). Sie waren zuverlässig, fleißig, pünktlich, hatten einen eigenen Standpunkt und waren offen für Neues. Und sie haben viel Humor. Der eigene Standpunkt ist bei vielen noch weiter ausbaufähig: In wissenschaftlichen und auch anderen Arbeiten ist es erforderlich, dass die Studierenden sich mit Aussagen aus der Literatur und in Gesprächen mit Kollegen, Vorgesetzten und anderen Experten ihr eigenes Bild machen und nicht einfach zusammentragen und übernehmen. Dass sie dies können, haben sie in vielen Teilen ihrer Arbeiten gezeigt.

Wir haben als verteilte Teams mit den Grundsätzen des agilen Projektmanagements und des Blended Learning gearbeitet. Die

16. Und nun: Die Thesis

Hochschule war hierfür offen und stellte uns die Infrastruktur der e-Learning-Plattform zur Verfügung. Die Firma der Studierenden hat uns Räume für unsere Treffen zur Verfügung gestellt, den Studierenden Zeit für ihre Arbeit eingeräumt und Praxisexperten an die Seite gestellt.

Die wichtigste Lektion, die ich gelernt habe, ist: Arbeit muss honoriert werden, auch mit Geld. Bachelorarbeiten „nebenher" zu begleiten und letztlich für ein Gutachten achtzig Euro zu bekommen, entspricht einem Stundenhonorar von ungefähr vier Euro brutto. Für die Begleitung einer Bachelorarbeit fallen bei dem von mir verwendeten Setting und Ansatz ungefähr zwanzig Stunden pro Studierendem an. Es können auch mal mehr werden. Nach viereinhalb Jahren mit zwölf Bachelorarbeiten (und fünf Masterarbeiten in einem etwas anderen Setting) war es im Frühjahr 2017 genug. Es war gut und anregend, jedoch führe ich diese Arbeit, die eine Mischung aus Lehren und Coaching ist, nur noch gegen ein angemessenes Honorar durch. Wie dies als Coaching und Begleitung umfangreicher wissenschaftlicher Arbeiten wie Dissertationen, Habilitationen und Fachbücher aussehen kann, schildert der Abschnitt COACHING FÜR HABILITANDEN, DOKTORANDEN & CO am Ende dieses Kapitels.

Lassen Sie uns jedoch zunächst schauen, wie sich die Situation für Doktoranden an Universitäten entwickelt. In den letzten zwanzig Jahren ist in Europa das Bewusstsein dafür gewachsen, dass die Begleitung und Ausbildung angehender und junger Wissenschaftler Expertise, Zeit und – natürlich – Geld erfordert. Welche Entwicklungen es dazu für Doktoranden an europäischen Universitäten gibt, davon erzählt der folgende Abschnitt DOKTORSCHULEN.

16.3. Doktor-Schulen

Im Rahmen des Bologna-Prozesses gibt es seit 2003 auf europäischer Ebene Bestrebungen, die Arbeit und Ausbildung von Doktoranden zu verbessern und fundierte Programme an Universitäten zu etablieren (Abschnitt REISE NACH ITAILIEN). Die European University Association hat dazu 2005 die Salzburg Principles formuliert (EUA 2005). Darin geht es unter anderem um den Wissenserwerb durch Forschung, um die Reaktion auf den sich verändernden Arbeitsmarkt, die Einbettung junger Wissenschaftler in Institutionen, ihre Betreuung, den Respekt vor ihren Leistungen, um Vielfalt, um die Qualität der Betreuung und Ausbildung sowie um eine angemessene Finanzierung. Damit ist hoffentlich auch die Sicherung des Lebensunterhaltes der Doktoranden und jungen Wissenschaftler gemeint.

Ebenfalls aus dem Jahr 2005 stammen *The European Charter for Researchers* und *The Code of Conduct for the Recruitment of Researchers* (EC 2005; Wikipedia 2019). 2008 richtete die EUA den Council for Doctoral Education (EUA-CDE) ein. Seine Aufgabe ist, die Entwicklung einer hochwertigen Ausbildung von Doktoranden und jungen Wissenschaftlern zu fördern. Der EUA-CDE unterstützt den Austausch seiner Mitglieder untereinander und mit Entscheidern aus Politik, Wissenschaft und Gesellschaft (EUA-CDE 2016).

Wie steht es derzeit, im Sommer 2019, um die Situation der Doktoranden, der Wissenschaftler, die sie betreuen und der Universitäten, an denen sie promovieren? Wie steht es um die Doktor-Schulen?

Doktor-Schule ... *Doctoral schools (referring to any kind of governance structures to manage doctoral strategies in the university)* ... – so definiert Chiara

16. Und nun: Die Thesis

> Lauritano in Zinner et al. 2016, S. 98, die Einrichtungen und Institutionen, die an Universitäten für die Ausbildung von Doktoranden, den Austausch mit den wissenschaftlichen Betreuern und die Weiterentwicklung der Doktorandenausbildung in Zusammenarbeit mit dem Hochschulmanagement und Einrichtungen anderer Universitäten national und international zuständig sind.

Die Situation von Doktoranden lässt sich – wie die anderer Studierender – aus drei Perspektiven betrachten: Universität, Doktoranden und diejenigen, die für ihre Ausbildung zuständig sind: wissenschaftliche Betreuer und zunehmend *Professionals in Doctoral Education*.

Die Universitäten

Zwar gibt es zwar in drei Viertel der Länder, die zur *European Higher Education Area* (EHEA) gehören, *doctoral schools*, aber nur ein Viertel der Doktoranden fertigen ihre Dissertation in strukturierten Programmen an. Ungefähr drei Prozent der 37,5 Millionen Studierenden in der EHEA sind Doktoranden (EC 2018, p 46). Der Bericht zur MORE3 Study mit ihrer *Support data collection and analysis concerning mobility patterns and career paths of researchers* enthält außerdem strategische Empfehlungen für die Umsetzung verbesserter Studien-, Lehr- und Forschungsbedingungen (EC 2017).

Im Januar 2019 hat die EUA eine Studie veröffentlicht, die die Universitätsperspektive untersucht, die Leistungen europäischer Universitäten hinsichtlich der Doktor-Schulen beschreibt und Fortschritte feststellt (Hasgall et al. 2019). Vor allem steige der Anteil der Doktoranden, die an strukturierten Programmen teilnehmen. Die Aussagekraft der Studie ist jedoch eingeschränkt. Nur 21%

16.3. Doktor-Schulen

der Institutionen, an denen junge Wissenschaftler promovieren, haben an der Studie teilgenommen. Ein Grund für die geringe Beteiligung könnte sein, dass es keine zentrale Einrichtung einer Doktorandenausbildung an einer Universität gibt und es sich niemand findet, der die Umfrage ausfüllt. Also stellt sich weiterhin die Frage: Wie sieht es bei den anderen 79% aus? Wie ist dort die Lage der Doktoranden?

Die Doktoranden

Eurodoc – the European Council for Doctoral Candidates and Junior Researchers – ist eine Vereinigung von derzeit 28 nationalen Verbänden, die Doktoranden und junge Wissenschaftler vertreten. Eurodoc ist angesiedelt bei der Europäischen Union und dem Europarat und repräsentiert einen unabhängigen Stakeholder (Akteursgruppe).

2011 hat Eurodoc eine deskriptive Studie zur Situation von Doktoranden und jungen Wissenschaftlern aus deren Sicht veröffentlicht (Ates et al. 2011). Der Bericht beschreibt sehr gut die Methode und Vorgehensweise, die Herausforderungen der Datensammlung und -auswertung sowie die Aussagekraft: die Studie ist deskriptiv und wertet 7800 Fragebögen aus. Laut Merle (2007), zitiert in der Studie, gab es zu dieser Zeit ungefähr 680.000 Doktoranden und Juniorwissenschaftler in Europa. Die Studie kann also bei einer Befragung von etwas mehr als einem Prozent der Doktoranden nur erste Hinweise geben.

Die meisten Teilnehmer (w/m/d) promovieren in den MINT-Fächern Mathematik, Physik und Biologie. Die meisten Teilnehmer leben in festen Partnerschaften und haben keine Kinder. Nur in Skandinavien hält die Promotion die Teilnehmer nicht davon ab, eine Familie zu gründen. Zwei Drittel der Teilnehmer haben einen Vollzeit-Studierenden-Status. Viele kennen nicht *The European*

16. Und nun: Die Thesis

Charter for Researchers und *The Code of Conduct for the Recruitment of Researchers* (EC 2005). Die Finanzierung durch Stipendien oder die Bezahlung in einem befristeten Vertrag ist oftmals nicht ausreichend für den Lebensunterhalt.

In vielen Ländern gibt es freiwillige oder verpflichtende Kurse zur Theorie oder Methodologie. Kurse zu übergreifenden Themen wie Ethik gibt es kaum. Die Betreuung durch ihre Doktormütter und -väter finden die meisten Teilnehmer adäquat. Allerdings ist ungefähr einem Fünftel der Teilnehmer nicht bewusst, dass es eine schriftliche Vereinbarung zu den Rechten und Pflichten beider, der Doktoreltern und der Doktoranden, geben sollte. Der Bericht beschreibt noch weitere Aspekte. Eine Zusammenfassung hat Eurodoc ebenfalls online gestellt (Eurodoc 2011). Die Entwicklung der folgenden Jahre zeigte, dass sich die Situation der Doktoranden allmählich verbessert.

Die wissenschaftlichen Betreuer und Ausbilder

Die Ausbildung von Doktoranden (*doctoral education*) unterscheidet sich deutlich von Bachelor- und Masterprogrammen, da das Kernmerkmal einer Dissertation die Durchführung von Forschung (und Entwicklung) ist und vor allem hierin die Ausbildung der Doktoranden besteht. Die Betreuung erfolgt durch eine Doktormutter oder einen Doktorvater, in der Regel als Professor an einer Universität (*supervisor*).

2003, vier Jahre nach der Bologna Declaration, sollten sich auch die Bedingungen für Doktoranden verbessern. Das Ziel: eine europaweite, hochwertige Ausbildung der Doktoranden. Der Anlass: mehr und mehr PhDs verfolgen nicht eine akademische Karriere, sondern sie gehen in die Wirtschaft, den öffentlichen Dienst oder sie gründen selbst ein Unternehmen. Dazu brauchen sie neben ihren fachlichen Kompetenzen, die Gegenstand ihrer Dissertation sind, methodische und soziale Kompetenzen. In den engli-

16.3. Doktor-Schulen

schen Publikationen über die Fortschritte der *doctoral education* in Europa sind dies *transferable skills*. Neben Themen wie Kommunikation, einschließlich *scientific communication*, Selbst- und Projektmanagement und Führungskompetenz (*leadership*) gehört auch das Thema Ethik dazu. Doktoranden erhalten eine Ausbildung in diesen Themen in Form von Seminaren und Workshops an den *doctoral schools*.

Für die Einrichtung und das Management solcher Graduiertenzentren (*graduate schools*, Doktoratschulen) sowie die Durchführung von Kursen und die Zusammenarbeit mit den Betreuern der Doktoranden sind Experten erforderlich, die Zinner und Kollegen als *Professionals in Doctoral Education* (PRIDE) bezeichnen (Zinner et al. 2016). Ihr Buch bietet eine umfassende Einführung in die Entwicklung der *doctoral education* im Verlauf des Bologna-Prozesses, die beteiligten Institutionen, wissenschaftliche Arbeiten und Studien und – so die erklärte Absicht der Autoren – praktische Umsetzungsinstrumente.

Das Buch richtet sich an Menschen, die bereits als PRIDE arbeiten oder diese Karriere anstreben, sowie an Hochschulmanagement und an politische Entscheider auf nationaler und internationaler Ebene. Für Doktoranden und diejenigen, die sich überlegen, ob sie promovieren wollen, ist das Buch ebenfalls interessant: Sie können viel über die Möglichkeiten lernen, die Universitäten mit Doktor-Schulen bieten, und auch über Personalentwicklung am Beispiel von PRIDE-Experten.

Doktorandenprogramme voran bringen

In Deutschland ist die Anzahl der Internetauftritte von Institutionen, die sich mit diesem Thema beschäftigen, vielfältig. Vieles dreht sich um die Finanzierung, einiges auch um Inhalte und Qualität.

16. Und nun: Die Thesis

Ein schönes Beispiel habe ich in den Niederlanden gefunden: het Nederlands Expertise Centrum voor de Promotieopleiding – The Netherlands Centre of Expertise for Doctoral Education. Das Zentrum stellt in seinem Internetauftritt http://phdcentre.eu/ seine vier Aufgaben vor:

> Forschung zur Ausbildung von PhD-Kandidaten im Verlauf ihrer Promotionsarbeit;
>
> Ermöglichen des Austauschs „guter Praxis" zwischen Graduiertenschulen und Forschungsinstituten;
>
> Beratung von Experten, die Promotionsprogramme und Graduiertenschulen aufbauen, und von Wissenschaftlern, die Doktoranden betreuen;
>
> Unterstützung von Doktoranden und Betreuern durch Kurse, Workshops und Intervision.

Auf den Seiten von phcentre.eu finden Sie auch *Which grass is greener? Personal stories from PhDs about their careers within and outside of academia* (van der Weijden et al. 2017). Viel Spaß damit.

Die Situation der Doktoranden hat sich in den letzten fünfzehn Jahren in Europa deutlich gebessert. Die Anzahl der Doktor-Schulen steigt. Die Professionalisierung der Mitarbeiter in diesen Institutionen, die mit Doktoranden und ihren wissenschaftlichen Betreuern, dem Hochschulmanagement und mit Institutionen auf nationaler und internationaler Ebene zusammenarbeiten, ist auf einem guten Weg. Die Forschung und Entwicklung zum Thema *doctoral education* ist ein zunehmend beachtetes Thema im wissenschaftlichen Diskurs.

16.3. Doktor-Schulen

In Ländern wie Island, Irland, Norwegen, Finnland und Belgien ist die Situation bereits sehr gut. Mehr als neunzig Prozent der Doktoranden nehmen an strukturierten, transparenten und qualitätsgesicherten Programmen teil (Hasgall et al. 2019). Deutsche Institutionen haben noch einen längeren Weg vor sich. Schauen Sie sich also genau an, an welcher Universität, in welchem Fachbereich und Institut und bei welchem Professor Sie promovieren wollen. Wenn Sie bereits Studierende betreuen oder in einer Universität für Doktorandenprogramme aktiv sind, inspirieren Sie vielleicht die hier vorgestellten Studien, Bücher und Institute und die folgenden Seiten, auf denen es um Thesis-Coaching geht.

16. Und nun: Die Thesis

16.4. Coaching für Habilitanden, Doktoranden & Co

> Eines Abends in der Bodega. „Christa, du hast doch schon so viele Arbeiten betreut. Wie wird aus meiner Abschlussarbeit eine gute Arbeit?" – „Das Thema muss dich packen. Am besten findest du es selbst und lässt es dir nicht von einem Professor geben. Du musst hart arbeiten und du brauchst eine sehr gute Betreuung."

Genau das ist der Haken, denn die Begleitung einer Abschlussarbeit ist in meinen Augen weit mehr als das, was viele Professoren leisten können. Fangen wir mit der „größten" Arbeit an: Habilitierende arbeiten über Jahre, manchmal schon Jahrzehnte auf einem bestimmten Fachgebiet. Nach ihrer Dissertation forschen und entwickeln sie. Außerdem erstellen sie neben Publikationen auch eine Habilitationsschrift mit dem Ziel einer Universitätsprofessur. Für (Fach-)Hochschulen und Duale Hochschulen ist eine Habilitation nicht erforderlich. Natürlich haben die Habilitanden eine „Professor-Mutter" oder einen „-Vater". Trotzdem ist dies ein mehrjähriges Projekt, das alle Bereiche in Berufs- und Privatleben berührt. Damit ist es ähnlich wie mit der „Einsamkeit des Managers", die ich in einem Blogeintrag vom 10.08.2018 beschrieben habe: Sie brauchen einen Sparringspartner. Als Habilitand können Sie nicht alles so „rauslassen", wie es gerade Ihrer Stimmung oder Ihren Bedürfnissen entspricht. Sie können sich nicht entlasten. Und, wenn Sie klug sind, machen Sie es auch nicht mit Ihrem (Ehe-)Partner. Darum brauchen Sie einen neutralen Dritten.

Diese neutrale dritte Person brauchen Sie regelmäßig und nicht erst, wenn es brennt. Ich nenne solch eine langjährige Zusammenarbeit mit Klienten nicht Coaching, sondern eher Sparringspart-

16.4. Coaching für Habilitanden, Doktoranden & Co

ner oder Berater. Wie im Coaching auch, bestimmen die Klienten Thema, Intensität und Häufigkeit des Austausches. Sie legen sich also *nicht* regelmäßig auf die „Couch".

Ihr persönlicher Berater und Sparringspartner muss methodische Expertise in Beratung und Coaching, fachliche Expertise in der Anfertigung einer großen wissenschaftlichen Arbeit und Empathie für Ihre Belange vorweisen.

Mit dem Schreiben eines Buches ist es ganz ähnlich. Wenn Sie einen guten Agenten und/oder einen guten Verlag mit einem guten Lektor haben und über Erfahrung und Routine im Schreiben verfügen, geht es vielleicht auch ohne Sparringspartner. Ein neutraler Dritter kann jedoch auch hier von Nutzen sein.

Dissertationen sind ebenfalls mehrjährige Projekte. Wenn die Werte und das Selbstverständnis Ihres Doktor-„Vaters" oder -„Mutter" auch beinhalten, dass diese Sie begleiten und coachen, ist es gut. Wenn Sie außerdem in ein gutes Forschungsteam eingebunden sind, umso besser. Leider entspricht dies oftmals nicht dem Alltag an einer Universität. Darum gilt auch hier: Holen Sie sich externe Unterstützung. Dies ist eine Investition in die Qualität Ihrer Arbeit und damit in Ihre berufliche Zukunft. Außerdem unterstützt ein Thesis-Coach Sie in Ihrer Balance. Die Chance, dass Sie geistig, psychisch und physisch fit bleiben und Berufliches, Privates und die Arbeit an Ihrer Thesis im Gleichgewicht halten können, steigt.

Flexibilität durch Blended Coaching

Als Doktorand, Habilitand oder Autor sind Sie zeitlich und örtlich sowieso stark eingebunden. Das Blended Coaching eröffnet Ihnen die Möglichkeit, Ihren Gesprächs- und Austauschbedarf mit Ihrem Sparringspartner flexibel zu gestalten.

16. Und nun: Die Thesis

Im Blended Coaching kombinieren Sie, die Klientin oder der Klient, und die oder der Coach persönliche Gespräche, Telefonate und den Austausch per E-mail. Hierdurch entsteht für beide – Klient und Coach – Flexibilität im Coaching-Prozess. Dies ermöglicht eine individuelle und zeitnahe, auf Ihre Bedürfnisse zugeschnittene Begleitung. Fünf Schritte gehören zu jedem Coaching, unabhängig vom Thema:

1. Verabredung zum persönlichen Gespräch per Telefon und/oder per E-mail.

2. Persönliches Gespräch zum Thema des Coaching, Auftragsklärung, Zielsetzung, Vorgehen. (Wenn Sie den Coach bereits kennen, kann dieses Gespräch auch am Telefon stattfinden.)

3. Telefonische Gespräche sowie Kontakt und Dateiaustausch per E-mail für Analysen und Feedback zu Ihrer laufenden Arbeit durch den Coach.

4. Abschlussgespräch in einem persönlichen Treffen mit Evaluation und Ausblick. (Es ist ein großes Projekt. Darum halte ich ein persönliches Treffen für angemessen.)

5. Abschlussdokumentation durch den Coach per E-mail an Sie.

Was ist das Besondere am Thesis-Coaching?

Während es im Coaching sonst oft um die berufliche Entwicklung geht, liegt der Fokus des Thesis-Coachings auf dem wissenschaftlichem Arbeiten und Schreiben. Dabei behalten Klient und Coach die Lebensbalance des Klienten im Auge, denn das Schreiben einer Thesis oder eines Buches ist eine besondere, in den meisten Fällen zusätzliche Aufgabe im Leben dieser Menschen.

16.4. Coaching für Habilitanden, Doktoranden & Co

Der Thesis-Coach muss mit Ihnen darauf achten, dass Sie als Habilitand oder Doktorand den Kontakt mit Ihren wissenschaftlichen Betreuern an Ihrer Hochschule oder Universität gemäß den Standards guter wissenschaftlicher Praxis pflegen. Dies heißt, Sie entlassen Ihre wissenschaftlichen Betreuer nicht aus ihrer Verantwortung.

Denken Sie daran, dass Sie als Klient über die Dauer der Zusammenarbeit entscheiden. Sie können ein Thesis-Coaching, wie andere Coachings auch, jederzeit beenden – auch wenn Sie Ihre Arbeit noch nicht abgegeben haben. Wenn ich als Coach ein Thesis-Coaching durchführe, orientieren Klient und ich uns im Coaching-Verlauf an den Meilensteinen einer Thesis, die Sie im Abschnitt IM PROJEKT MIT CM-PBL finden.

17. Reflexionen

17. Reflexionen

17.1. Den Bogen spannen

In Seminaren und Workshopreihen arbeiten Lernende und Lehrende als Gruppe zusammen. Manchmal wird aus ihnen sogar ein Team: sie verfolgen ein gemeinsames Ziel und übernehmen Verantwortung für das Erreichen dieses gemeinsamen Ziels (Buch MENSCHEN). Um eine gute Zusammenarbeit zu ermöglichen, ist es wichtig, mehrere Bögen zu spannen. Zum einen geht es um dem Verlauf im Semester insgesamt, zum Teil auch über den Verlauf von zwei oder mehreren Semestern. Zum anderen braucht jede einzelne Lernveranstaltung einen eigenen Spannungsbogen mit Beginn, Mitte und Abschluss. Bruce Tuckman hat in den 1960er Jahren die ersten vier und in den 1970er Jahren zusammen mit seiner Kollegin Mary Ann Jenssen die fünfte Phase der Gruppendynamik beschrieben (Abschnitt WORKSHOPS):

Forming (Kennenlernen)
Storming (Kämpfen)
Norming (Regeln finden)
Performing (Arbeiten)
Adjourning (Loslassen)

Jede Gruppe durchläuft diese Phasen. Zum einen über den gesamten Verlauf der Existenz dieser Gruppe, zum anderen bei jedem Zusammentreffen und außerdem, wenn ein Mitglied die Gruppe verlässt oder ein neues hinzukommt. Da nicht immer alle Studierenden an einem Lernveranstaltungstermin teilnehmen, muss die Gruppe sich gerade auf Letzteres immer wieder einstellen. Als Lehrende können Sie einen Rahmen schaffen, in dem die Gruppe mit diesen Phasen konstruktiv umgehen kann. Hierzu bieten sich Begrüßungs- und Abschiedsrituale an. Sowohl die Lernenden als auch die Lehrenden erfahren, wie der Stand der Arbeiten ist, was als Nächstes anliegt und wie es den Gruppenmitgliedern geht.

17.1. Den Bogen spannen

Wenn die Lehrenden außerdem die Lernenden mit der Theorie der Gruppendynamik vertraut machen, können sie miteinander bei Unklarheiten oder Konflikten auf die Metaebene gehen und Antworten auf die Frage finden: Was passiert hier gerade?

Nach einem ausführlichen Einstieg am ersten Tag mittels der Arbeit im Raum (Abschnitt LERNEN UND LEHREN IN GROSSEN GRUPPEN) wende ich zu Beginn und am Schluss der einzelnen Termine Check-In/Check-out an. Am Abschlusstag führen wir außerdem eine Reflexion und Evaluation mittels Headlining oder einem Film-Design durch. Arbeit im Raum, Check-In/Check-Out, Headlining und Filmdesign sind im Buch WERKZEUGE ausführlich beschrieben.

Horrorfilm mit Happy End lautete die Überschrift meiner Reflexion zum Ende eines Seminars 2013 an der Hochschule Fulda. Seit Beginn meines Blogs 2011 schreibe ich unter anderem über das Lernen und Lehren. Die Reflexionen zum Ende eines Semesters an einer Hochschule dienen auch meiner persönlichen Phase des Loslassens als externe Dozentin. Außerdem erhalte ich im Verlauf der Jahre einen Eindruck dazu, wie sich meine Arbeit als Lehrende entwickelt. In diesen Reflexionen kommen auch die Studierenden zu Wort, beispielsweise mit den Titeln ihrer Film-Ideen und Reflexionen aus ihren Seminararbeiten (Abschnitt HORRORFILM MIT HAPPY END) und Portfolios (Abschnitt AUFFORDERUNG ZUM DENKEN). Das Kapitel schließt mit einer Erkundungs- und Reflexionsmethode aus der Organisationsentwicklung, der Wertschätzenden Erkundung. Die Studierenden wenden sie auf die eigene Hochschule an – und erlernen damit auch gleich eine weitere Methode. Zunächst möchte ich Ihnen erzählen, wie der Check-In/Check-Out in Lernveranstaltungen entstand.

17. Reflexionen

17.2. Check-In/Check-Out

... *Reflexion, Feedback und Evaluation in Seminaren*

Im Juli 2012 haben ein Kollege aus der Hochschullehre und ich darüber nachgedacht, wie wir eine Reflexion und Evaluation zur Güte unserer Lehre am Beginn und zum Abschluss jeder einzelnen Veranstaltung so gestalten, so dass sie

> kurz und gleichzeitig umfassend ist,
>
> den Studierenden Freude macht
>
> und uns Erkenntnisse zur Qualität unserer Lehre gibt, damit wir wissen, wo wir gut sind und wo wir noch etwas verbessern sollten.

Die systemische Beratung stellt hierzu vielfältige Reflexionstechniken zur Verfügung (Buch WERKZEUGE). Ihre Anwendung ermöglicht, dass die Studierenden im Mittelpunkt stehen, sie Reflexionsmethoden erlernen und Freude an Reflexionsmethoden entwickeln. Sowohl die Studierenden als auch die Dozentin (jeweils als Letzte) sagen etwas zum Ein- und Ausstieg.

Der Einstieg „Check-In" erfolgt in der Phase *Kennenlernen* der Gruppendynamik nach Tuckman. Er ermöglicht den Teilnehmern, wieder in die gemeinsame Arbeit zu finden. Als Dozentin, die nur ein- oder zweimal pro Woche direkten, persönlichen Kontakt mit der Gruppe hat, finde ich es wichtig, dass wir voneinander erfahren, wie es den Studierenden und der Dozentin geht, und was jeden von uns derzeit beschäftigt, auch außerhalb unseres Seminars. Dazu gehören beispielsweise Terminprobleme im Studium oder Job.

17.2. Check-In/Check-Out

Der Ausstieg „Check-Out" (*Loslassen*) bildet den Abschluss eines Seminartages. Die Teilnehmer reflektieren, was am jeweiligen Termin passiert ist, und können nach vorne zum nächsten Treffen und Arbeitsschritt schauen. Wir, die Studierenden und die Dozentin, erfahren, wie die Lernveranstaltung gelaufen ist und was wir in Zukunft besser machen können.

Ein Einstieg könnte sein: Die letzte Woche war für mich wie <Film x> und ich war dabei <Rolle / Aufgabe>. Im Ausstieg könnten die Studierenden und die Dozentin beschreiben: Die nächsten X Tage [bis zum nächsten Termin] werden für mich sein wie <Musikstück Y>. Mehr zu den Hintergründen, dem Vorgehen und weitere Beispielfragen finden Sie im Buch WERKZEUGE.

17. Reflexionen

17.3. Horrorfilm mit Happy End

Aus dem Blog vom Freitag, 5. Juli 2013

Und eine neue Generation von Führungskräften? Ja, da bin ich sicher. Vor drei Tagen am Dienstag ging an der Hochschule Fulda das diesjährige Seminar „Strategisches Management in Einrichtungen des Gesundheitswesens" im Masterstudiengang Public Health zu Ende. Wie stets am Ende meiner Seminare gab es die etwas andere Abschlussevaluation. (Die begleitende Evaluation haben wir an jedem Seminartag mit Check-In/Check-Out durchgeführt.)

Der Film

Die Aufforderung lautete: Bitte machen Sie sich zu diesem Seminar einige Gedanken. Wie war es? Was war gut? Was könnte besser laufen, und wie?

Entwickeln Sie in Kleingruppen dazu einen Film, legen Sie das Genre fest (Abenteuer, Science Fiction, Dokumentation, Liebesfilm, ...), nennen Sie das Medium (Kino, TV, Internet, DVD, ...) und malen Sie ein Filmplakat dazu. Bitte schreiben Sie auch einen kurzen Teaser, ein bis zwei Sätze, die auf den Film neugierig machen sollen. Solch ein Teaser kann in Zeitschriften, Internet, TV-, Radio- oder Kinospots auftauchen.

Falls Hollywood, Babelsberg und Mumbai auf der Suche nach Talenten sind, können die Scouts gerne auch mal in Fulda vorbei kommen:

> Thriller: „Das Seminar"
> TV-Serie: „Dank Management zur Weltherrschaft"
> Horrorfilm mit Happy End: „Ich weiß, was du letztes Semester getan hast"
> Kinderkino: „Spaß im Abenteuer-Management-Land"

17.3. Horrorfilm mit Happy End

Reflexionen in den Seminararbeiten

Die Studierenden haben in Kleingruppen Seminararbeiten geschrieben, die durch die Bank von hoher Qualität sind. Wie es ihnen dabei ergangen ist, haben zwei Gruppen in ihren Arbeiten reflektiert. Sie haben mir erlaubt, hier sie selbst sprechen zu lassen.

Gruppe 8
6. Reflexion
Das Verfassen einer Gruppen-Seminararbeit stellt eine Gruppe immer wieder vor neue Herausforderungen. Es gilt die unterschiedlichen Sichtweisen und Meinungen der Gruppenmitglieder in eine gemeinsame Sprache zu führen. Dies ist jedoch nicht immer einfach und teilweise mit langen, kontroversen Diskussionen verbunden. Am Ende der Debatten stand jedoch immer ein Konsens über die weitere Ausrichtung der Arbeit. Das Aufstellen eines Zeitplans mit Meilensteinen war hier besonders hilfreich. Ebenso ist die Möglichkeit für Fragen bei der wöchentlichen Abfrage zum „Stand der Dinge" durch die Dozentin Frau Dr. Christa Weßel positiv herauszustellen. Dies wirkte auf die Gruppe wie ein kleines „Druckmittel", um die Tätigkeiten weiter fortzuführen und sich nicht in endlosen Diskussionen zu verlieren. Die Gruppe war gezwungen, am Ende des Tages stets eine Entscheidung zu treffen. Die Autoren sind der Auffassung, dass gerade diese Übung sehr hilfreich für ihre spätere berufliche Laufbahn sein wird. In der Praxis müssen zu einem bestimmten Zeitpunkt Entscheidungen getroffen werden. Dies ist nicht immer so einfach, wie es auf den ersten Blick scheint. In den Übungen während des Seminars konnte festgestellt werden, wie

17. Reflexionen

schwierig solche Entscheidungsfindungsprozesse sich darstellen und dass manche Personen nicht die letztendliche Entscheidungskompetenz tragen möchten. Weiterhin sehen die Autoren, dass ohne die zuvor festgelegten Meilensteine die Gefahr bestanden hätte, dass die Gruppe sich in diversen Gesprächen verhangen und den Faktor Zeit aus den Augen verloren hätte. Ergänzend sollte erwähnt werden, dass gerade bei Gruppenarbeiten ein hohes Maß an Disziplin von allen Mitwirkenden erforderlich ist, um eine gelungene Arbeit zu realisieren.
Gerade deshalb stellen Teamarbeiten, eine gute Übung zur Vorbereitung auf die berufliche Arbeitswelt dar. Jedes Gruppenmitglied besitzt anderes Hintergrundwissen, andere Kompetenzen und eine andere Perspektive auf eine bestimmte Thematik. Im Berufsalltag wird es oft vorkommen, dass Projekte in interdisziplinären Teams erarbeitet werden. Auch hier treffen verschiedenste Sichtweisen aufeinander. Nach Auffassung der Autoren besteht durchaus die Möglichkeit, dass sich Projektteilnehmer auf Grundlage ihrer unterschiedlichen Perspektiven bestimmten Entscheidungen und Strategien verwehren. Dies bietet großes Potential für Konflikte. Dennoch sehen die Verfasser interdisziplinäre Teams eher als Chance, neue Horizonte und einen umfassenderen Blick auf eine Thematik zu erlangen. Ohne diese Perspektivenvielfalt würden eventuell viele wesentliche Aspekte aus Unwissenheit nur oberflächlich behandelt oder gar nie wahrgenommen werden.
Zum inhaltlichen der Arbeit sollte erwähnt werden,
[...]

17.3. Horrorfilm mit Happy End

Gruppe 10
9 Reflexion
Das Beraterteam besteht aus drei Studierenden des Studiengangs Public Health der Hochschule Fulda. Diese nahmen im Sommersemester 2013 gemeinsam an dem Seminar Strategisches Management in Gesundheitseinrichtungen teil.
In wöchentlich stattfindenden Projektteamsitzungen reflektierten und tauschten sich die drei Studierenden über einzelne Erfahrungen und Beobachtungen aus und planten das weitere Vorgehen für die nächste Woche. Der Meilenstein- und Ablaufplan wurde zum Beispiel durch neuen Erkenntnisgewinn immer wieder verändert und neu angepasst.
Allerdings gestaltete sich die Terminfindung teilweise als schwierig. Eine Rolle dabei spielten die verschiedenen Wohnorte der Berater und der parallel weiterlaufende Semesterbetrieb. Skype-Konferenzen, Telefonate und ein reger E-Mail-Verkehr trugen zur Lösung dieses Problems bei. Außerdem wurden weitere Plattformen und Medien genutzt, um einen ständigen Informationsaustausch zwischen dem Team zu gewährleisten.
Die Aufgabenverteilung innerhalb der Gruppe verlief gerecht und alle Teammitglieder erledigten ihre Arbeitspakete fristgerecht. Die verschiedenen Meinungen der Gruppenmitglieder wurden angehört und berücksichtigt. Insgesamt betrachtet ist die Kommunikation innerhalb des Teams als positiv zu bewerten.
Die Mitglieder verfügen über verschiedene Expertisen welche sich auf den Beratungsprozess positiv auswirkten. Jeder konnte mit seinem Expertenwissen und Erfahrungen zur Bearbeitung des Auftrags beitragen und

17. Reflexionen

von den anderen Mitgliedern lernen. Aufgrund der Consulting-Unerfahrenheit der Studierenden wurde das Vorgehen der Fallbearbeitung einige Male überdacht, verändert und neu angepasst. Es wäre durchaus interessant mit den jetzt gesammelten Erfahrungen einen vergleichbaren Fall zu bearbeiten, um zu erkennen, was das Team im Laufe des Seminars und der Fallbearbeitung gelernt hat. Außerdem ist sich die Gruppe darüber einig, dass die Beraterrolle nach dem Schreiben dieser Arbeit durchaus interessant und reizvoll geworden ist und bis jetzt nur ein kleiner Teil der Möglichkeiten, Methoden und Arbeitsweisen dieses Betätigungsfeldes erfasst wurde. Ein größerer Überblick wurde während des parallel laufenden Seminars Strategisches Management in Gesundheitseinrichtungen vermittelt. Dort wurde zudem wöchentlich der Stand der Arbeit präsentiert, es konnten relevante Fragen gestellt und beantwortet werden und es wurden Rücksprachen mit anderen Expertengruppen geführt. Dies stellte einen großen Benefit für die Bearbeitung des Falls dar.

Fazit [der Lehrenden]

Letztes Jahr waren die Studierenden gut, dieses Jahr wieder. Kölner würden da schon von einer Tradition sprechen.

Eine hervorragende Gruppe von Studierenden, die offen und freundlich auf die etwas anderen Lernmethoden eingehen. Viel Potential. Hohe Professionalität. Mit solchen Menschen kann es gut werden im Gesundheitswesen.

17.4. Sie sind die A-User

Aus dem Blog vom Mittwoch, 22. April 2015

... und ich danke Ihnen sehr dafür." Dies sagte ich heute zu den Studierenden am letzten Tag des zweisemestrigen Seminars *Consulting* im Bachelorstudiengang Wirtschaftsinformatik an der DH BW Mannheim. Sie hatten sich mit mir auf das Experiment Portfolio als Leistungsnachweis [Kapitel PORTFOLIO] eingelassen und es ist gelungen. Sie haben es zum Gelingen gebracht.

Elf sehr gute bis gute Portfolios. Individuell, persönlich und die fachlichen und methodischen Anforderungen erfüllend und übertreffend. Die sozialen Kompetenzen waren und sind bei dieser Gruppe von Studierenden sowieso sehr ausgeprägt. Darum kann Consulting lehren ja auch so leicht sein.

> Ein Studierender meinte: „Als Sie am Anfang des Seminars im letzten Oktober meinten, im zweiten Teil sollen wir ein Portfolio erstellen, habe ich gedacht, ja gut, keine Ahnung, kommt dann ja irgendwann. Wussten Sie eigentlich, wie es laufen wird?"

> „Ich war genauso schlau wie Sie. Vielleicht ein bisschen schlauer. Ich kannte Portfolios aus meiner Ausbildung in Maastricht und als studienbegleitendes Instrument, aber noch nicht als Leistungsnachweis für eine Lernveranstaltung. Als der Studiengangsleiter mir vorschlug, statt einer Klausur ein Portfolio als Leistungsnachweis zu verwenden, musste ich nicht lange überlegen. Alles ist besser als eine Klausur im Fach Consulting – meiner Meinung nach. Ich würde auch mit Ihnen Klettern gehen. Das habe ich Ihnen damals gesagt."

17. Reflexionen

„Stimmt."

„Was ich beim nächsten Mal anders machen werde, ist, dass ich den Studierenden nun am Anfang die Kriterien nach Deininger et al. (2002): nennen kann, nach denen ich ein Portfolio untersuche und bewerte. Das konnte ich im Oktober so genau noch nicht sagen. Die allgemeinen Kriterien nach der Studienordnung und nach Deininger – die kannte ich und auch Sie."

„Ja."

„Also waren Sie meine A-User. Danke."

Die Bewertungskriterien finden Sie jetzt in der Beschreibung des Leistungsnachweises Portfolio [link].

Der heutige letzte Seminartag war dem Abschluss, der Evaluation und einem Ausblick gewidmet – klassisches Loslassen (*adjourning*) im Modell der Gruppendynamik nach Tuckman (*forming, storming, norming, performing, adjourning*) [1965, 1977].

Die Studierenden haben mit der Vorstellung ihrer vierten Reflexion in einem freien Kurzvortrag ihr Fazit gezogen und einen Ausblick vorgenommen. Das Thema lautete: „Synopsis: ich als Beraterin/Berater – was kann ich, was will ich, was will ich lernen ... in 12 Monaten ... in fünf Jahren."

Sie haben alle frei gesprochen, hatten eine sehr gute Haltung und Körpersprache. Sie haben strukturiert und klar ihre Reflexion vorgetragen. Chapeau. In den acht Monaten, in denen ich sie kenne, haben sie deutliche Fortschritte gemacht. Das Seminar hat vielleicht einen Teil dazu beigetragen. Die Studierenden entwickeln sich in ihrem privaten Umfeld, in ihren weiteren Unterrichtsfächern, durch die Erstellung ihrer Bachelorarbeiten und durch die Arbeit in ihrer Firma – es sind „duale" Studierende.

17.4. Sie sind die A-User

Die Evaluation meiner Seminare machen die Studierenden und ich zum einem im gesamten Verlauf „formativ" und zum anderen abschließend „summativ". Den Abschluss bildete heute der Fragebogen der Hochschule und

Consulting – Der Film

Die Aufgabe lautete: Konzipieren Sie einen Film über dieses Seminar ... [siehe Abschnitt HORRORFILM MIT HAPPY END]. Die Studierenden entwickelten heute

> Consulting Tag & Nacht – Die Telenovela mit Peggy und Joe
> 2 Amigos – Blockbuster Actionkomödie
> The Consultant's Age of Moose – Actionfilm
> iConsultant – Science Fiction
> Two and a half Consultant – Serie

Ein Studierender fragte mich in einer Pause, wie ich seine Fähigkeiten als Berater einschätzen würde. Meine Antwort: Sehr hoch. Das habe ich noch ein wenig begründet und hinzu gefügt: „Sie alle können gute Berater werden, mit Ihrem jeweils ganz eigenem Stil. Vielleicht ist es bei der einen oder dem anderen nicht ganz so flüssig, aber das Zeug dazu haben Sie alle." Vielleicht begegnen Sie ja mal einer oder einem von ihnen. Sie dürfen gespannt sein.

Nachdem die Studierenden ihre Eindrücke und Erfahrungen reflektiert hatten, war die Dozentin dran.

Was bleibt? Was kommt?

Die Studierenden baten auch mich um eine Synopsis, wie ich sie denn so als Gruppe fand und nicht nur in den einzelnen Portfolios.

17. Reflexionen

„Eigentlich ist es immer wieder das Gleiche." – „??"
– „Sie kennen das doch jetzt. Die Zusammensetzung von Gruppen, die Phasen der Gruppendynamik, die Konflikte, die immer mal wieder auftreten können, den Umgang damit und vor allem die vielen guten Arbeiten, die Sie als Studierende leisten." – „!!" – „Und doch ist jeder Kurs anders, ist jede Gruppe anders und mit fast jeder Gruppe ist das Arbeiten sehr angenehm. Sie gehören eindeutig dazu."

Im Gegensatz zu den ersten drei Reflexionen der Studierenden zu ihrem Portfolio stellte an diesem letzten Tag nicht der Buddy sondern die Autorin, bzw. der Autor sein Portfolio selbst kurz in freiem Vortrag vor [Kapitel PORTFOLIO]. Die leitenden Fragen lauteten: „Wie sind Sie an das Portfolio herangegangen? Für wen haben Sie es geschrieben? Welche Themen aus C1 und C2 sind für Sie die bedeutendsten?"

Das kontinuierliche Arbeiten am Portfolio im Semesterverlauf machte es den Studierenden möglich, das Portfolio tatsächlich zum Abgabetermin sechs Tage vor dem letzten Seminartag fertig zu haben und in den virtuellen Kursraum auf der Lernplattform hochzuladen.

Die enge Zusammenarbeit mit einem Buddy war allen neu. Zu lernen, jemandem konstruktives Feedback zu geben und die Arbeit einer anderen Person zu präsentieren, war ein großer Nutzen. Vier Mal so ausführlich zu konkreten Themen zu sich selbst zu reflektieren, war ebenfalls neu und sehr hilfreich.

Einige haben das Portfolio auch als Präsentationsmappe zum Beispiel für Unternehmen verfasst. Andere haben das Portfolio nur für sich geschrieben. Alle wollen es als Nachschlagebuch verwenden und in einigen Jahren immer mal wieder hineinsehen und sich

17.4. Sie sind die A-User

fragen: Habe ich mich verändert? Und wenn ja, wie? Und gefällt mir das?

Neben den Klassikern in Kommunikation, Moderation, Teamarbeit, Gruppendynamik und Leadership sowie modernen Management- und Changemodellen gab es auch Einblicke in die Zukunft, die schon begonnen hat.

Appreciative Inquiry (die Wertschätzende Erkundung), Level-5-Leadership, Augenhöhe und Organisationen als lebende Organismen, in denen natürliche Hierarchien Machthierarchien ablösen (Reinventing Organizations) – dies sind die Themen, die die Studierenden immer wieder in ihren kurzen Vorträgen als für sie bedeutendste Themen herausstellten [Buch BERATEN].

Damit schloss ich dann auch meine Synopsis für die Studierenden: „Mein Wunsch und damit mein Ziel sind in Erfüllung gegangen. Einige von Ihnen haben die Ideen und die Haltung der Wertschätzung, der Augenhöhe und der Möglichkeiten, Organisationen neu zu erfinden, angenommen. Ich bin sicher, dass Sie sie auch umsetzen und weitertragen werden."

17. Reflexionen

17.5. Aufforderung zum Denken

Aus dem Blog vom Sonntag, 21. Januar 2018

> *Was auch sehr besonders an den Workshops war, dass man bei Aufgaben aufgefordert wurde, selbst zu denken und nicht immer das Internet zu benutzen. Man sollte sich so [un]abhängig von der Digitalisierung machen, sonst würde man verblöden.*

Aus dem Portfolio eines Studenten in diesem Wintersemester an der Hochschule Furtwangen. Das Portfolio bildete den Leistungsnachweis für das Modul *Informatik im sozialen Kontext*. Außerdem haben die elf – die Fußballmannschaft – im Modul *Soziale Netze* in Kleingruppen von zwei bis drei Studierenden eine Seminararbeit erstellt.

Die Rede ist von der Workshopreihe, zu der ich die beiden Module im Studiengang IT-Produktmanagement mit dem Schwerpunkt Sozioinformatik zusammengefasst habe. Wie im Sommer waren auch in diesem Semester die Studierenden „gut drauf" und dank meiner Lernkurve und der sehr guten Sekretärinnen im Dekanat der Fakultät für Informatik war das Organisatorische dieses Mal ein Klecks, ... äh ... Klacks. (Der russische Astronaut im Film „2010: Das Jahr, in dem wir Kontakt aufnehmen" – Peter Hyams 1984).

Wie fit sind die Studierenden?

Eines habe ich jedoch mit Bedauern und Besorgnis beobachtet. Die Studierenden hatten zum Teil erhebliche Probleme mit der Merkfähigkeit und mit ihrem mündlichen und vor allem dann schriftlichen sprachlichen Ausdruck. Die Texte waren Wimmelbilder aus Rechtschreib- und Grammatikfehlern. Morbus Passiv

17.5. Aufforderung zum Denken

war auch in dieser Gruppe verbreitet. Dabei stammten die besten Texte von zwei Nicht-Muttersprachlern. Die anderen Nicht-Muttersprachler waren zumindest poetisch in ihrer Sprache. Der unzureichendste Text kam von Muttersprachlern. Die Sprachherkunft war also nicht das Problem. Außerdem sind die Basiskenntnisse in der Informatik noch sehr ausbaufähig. Zur Merkfähigkeit hat Eve Marder von der Brandeis University kürzlich ein Plädoyer für das Stärken dieser Fähigkeit verfasst. Das Abstract besteht aus einem Satz:

> *Creativity in science requires the ability to recall information and data, and will suffer if we rely too much on technology to remember things for us.*
> (https://elifesciences.org/articles/30599) – accessed 21 Jan 2018)

So fit wie Lehrende und Hochschule es ermöglichen

Diese – anders kann es ich nicht ausdrücken – Schwäche laste ich nicht den Studierenden an. Sie können nur so gut sein wie die Lehrenden und das Lernsetting. Wir müssen uns als Lehrende und Hochschule fragen, was wir tun können, damit die Studierenden sowohl fachlich (Informatik, Betriebswirtschaftslehre, Soziologie) als auch methodisch (Sprache, wissenschaftliches Arbeiten) besser werden.

Wir, die Lehrenden, müssen die Studierenden sowohl fordern als auch fördern. Wir dürfen weder „Arbeiten durchwinken" noch zu hohe Anforderungen stellen. [Kapitel GANZ REAL]

Wir, die Lehrenden, müssen uns untereinander in interkollegialer Intervision und Beratung regelmäßig austauschen und Inhalt und Anforderungen unserer Lern-

17. Reflexionen

veranstaltungen aufeinander abstimmen. (Ein schönes Beispiel interkollegialer Abstimmung habe ich während des siebten Workshops vor gut einer Woche mit dem Dekan und dem Studiengangsleiter an der Fakultät für Informatik der HFU erlebt.) [Kapitel SELBSTMANAGEMENT]

Wir, die Studierenden und die Lehrenden – und damit die Hochschulen, brauchen ein anderes Lernsetting. [Kapitel WAS KÖNNEN WIR TUN?]

Das Folgende stammt aus einem weiteren Portfolio.

Die Gesamtreflexion werden meine abschließenden Worte dieses Portfolios, was quasi als mein Fazit zu werten ist. Hierbei gehe ich auf die Workshops ein und nicht auf das bereits beschrieben und geschrieben im Portfolio. Durch diese Workshops habe ich eine neue Art des Lernens kennengelernt, die bisherigen Workshops sind sehr gut strukturiert und haben mehr Spaß gemacht als jede trockene Vorlesung oder Seminare, die Zeit ging somit auf spürbar schneller vorbei, aus dem folgenden Grund, weil ständig Bewegung herrscht und man immer etwas zu arbeiten hatte. Auch der Aspekt das Filme uns wichtige Erkenntnisse liefern können, finde ich super da hierdurch auch moderne Methoden in den Vordergrund rücken. Die Reflexion der Kommilitonen zu Beginn der Workshops über den vergangenen Workshop halte ich für eine sehr sinnvolle Methode da hier doch mehr als gedacht im Gedächtnis bleibt
Zudem habe ich mir mehr Gedanken um meinen Studiengang „IT – Produktmanagement" gemacht und mich

17.5. Aufforderung zum Denken

intensiv mit seinen Komponenten und Segmenten beschäftigt. Ferner fand ich die Verknüpfung der Sozioinformatik mit den Problemen, Fragen oder Aufgaben hinsichtlich anderer Module, die die Studierenden in diesem Semester hatten ausgezeichnet, da beispielsweise einzelne Komponente, wie Führung und Teambildung [...] Feedback für die Gliederung sehr hilfreich sind. Abschließend kann ich sagen ich habe ein neu gewonnenes Repertoire an Wissen dazu gewonnen und konnte bei mir selbst einen stetigen Lernprozess feststellen.

Studierende können und wollen lernen. Wir, Lehrende und Hochschule, müssen es „nur" auch wollen.

17. Reflexionen

17.6. Die eigene Hochschule erkunden

Von der Kunst mit Wertschätzender Erkundung die eigene Hochschule zu evaluieren

Aus dem Blog vom Freitag, 28. Oktober 2016

Am 8. September hatte ich angenommen, dass die Studierenden das diesjährige Seminar Consulting zu einem besonderen Seminar werden lassen. Sie, wir haben diese Erwartung erfüllt. Es war spannend, lustig, manchmal nervig – Stichwort Absenzen – und vor allem lernreich. Wie immer haben wir auch in diesem Seminar eine fortlaufende, also formative Evaluation durchgeführt als Check-In/Check-Out zu Beginn und Ende der Seminartage und mit Dialogen in den Veranstaltungen [Abschnitt CHECK-IN/CHECK-OUT]. Vor drei Tagen fanden am Abschlusstag von Consulting I die Gespräche zu den Reviews der Seminararbeiten und die summative Evaluation statt.

Die fünf, in Kleingruppen angefertigten Seminararbeiten waren spannend und in zwei Fällen hervorragend. Die Abschlussevaluation haben wir diesmal in zwei Teilen durchgeführt. Zum einen haben die Studierenden das Seminar als Film reflektiert [wie im Abschnitt HORRORFILM MIT HAPPY END beschrieben]. Zum anderen haben die Studierenden mittels des Interviews aus der Wertschätzenden Erkundung (*appreciative inquiry*) [Bücher BERATEN und ENTDECKEN] die Ressourcen der Hochschule und auch ihre eigenen als Studierende untersucht. Sie haben Möglichkeiten für die Hochschule mit ihren Partnergruppen Studierende, Lehrende und Firmen (es ist eine Duale Hochschule) identifiziert. Fazit aus dem Entdeckten: Es ist schon sehr viel Gutes da. Und die Hochschule kann mit relativ einfachen Maßnahmen noch viel besser werden. Doch urteilen Sie selbst und schauen sich die Notizen zu den Interviews an.

17.6. Die eigene Hochschule erkunden

Abbildung 17.1 enthält auf dieser und der folgenden Seite fünf Blätter mit den Erkenntnissen und Ideen der Studierenden. Die Blätter (1) und (2) in der ersten Reihe zeigen gegenwärtige Stärken der Hochschule. Blatt (3) und die obere Hälfte von Blatt (4) auf der folgenden Seite beschreiben, wie die Hochschule als diejenige mit den besten Lern- und Lehrbedingungen in Europa im Jahr 2025 aussehen müsste. Die untere Hälfte von Blatt (4) und das Blatt (5) listen Maßnahmen auf, die die Akteure an der Hochschule – Studierende, Lehrende, Hochschulmanagement und hier, im Fall einer Dualen Hochschule, die Unternehmen – ergreifen sollten.

Abb. 17.1: Studierende erkunden wertschätzend die eigene Hochschule (25.10.2016)

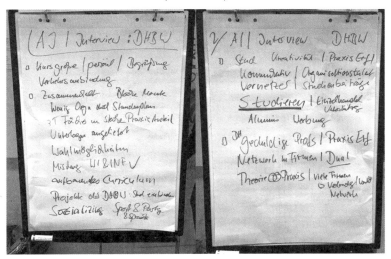

17. Reflexionen

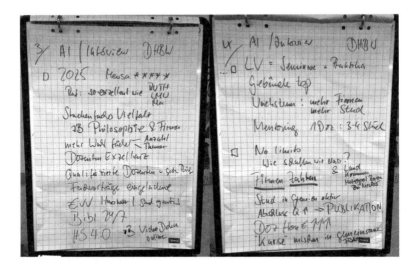

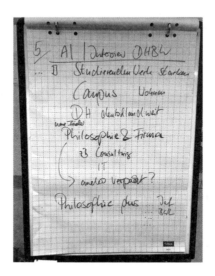

17.6. Die eigene Hochschule erkunden

Studierende haben eine ziemlich genaue Vorstellung davon, wie „die Hochschule als diejenige mit den besten Lern- und Lehrbedingungen in Europa im Jahr 2025 aussehen müsste". Sie und andere Akteure im LERNORT HOCHSCHULE kommen in den folgenden Kapiteln zu Wort. Sie beantworten auch die Frage „Was können wir tun?"

Teil IV.
Lernort Hochschule

18. Das „Unternehmen"

18. Das „Unternehmen"

Wie sieht der Arbeitsalltag einer externen Dozentin aus? Professorin oder Professor werden, wie erfolgt das? Was ist Lehre wert – in Euro? Fragen, die immer wieder in Gesprächen mit Studierenden, Lehrenden, Wissenschaftlern, Managern und Mitarbeitern in Hochschulen und anderswo auftauchen und auf die die folgenden Kapitel ein paar Antworten geben.

Und „Wie müsste die Hochschule als diejenige mit den besten Lern- und Lehrbedingungen in Europa im Jahr 2025 aussehen?"

Studierende haben diese Frage am Ende unserer Seminare beantwortet (Abschnitt DIE EIGENE HOCHSCHULE ERKUNDEN). Lehrende haben Antworten in der Studie *Blended Learning and Visiting Lecturers* (BLaVL) gegeben (Kapitel AKTEURE). Eine teilnehmende Beobachtung hat die Ideen weiter spezifizieren können (Kapitel WAS KÖNNEN WIR TUN?).

Doch zunächst geht es um die Organisation Hochschule, ihre Akteure und deren Aufgaben.

Unternehmen sind wirtschaftlich eigenständige Organisationen, die – im klassischen Verständnis – den Zweck des ökonomischen Gewinns verfolgen. Chester Banard hat in den 1930er Jahren Organisationen als ein System bewusst koordinierter Aktivitäten von zwei oder mehr Personen beschrieben (nachzulesen auch im Buch *The Management Century* von Stuart Crainer, 2000). Eine etwas umfassendere Beschreibung liefert das englische Wikipedia, nach dem Organisationen selbständige Einheiten sind, die aus mehreren Menschen bestehen, ein gemeinsames Ziel verfolgen und eine Beziehung zur Umwelt haben.

Hochschulen sind wirtschaftlich eigenständig, jedoch verfolgen gemeinnützige und staatliche Hochschulen nicht den Zweck des ökonomischen Gewinns. Mit „Hochschule" sind Universitäten, (Fach-)Hochschulen und Duale Hochschulen gemeint. Universitäten und gleichgestellte Hochschulen besitzen das Promotions- und Habilitationsrecht. Einige Hochschulen, beispielsweise Kunst- und Musikhochschulen, haben ein eingeschränktes Promotionsrecht. Staatliche und private Hochschulen sind Einrichtungen der Lehre und der Forschung. Letzteres gilt vor allem für Universitäten.

Die Menschen, Akteure (*stakeholder*), in der Organisation Hochschule gehören zu den Gruppen Studierende, Lehrende, Forschende und Administration im weitesten Sinn. Mit Administration sind Führungskräfte und Mitarbeiter in der Hochschulverwaltung, der Informationstechnologie, der Bibliotheken, der Studierendenberatung, des Akademischen Auslandsamts (*international office*) und in der Versorgung der Gebäude, Technik und Verpflegung gemeint. *administrare*, lateinisch: ausführen, erledigen, durchführen, verwalten. An Dualen Hochschulen gibt es noch eine weitere Akteursgruppe, die Unternehmen, in denen Studierende ihre Ausbildung machen.

Management ist zum einen eine Aufgabe, die aus Entscheiden, Organisieren und Steuern besteht. Zum anderen bezeichnet der Begriff Management auch Angehörige der oberen, mittleren und unteren Führungsebene.

Im Hochschulmanagement ist ein Kanzler für den administrativen Bereich zuständig. Gewählte Rektoren und Dekane, die außerdem in der Regel eine Professur innehaben, verantworten Lehre und Forschung. Fakultäten sind nach Gebieten und Fächern geordnet. Institute, Lehrstühle und Studiengänge sind weitere Einheiten. Außerdem gibt es einen Hochschulsenat für die Selbstverwaltung. Diese umfasst beschließende, beratende und kontrollierende Funktionen beispielsweise für Satzungen, die Einrichtung von Studiengängen und in Berufungsverfahren für Professuren. Die Mitglieder der Hochschule, also auch die Studierenden, wählen den Senat, der sich aus Vertretern der oben genannten Akteursgruppen zu-

18. Das „Unternehmen"

sammensetzt: Studierende, Lehrende & Forschende, Administration.

Studiengangsleiter an Hochschulen vertreten neben ihren eigenen Tätigkeiten als Hochschulprofessoren und somit als Lehrende und Prüfer den Studiengang und sind für seine (Weiter-)Entwicklung und Gestaltung inklusive (Re-)Akkreditierung, Erstellung von Modulhandbüchern und Qualitätssicherung mit regelmäßiger Evaluation der Lehre verantwortlich. Studiengangsleiter haben unter anderem die Aufgabe, externe Dozenten zu finden und die verwaltungstechnischen Belange des Lehrauftrages und seine Abrechnung zu veranlassen und zu überwachen. Außerdem kann auch die Stundenplangestaltung und Terminfindung zu ihren Aufgaben gehören. Im Fall der Dualen Hochschulen pflegen sie Kontakte zu Unternehmen, um (a) Studierende für die Hochschule zu gewinnen und (b) sich mit den dort für die Studierenden Verantwortlichen auszutauschen.

Wie viele andere Unternehmen beschäftigen auch Hochschulen freie Mitarbeiter (*freelancer*) – vor allem in der Lehre. Wie der Alltag einer dieser derzeit ungefähr einhunderttausend Lehrbeauftragten in Deutschland aussehen kann, beschreibt das folgende Kapitel.

19. Externe Dozentin

19. Externe Dozentin

19.1. Von den schönen Seiten, eine Externe zu sein

Aus dem Blog vom Mittwoch, 6. Dezember 2017

„Kommen Sie, ich zeige Ihnen Ihr Zimmer." Eugen, der sich nach einigen Sätzen an den Besuch von meinem Kollegen und mir im Januar erinnerte, unterbrach mein Staunen. Die Menschen im Hotel zur Birke in der Nähe von Furtwangen haben in gut zehn Monaten einige Wunder vollbracht.

Sie haben aus einem – wie wir im Norden sagen – ein wenig trutschigen Hotel ein Hotel gemacht, das Gastfreundschaft und Wärme zeigt. Wärme auch im wahrsten Sinne des Wortes. Das ist nicht in allen Hotels so. Und obwohl ich schon in vielen Hotels der unterschiedlichsten Art war: ich habe noch keines gesehen, in dem der Besitzer eine solche Hand für Innenarchitektur hat. (Eine Anmerkung dazu: Lassen Sie sich nicht von den Bildern auf der Website des Hotels leiten. Die Zimmer, die das Team schon umgestaltet hat, sind etwas ganz Besonderes.)

Eugen, einer der guten Geister des Hauses, hatte mir schon im Januar erzählt, was sie vorhaben. Damals hatten sie gerade die Gäste-Toiletten saniert und gestaltet: Holz, Farben, Licht und Witz. Und nun konnte ich mich davon überzeugen, dass sie es nach und nach im ganzen Haus fortgesetzt haben.

Etwas, das mir wieder einmal in diesem Herbst bewusst wurde – man kann auch lernen dazu sagen: bequem ist nicht immer klug und nicht immer schön. Im Sommersemester und während der ersten Wochen dieses Wintersemesters war ich im einzigen Hotel im Städtchen Furtwangen zu Gast. Als der Schnee kam, dachte ich mir: Hey, du bist im Schwarzwald und wohnst im Städtchen?

19.1. Von den schönen Seiten, eine Externe zu sein

Das Hotel zur Birke ist fünf Minuten mit dem Auto oder auch mit dem Bus (Linie Triberg – Furtwangen) von der Hochschule Furtwangen entfernt. Die Balkons führen um das ganze Haus. Wenn Sie sich auf einen der Stühle auf dem Balkon setzen, auf denen die guten Geister auch im Winter Kissen bereitlegen, sind Sie mitten im schwarzen und seit einigen Wochen weißen Wald. Zig Mal besser als mitten in einer Kleinstadt – auch wenn Sie von dort aus fast in den Unterrichtsraum fallen. Dann lieber nach einem guten Schlaf und reichlichem Frühstück ein paar Minuten durch die Winterlandschaft – denn die haben Sie dort auch, wenn Sie eine Bundesstraße entlang fahren.

Sollten Sie also auch einmal in Furtwangen zu tun haben, an der Hochschule oder als Geschäftspartner eines der zahlreichen mittelständischen Unternehmen an diesem Ort ... besuchen Sie doch mal das Hotel zur Birke. [Mittlerweile, im Herbst 2018, hat das Hotel seinen Namen geändert, es heißt jetzt Kräuter-Chalet.]

Ich freue mich jedenfalls darüber, dass Eugen noch einige Male sagen wird: „Kommen Sie, ich zeige Ihnen Ihr Zimmer." Es sind noch vier Workshops Soziotechnik in diesem Winter. Denn das ist – neben der Arbeit mit den Studierenden – noch eine der schönen Seiten, eine externe Dozentin zu sein: Besuche in schönen Städten und Landschaften und dabei auch immer wieder Hotel-Perlen finden.

19. Externe Dozentin

19.2. Management by Walking

... Zum Beispiel: eine Lernveranstaltung abschließen.

Aus dem Blog vom Mittwoch, 8. November 2017

Die ersten Jahresrück- und Ausblicke kommen. Gestern ging in Mannheim der erste Teil des zweisemestrigen Seminars Consulting zu Ende. Es gab wie immer nach den schriftlichen Reviews zu den diesmal fünf Seminararbeiten den persönlichen Austausch: „Worum ging es in Ihren Arbeiten? Wie haben Sie den Erstellungsprozess erlebt? Und was möchten Sie zu meinen Reviews anmerken?" Auch in diesem Jahr waren wieder sehr gute Arbeiten dabei, und es ist eine Freude zu sehen, welche Reflexionsfähigkeit, Aufgeschlossenheit und zunehmende fachliche Kompetenz die Studierenden zeigen.

Abschließend nutzten wir wieder – wie auch schon in anderen Seminaren, das Interview aus der Wertschätzenden Erkundung [Abschnitt DIE EIGENE HOCHSCHULE ERKUNDEN]. Stark verkürzt: „Was ist das Besondere an der DHBW und an Ihnen hier als Studierende?" Wie so oft, fiel es auch hier einigen Studierenden schwer, einen positiven und Ressourcen orientierten Zugang zu finden. Negative Haltungen und Probleme sind ein kulturelles Phänomen in Deutschland und auch sicher in anderen Ländern. Aber es funktionierte dann doch.

Das war natürlich nicht alles an meinem letzten Seminartag in diesem Jahr an der DHBW Mannheim. Abschluss und Ausblick auch mit Kollegen und dem Studiengangsleiter und – ganz wichtig – den Sekretärinnen. Sekretariate sind die Schaltstellen eines Unternehmens. Und wenn sie so fit sind, wie die, mit denen ich zusammenarbeiten darf, macht dies die Arbeit als externe Dozentin nicht nur leichter, sondern auch zu einem noch größeren Vergnügen.

19.2. Management by Walking

Was ist Management?

Also hieß es Management by Walking. Dieses reale Beispiel habe ich dann gleich genutzt, um mit den Studierenden den Begriff Management und mehr anzuschauen.

Management: entscheiden, organisieren, steuern [Buch BERATEN].

Walk to Talk: eine Methode aus der Beratung und dem Coaching [Buch MENSCHEN].

Walk and Talk: eine Explorationsmethode, um ein Unternehmen, eine Abteilung oder ein Projekt kennenzulernen und zu analysieren [Buch ENTDECKEN].

Management by Objectives: zielorientiertes Management. Die Führungskraft gibt die drei Eckpunkte der Qualität vor: Ergebnis, Zeit, Kosten – und das Team oder die Abteilung entscheidet selbst, wie sie es umsetzen [Buch BERATEN].

Management by Walking

Die Studierenden waren erstaunt: „Spazierengehen und Managen?" – „Das funktioniert ganz hervorragend. Nehmen Sie zum Beispiel an, Sie sind Assistentin der Geschäftsführung und außerdem für das Qualitätsmanagement verantwortlich. Also trinken Sie morgens erst einmal einen Kaffee und prüfen Ihre E-Mails. Und dann geht es los mit Notizbuch, Stift und Telefon. Sie besuchen Abteilungen, Teams und Führungskräfte. Und was machen Sie dann dort?" – „Fragen, wie es läuft?" – „Zum Beispiel, und was sonst noch ansteht. Vieles können Sie unmittelbar klären. Und was passiert, wenn Menschen wissen, dass Sie jeden Tag zu einem bestimmten Zeitraum vorbei kommen werden?" – „Die warten auf

19. Externe Dozentin

Sie?" – „Genau. Sie rufen deutlich seltener an oder schreiben eine E-mail, wenn sie sich darauf verlassen können, dass sie eine Frage sowieso in wenigen Stunden oder am nächsten Tag im persönlichen Gespräch klären können." – „Und wie lange ist man da so unterwegs?" – „Was denken Sie?" – „Na, ein bis zwei Stunden können das schon werden." – „Bingo. Eher zwei als eine. Es ist wie mit dem Daily-Stand-up in Scrum [Abschnitt AGIL LERNEN UND LEHREN]. Fassen Sie sich kurz und entscheiden Sie mit den Menschen vor Ort zügig, ob Sie eine Frage gleich klären können oder wie Sie weiter gemeinsam vorgehen wollen."

Als ich aus einer Pause zurückkam, haben wir gleich noch eine Methode angefügt.

Management by Phone

Frage an die Studierenden: „Was machen Sie, wenn Sie in einer E-Mail oder anderen digitalen Nachricht etwas lesen und denken: Ups, das funktioniert so nicht. Wichtiger Fehler?" – „Anrufen?" – „Genau, greifen Sie zum Äußersten, reden Sie miteinander, und zwar gleich."

Die Idee entstand, weil in einem meiner 4 Jobs [Buch WERKZEUGE] ein Fehler zu entstehen drohte. Die Verlegerin musste aktiv werden und ein Versehen bei den Bucheinbänden richtigstellen. Denn: ja, die Bücher sind vorgestern gedruckt worden, die Cover fast fertig und nun geht es ans Binden. Blogger-Kollege Rudi Moos berichtet ... [Moos 2017].

Und wie sieht das Management by Walking am letzten Seminartag des Jahres aus?

Dies wollte ich ebenfalls von den Studierenden erfahren: „Worauf kommt es dabei an? Denken Sie daran, Sie sind als Dozent ex-

19.2. Management by Walking

terner Dienstleister." – „Abschlussbericht, Evaluation, Rückblick, Ausblick, Socializing, Kontakte pflegen." – „Genau. Und – wichtig: Die Rechnung. Ohne Abrechnung kein Geld."

An der DHBW Mannheim ist es ganz einfach, weil alles auch räumlich nahe zusammen liegt. Mittagessen mit dem Studiengangsleiter. Rückblick und Ausblick: Was war? Wie war's? Was kann besser laufen und wie? Welche Termine haben wir? Und was können wir sonst noch zusammen machen?

Dann die ersten Stunden mit den Studierenden. Während sie nach gut zwei Stunden an einer Gruppenarbeit sitzen: Walk.

Die Abrechnung beim Studiengangsleiter abgeben. Von einer Kollegin verabschieden. Sie fragte auch, wie es den ELCHEN geht. „Gut, danke. Gestern sind sie gedruckt worden." – „Das ist schön. Das ist ja fast wie eine Schwangerschaft, bald sind sie da." – „Na, dann war ich diesmal ein Elefant. Zwei Jahre. Aber nein, Sie haben Recht. Am 8. März war ich beim Notar, Gründung des Verlages. Prima, dann sind es ja doch neun Monate."

Wenn Sie jetzt denken: Solche Projektvergleiche fallen nur Frauen ein – stimmt und stimmt auch wieder nicht. Studenten und Doktoranden meiner Forschungsgruppe in Aachen haben sich gefühlt wie werdende Väter als sie erst einmal verinnerlicht hatten, dass ihre Abschlussarbeit ihr Projekt und ihr „Baby" ist. Vielleicht liegt das auch daran, dass während der fünf Jahre in dieser Forschungsgruppe drei Kinder auf die Welt kamen.

Schließlich noch Abschied von der Sekretärin, die für unser Seminar zuständig ist. Zufriedenheit mit der Zusammenarbeit. Organisatorisches: „Ich brauche immer Moderationskoffer und Flipcharts. Können Sie daran denken, sobald Sie die Termine für das nächste Semester bekommen?" – „Gerne." Und Vorfreude auf 2018: „Die

19. Externe Dozentin

Zusammenarbeit mit Ihnen macht Spaß." – „Ja, mir auch." – „Eine schöne Zeit, frohe Weihnachten und kommen Sie gut ins Neue Jahr." – „Sie auch!"

Abschluss und Ausblick mit den Studierenden

Auch die weiteren zwei Stunden mit den Studierenden gingen mit solchen Wünschen zu Ende. Zuvor gab es auch Raum für ihre Bachelorarbeiten. Die Studierenden gehen jetzt in ihre vorletzte Praxisphase, während der sie ihre Bachelorarbeit anfertigen. Ich werde in diesem Winter keine Arbeit begleiten. Die Studierenden der vergangenen Jahre haben es immer wieder gesagt: „So, wie Sie es machen, ist es ein Coaching." Stimmt. Auch nach etlichen Gesprächen war bei der Hochschule und bei den Unternehmen der Studierenden zwar die Anerkennung hoch, aber es gab keine Bereitschaft zu einer angemessenen Vergütung. Daher werde ich an der DHBW erst einmal keine Bachelorarbeiten mehr begleiten [Kapitel UND NUN: DIE THESIS].

Gestern gab es dazu einen Ausblick und zwei Ideen mit den Studierenden. „Können Sie nicht das Modul 'Wissenschaftliches Arbeiten' unterrichten? Dann haben wenigstens unsere Nachfolger etwas davon" hatte eine Studentin bereits vor einigen Wochen gefragt, als wir einen intensiv-Nachhol-Nachmittag dazu in Consulting 1 einbauten. Ja, werde ich. Doch dazu an anderer Stelle mehr. Auch nutzten wir den Freiraum zum „Coaching to Go" [Buch MENSCHEN] für die Bachelorarbeiten von zwei Studierenden. [...]

Wie gesagt, die Studierenden und ich verabschiedeten uns mit Weihnachtswünschen. Für die Studierenden und ihre Arbeiten bin ich zuversichtlich. Es wird für einige nicht leicht werden, aber sie werden es hinkriegen – ebenso vielfältig, wie ihre Seminararbeiten in Consulting 1 geworden sind.

19.3. Einen neuen Studiengang starten

Am 23. Januar 2017 war ich zum ersten Mal an der Hochschule Furtwangen (HFU) und habe dort zwei Vorträge gehalten (Blog vom 20 Jan 2017). Es ging um die Gestaltung von Lehre und Forschung im neu einzurichtenden Fach Sozioinformatik. Im Sommersemester 2017 sollten die ersten Lernveranstaltungen im Bachelorstudiengang IT-Produktmanagement mit dem Schwerpunkt Sozioinformatik stattfinden. Zwei Semester lang – im Sommersemester 2017 und im Wintersemester 2017/2018 – habe ich mit Studierenden die Module „Informatik im sozialen Kontext" und „Soziale Netze" durchgeführt. Ich freue mich für die HFU, dass sie ab dem Sommersemester 2018 die Professur für Sozioinformatik besetzen konnte und sich nun eine Kollegin „full time" der Aufgabe widmet, den Schwerpunkt Sozioinformatik im Studiengang IT-Produktmanagement weiter auszubauen ... damit nach dreißig Jahren Sozioinformatik in den USA und anderswo dieses Fach auch bei uns zu einem selbstverständlichen Teil der Informatik wird.

> In der **Sozioinformatik** (*social informatics*) geht es um die Beziehung der Informations- und Kommunikationstechnologie mit sozialen Veränderungen. Diese betreffen Individuen, Gruppen, (internationale) Organisationen (Unternehmen, Behörden, Vereine et cetera) sowie Kommunen, Länder, Staaten und Staatengemeinschaften.
>
> Aufgabe der Sozioinformatik ist, den Entwurf, die Implementierung und die Pflege von Informationssystemen zum Wohle von Einzelnen, Gruppen und der Gesellschaft durch Forschung und Entwicklung zu unterstützen, damit diejenigen, die diese Systeme entwickeln, bauen, verkaufen und pflegen, technische Sys-

19. Externe Dozentin

teme auf den Menschen zuschneiden und nicht umgekehrt. Hierzu nutzt Sozioinformatik Wissenschaften wie Soziologie, Psychologie, Philosophie, Kulturanthropologie, Geschichtswissenschaft, Ökonomie, Recht und – natürlich – Informatik. Sozioinformatik ist ein interdisziplinäres Gebiet.

Um als Experte aus dem Projektmanagement, der Informationstechnologie oder anderen verwandten Bereichen eine gestaltende Rolle in der sogenannten digitalen Gesellschaft übernehmen zu können, brauchen Praktiker, Forscher und Studierende Basiswissen aus der Sozioinformatik.

Im hier folgenden Blog vom 25.06.2017 beschreibe ich, wie fünf Studierende und eine externe Dozentin in einen – in Deutschland – jungen Studiengang einsteigen und welche Rolle dabei die Unterstützung von Professoren und Hochschulmanagement spielen können. Über Erfahrungen aus dem Wintersemester 2017/2018 berichtet der Abschnitt AUFFORDERUNG ZUM DENKEN im Kapitel REFLEXIONEN.

Aus dem Blog vom Sonntag, 25. Juni 2017

„Wäre super, wenn wir wieder mal etwas zusammen machen." Ein Student am Ende unseres achten, und damit Abschlussworkshop in der Sozioinformatik. Die fünf Studierenden dieses Sommersemesters waren die ersten, die im neuen Bachelorstudiengang IT-Produktmanagement an der HFU den Schwerpunkt Sozioinformatik und damit für ihr viertes Semester die Module „Informatik im sozialen Kontext" und „Soziale Netze" gewählt haben.

Sozioinformatik steckt in Deutschland noch in den Kinderschuhen. Es gibt derzeit einen Vollstudiengang an der TU Kaiserslautern. In Skandinavien, UK und den USA gibt es hierzu seit den 1980ern

19.3. Einen neuen Studiengang starten

Aktivitäten. Robert Kling ist einer der Großen in *social informatics* und definiert sie so:

> *Social informatics is the body of research that examines the design, uses, and consequences of information and communication technologies in ways that take into account their interaction with institutional and cultural contexts.*

(Kling 2000: 217)

Unsere leitende Frage in unserem Workshops war:

> *Was macht die Technik mit den Menschen?*
> *Was machen die Menschen mit der Technik?*

Welche Schlüsse die Studierenden und ich in unserem Review gezogen haben, finden Sie im Blog „Den Bogen spannen ... Sozioinformatik Workshop 8: Abschluss und Ausblick", ebenfalls von heute, im Abschnitt „Reflexion und Evaluation: Das Leben ein Projekt". [und aus dem Folgesemester hier im Buch im Abschnitt AUFFORDERUNG ZUM DENKEN]

Schatten und Licht

An dieser Stelle möchte ich noch ein persönliches Fazit ziehen und auf das Wintersemester 2017/2018 (und folgende?) schauen.

Fünf Studierende sind die Mindestzahl, mit der ein Seminar stattfinden kann. Dank der Flexibilität der Studierenden, der Hochschulverwaltung und Professoren hat es geklappt: Alle fünf, die sich eingeschrieben hatten, konnten tatsächlich teilnehmen.

Fünf Studierende sind anstrengender als fünfzehn, sowohl für sie selbst als auch für die Lehrende. Bei fünfzehn kann sich die eine

19. Externe Dozentin

oder der andere mal ausklinken. Es hat auch nicht so starke Auswirkungen auf die Gruppendynamik, wenn jemand fehlt. Und wir laufen nicht Gefahr, das Seminar abbrechen zu müssen, weil eine Person endgültig ausfällt.

Die Studierenden geben ungefähr zwei Wochen vor dem letzten Workshop ihre Seminararbeiten und die Portfolios ab. Vor drei Wochen irgendwann am späten Abend zuhause: „Darf ich dir mal etwas verraten?" – „Ja?" – „Ich habe die Reviews und Bewertungen der Portfolios fertig." – „Schon?" – „Ja, es sei denn, die Hochschule kommt jetzt noch mit 'Wir haben da aber noch ein eigenes Formular' um die Ecke."

Schatten

Dieser kurze Dialog beschreibt die Schattenseite der Arbeit an der HFU. Sehr viele Formulare, eine nicht immer von Respekt zeugende Ansprache der externen Dozenten in den Formularen – oder möchten Sie einen „Antrag auf Vergütung" stellen? Anträge stellen wir im Sozialversicherungssystem oder bei Behörden. Honorare rechnen Menschen als Dienstleister für Hochschulen und andere Kunden und Klienten ab. So kenne und schätze ich es zumindest von anderen Hochschulen (DHBW Mannheim, Hochschule Fulda, BHT Berlin).

Die helle Seite

Sehr freundliche und kooperative Menschen in den Sekretariaten, Verwaltungsabteilungen und unter den Professoren und wissenschaftlichen Mitarbeitern. Sie alle haben mich sehr herzlich empfangen und insbesondere die Sekretärinnen des Dekanats der Fakultät für Informatik haben mich sehr gut durch das Semester begleitet. Auch wenn mir manche Verwaltungswege sehr aufwändig erscheinen, so ließen sich doch – auch dank ihrer Unterstützung – die Wege relativ gut bewältigen.

19.3. Einen neuen Studiengang starten

Die hellste Seite

Die Studierenden. Wie so oft, passierte es auch in diesen Workshops. Die Studierenden zeigten Engagement und Humor. Vor allem: ich konnte regelrecht zusehen, wie sie in ihren fachlichen, methodischen und sozialen Kompetenzen wuchsen. Vieles brachten sie schon mit, vieles war ihnen noch nicht bewusst und vieles haben sie sich in den Workshops und in der Zeit des Selbststudiums erarbeitet.

Es wird weitergehen

Im Wintersemester 2017/2018 wird es für den nächsten Jahrgang des Bachelorstudienganges IT-Produktmanagement die Module „Informatik im sozialen Kontext" und „Soziale Netze" geben. Acht Workshops, elf Studierende, eine Dozentin und im Hackathon ein Gast. Sechzehn Tage Sozioinformatik verteilt über dreizehn bis vierzehn Wochen. (Die Termine wollen die Sekretärin und ich nächste Woche festlegen). Wenn Sie mehr darüber lesen möchten, was in diesem Sommer in der Sozioinformatik an der HFU passiert ist: In der Blogrubrik Sozioinformatik auf christa-wessel.de finden Sie die Blogs zu den Workshops des Sommers, den Vorträgen an der HFU im letzten Winter und einigen Reflexionen in der Vorbereitungszeit.

Und heute, im Sommer 2019?

Leider hat sich die HFU dazu entschieden, für Studierende, die sich ab dem Wintersemester 2019/2020 im Studiengang IT-Produktmanagement mit dem Schwerpunkt Sozioinformatik einschreiben, die Module „Informatik im sozialen Kontext" und „Soziale Netze" nicht mehr anzubieten (HFU 2019). In meinen Augen ist der Wechsel zu den Modulen „Digitalisierung" und „IT-Produktdesign" ein Schritt weg von der Sozioinformatik.

19. Externe Dozentin

19.4. Über die Bedeutung von Feedback

Aus dem Blog vom Mittwoch, 30. November 2016

Es gibt Tage, an denen alles auf einmal passiert und Dinge Spuren zeigen, die längere Zeit fast ohne Echo laufen. Heute und gestern war es wieder einmal so. Diesmal ging es um meine Bücher und um meine Art zu lehren. Drei Menschen haben sich innerhalb weniger Stunden gemeldet, bei denen beides Spuren hinterlassen hat. Der eine, weil er im Blogthema Sozioinformatik unterwegs war, das mich seit vierzehn Jahren beschäftigt. Der Blog ist sechs Jahre alt. Die andere, weil sie 2013 an meinem Seminar Strategisches Management im Gesundheitswesen an der Hochschule Fulda teilgenommen hat und nun selbst als Dozentin Lernmethoden anwendet, die sie dort gelernt hat. Und schließlich Nummer drei, die sich durch frisch in Buch und Seminar Consulting erworbene Kenntnisse in die Lage versetzt sieht, als interne Beraterin neue Aufgaben in ihrer Firma zu übernehmen. Solche Nachrichten sind genau das, was ich als Autorin und Dozentin brauchen kann. Zu wissen, warum es sich lohnt, jahrelang einen Blog zu pflegen und im Lernen und Lehren Wege neben dem Mainstream zu gehen. Wie auch den dreien schon gesagt und geschrieben: Danke.

20. Professor sein ist nicht schwer ...

20. Professor sein ist nicht schwer ...

Als ich 2007 die RWTH Aachen verließ, fragten Studierende und Kollegen mich, was ich denn nun machen wollte. Meine spontane Antwort lautete: freie Professorin. Frei, weil ich auch noch Anderes wie Coaching und Organisationsentwicklung im Auge hatte. Als externe Dozentin habe ich die Freiheiten, die ich mir damals gewünscht habe: Fächer meiner Wahl zu unterrichten und über Art, Umfang und Gestaltung der Inhalte und Leistungsnachweise selbst zu entscheiden – natürlich in Abstimmung mit der Hochschule und den Studierenden. Außerdem muss ich nicht an endlosen Gremiensitzungen teilnehmen. Dafür muss ich akzeptieren, dass der enge Austausch mit Kollegen in Lehre und vor allem Forschung kaum vorhanden und das Honorar ein Witz ist (Kapitel WAS IST LEHRE WERT?). Warum und wozu habe ich also immer mal wieder an einem Berufungsverfahren teilgenommen? Wie funktionieren sie und was kommt letztlich dabei heraus? Diese Fragen, ebenfalls von Kollegen, die Freiberufler oder Mitarbeiter in Unternehmen waren, habe ich 2013 in einem Blogeintrag beantwortet.

Aus dem Blog vom Mittwoch, 20. November 2013

„Willst du Professorin werden?" fragen mich immer mal wieder Kollegen und Studierende. Ja, wenn es passt, gern. Es muss sich eher nebenher entwickeln. Alles andere ist bei Berufungsverfahren von ein bis zwei Jahren Dauer nicht sinnvoll.

Warum dauern Berufungsverfahren an deutschen Hochschulen so lange? Hochschulen sind die ehemaligen Fachhochschulen, einige nennen sich weiterhin so. Außerdem gibt es Duale Hochschulen, die in Kooperation mit Praxisbetrieben, sogenannten Dualen Partnern den Studierenden eine Ausbildung und ein Studium parallel anbieten. [Hier im Buch meine ich mit Hochschule auch Universitäten.] Ein Jahr im Berufungsverfahren ist Standard, es können auch mal zwei werden. Wie das?

Die Berufungskommission

In Deutschland ist die Freiheit von Forschung und Lehre in der Verfassung verankert: Art 5, Satz 3 GG (BRD, GG 2019). Daraus leitet sich letztlich ab, dass Professoren von „Kollegen+" ausgewählt werden. Ein Professor oder auch eine Professorin leitet die Kommission. Zwei bis drei weitere Professoren gehören außerdem zur Kommission. Dann gibt es Vertreter der Studierenden, der Gleichstellungsbeauftragten, der Schwerbehindertenbeauftragten, der Personalabteilung und manchmal auch der wissenschaftlichen Mitarbeiter. Letztere gibt es an Hochschulen eher selten.

Das Risiko des Verfahrensfehlers

Hier liegt ein erster Grund für die extreme Dauer. Wenn im Verfahren Formfehler auftreten, wird die Berufung nichtig. Dazu kann gehören: Schwerbehindertenvertreter wurden nicht hinzugezogen, oder die Tätigkeit eines Kandidaten außerhalb von Universitäten und Hochschulen ist nicht lang genug. Auch wenn dieser erst auf Platz drei der Hitliste der Berufungsliste ist, kippt dies das Verfahren. Es gibt sicher noch einige andere Verfahrensfehler.

Die Schritte

Eine Stelle wird vakant und sogar finanziert. Dazu muss nicht nur die Hochschule sondern oftmals auch das Kultusministerium und in einigen Bundesländern auch das Finanzministerium Entscheidungen treffen.

Die Hochschule gründet eine Berufungskommission und schreibt die Professur aus.

Kandidaten bewerben sich.

20. Professor sein ist nicht schwer ...

Die Personalabteilung prüft, ob die Kandidaten die Voraussetzungen für eine Professur erfüllen. Dazu gehören unter anderem eine Promotion, Lehrerfahrung und [an (Fach-) und Dualen Hochschulen] fünf Jahre Berufserfahrung außerhalb einer Universität oder Hochschule. Damit soll der Praxisbezug gestärkt werden.

Die Berufungskommission stellt eine Liste von Kandidaten zusammen, die sich an der Hochschule vorstellen sollen.

Der Tag an der Hochschule, dazu gleich mehr. Bis zu diesem Tag sind seit dem Entschluss zur Ausschreibung vier bis sechs Monate vergangen.

Die Berufungskommission wählt in mehr oder weniger langwierigen Sitzungen aus, wen sie in welcher Reihenfolge auf die Berufungsliste setzt. Bis zu diesem Zeitpunkt vergehen ungefähr weitere ein bis zwei Monate.

Viele Hochschulen holen an dieser Stelle noch Gutachten zur Eignung von externen Professoren zu den Kandidaten ein. Noch einmal ein paar Monate.

Das Präsidium der Hochschule gibt dann sein Einverständnis und leitet die Liste an das Kultusministerium weiter.

Das Ministerium entscheidet, wen es von der Liste berufen will. Dies muss nicht Kandidat 1 sein, ist es aber in der Regel. Das Ministerium leitet a) die Liste an ein weiteres Ministerium weiter, beispielsweise das Finanzministerium oder b) kann direkt den ausgewählten Kandidaten anschreiben, und ihr oder ihm die Berufung zu Professur anbieten. Noch einmal drei bis ... Monate.

Und nun wird dieser Kandidat Herrin oder Herr des Verfahrens: sie oder er akzeptiert, und kann dann bestimmen, zu wann die Professur starten kann. Bis sie oder er im Hörsaal auftaucht, vergehen weitere Monate.

Es ist gar nicht so selten, dass der Kandidat ablehnt. Sie oder er macht mittlerweile etwas anderes. A) weniger schlimm: das Ministerium bietet Kandidat 2 die Professur an. B) schlimm: das Ministerium bittet die Hochschule um eine erneute Stellungnahme. Nicht auszuschließen ist, dass sogar ein neues Berufungsverfahren anläuft. Dann sprechen wir von deutlich mehr als einem Jahr und auch von mehr als zwei Jahren.

Der Tag an der Hochschule

Die Lehrveranstaltung findet mit Studierenden des Studiengangs statt, für den die Professur vorgesehen ist, oder – wenn der Studiengang noch in Gründung ist – in einem verwandten Studiengang. In der Regel besteht das Ganze dann aus drei bis vier Teilen:

> Probelehrveranstaltung von circa 45 Minuten Dauer zu einem vorgegebenen Thema. Zumeist halten die Kandidaten einen Vortrag und – wenn sie gut sind – schaffen sie es, mit den Studierenden in einen Dialog zu treten. Es wird also ein Lernen nach Sokrates'schem Vorbild.

> Vorstellung der eigenen Praxis-, Lehr- und Forschungsschwerpunkte entweder in einem kurzen Vortrag oder im Rahmen des Gesprächs mit der Berufungskommission.

> Vorlage eines didaktischen Konzepts zur Entwicklung und Weiterentwicklung eines bestimmten Studiengangs.

20. Professor sein ist nicht schwer ...

Dies erfolgt entweder schriftlich oder ebenfalls als Vortrag oder mündlich im Gespräch mit der Berufungskommission.

Gespräch mit der Berufungskommission.

Danach

Warten. Einige Hochschulen teilen den Kandidaten mit, wo sie auf der Berufungsliste stehen. Meist melden sich die Hochschulen bei den nicht ausgewählten Bewerbern gar nicht. Diese erhalten dann nach Abschluss des Verfahrens, also wenn die berufene Professorin oder der Professor ihre Arbeit aufnehmen, ihre Unterlagen und die Absage. Nach eineinhalb, zwei oder – auch schon gehört – drei Jahren.

Warum nimmst du teil?

Vor zwei Tagen war es mal wieder so weit: ich erlebte den Kerntag eines Berufungsverfahrens. Es ging um die Akademisierung nichtärztlicher Gesundheitsberufe und Karriere. Eines meiner derzeitigen Lieblingsthemen.

Ich nehme aus mehreren Gründen an solchen Verfahren teil: ich lehre und forsche gerne. Forschen funktioniert vor allem im Kontext Universität, Hochschule oder Institute und in einigen Unternehmen. Als freiberufliche Autorin, Dozentin und Coach kann ich nur mit Investitionen in die eigene Freizeit, Reisekasse und Fachbibliothek forschen. Also liegt eine Professur nahe.

In solchen Verfahren lerne ich viel. Die Themen sind vielfältig. Ich würde sie mir nicht unbedingt selbst aussuchen. Für die Vorträge muss ich so fit sein, dass ich sie Studierenden erklären und mich mit ihnen und Kollegen in einen fundierten Austausch begeben kann. Das ist Weiterbildung vom Feinsten.

Ein dritter Grund ist: Lebenslanges und Organisationales Lernen ist einer meiner Arbeitsschwerpunkte. Jede Hochschule ist anders. Als Organisationsentwicklerin und Coach sind Organisationsanalysen für mich tägliches Brot. Ich habe also die Möglichkeit, verschiedene und immer wieder interessante Organisationen kennen zu lernen, deren Kerngeschäft das Lernen und Lehren ist. Es ist spannend zu sehen, welche Kulturen es in Hochschulen dazu gibt.

Meine Vorbereitungen und der Austausch mit den Studierenden und Kollegen fließen außerdem in diesen Blog und in meine Bücher ein. Damit steht dieses Material noch einigen Menschen mehr als den dreißig bis vierzig Zuhörern zur Verfügung.

Und heute, im Sommer 2019?

Letztlich habe ich zwei Berufungen abgelehnt, zuletzt im April 2014, und mich gegen eine Festanstellung als Professorin entschieden. Ich bin nun das, was ich meinem Team in Aachen sagte, als sie mich 2007 bei unserem Abschied fragten, was ich denn nun machen wollte: „Freie Professorin ;o)" Manchmal vermisse ich den intensiven Forschungs- und Entwicklungskontext, den ich an der RWTH Aachen erlebt habe. Das Gute am Weg in die Freiberuflichkeit als Autorin, Beraterin und Dozentin war, dass mehr Raum und Zeit für das Schreiben entstand.

Wenn Sie sich auf eine Hochschulkarriere vorbereiten oder bereits mittendrin sind, können Sie in Seminaren und Workshops Unterstützung und Weiterbildung bekommen, beispielsweise im Seminarprogramm des Deutschen Hochschulverbandes (DHV 2019).

20. Professor sein ist nicht schwer ...

Die langen Verfahren machen eines sicher: Hochschulen werden immer auch externen Dozenten Lehraufträge geben. Auch dies ist eine gute Möglichkeit, sich mit dem Lehren an Hochschulen vertraut zu machen. Einige Hochschulen bieten sowohl internen als auch externen Lehrenden (online-)Literatur, Seminare und Workshops zur Weiterbildung an (Merk/Braun 2016; Universität Bern 2019; Universität Bielefeld 2019; DHBW 2019).

Das Honorar ist eher ein Witz. Die Unterrichtsstunde wird mit dreißig bis vierzig Euro vergütet, manchmal mehr. Reisekosten werden erstattet. Das folgende Kapitel WAS IST LEHRE WERT? beschreibt, warum dies einem tatsächlichen Stundenhonorar von etwas über zwanzig Euro entspricht. Es untersucht, warum Dozenten für diesen Stundensatz arbeiten und skizziert, wo der eigentliche Stundensatz liegen sollte.

21. Was ist Lehre wert?

21. Was ist Lehre wert?

Was haben Open Source, Open Access und Lehre mit dem Segler Bernard Moitessier zu tun? Eine Menge. Bernard Moitessier (1925 – 1994) ist einer der bemerkenswertesten Einhandsegler des zwanzigsten Jahrhunderts und hat *Passing Forward* gelebt, darüber gesprochen und darüber geschrieben (Moitessier 1971; Lerebours 2004).

Weiter – geben

Passing Forward bedeutet, andere mit seinem Wissen und seinen Handlungen zu unterstützen, ohne nach einem Nutzen, einer Bezahlung oder einer Wiedergutmachung zu fragen. Moitessier sagt dazu ungefähr: „Ich habe das Wissen und das Können, ich nehme mir die Zeit, und irgendwann wirst du etwas an andere weitergeben. Mir ist das oft genug selbst passiert." Und er hat das große Vergnügen zu sehen, wie etwas wieder funktioniert, oder wie jemand lernt und weiter kommt. Also ist der Nutzen doch beiderseits.

Passing forward in der digitalen Welt

Open access und open source sind wichtig für finanziell oder sozial schwächere Menschen, Gruppen und Staaten. Gratis-Software, der freie Zugang zu Informationen und Literatur und damit die Möglichkeit zu lernen, lehren, zu entwickeln und etwas auf die Beine zu stellen, kann Menschen freier machen. Dass auch Wohlhabende davon profitieren – na und? Es ist an ihnen, sich am *Passing Forward* zu beteiligen. Denn auch die, die geben, haben etwas davon.

Menschen sind soziale Wesen, die Anerkennung und auch Kritik brauchen. Die Entwicklung und Pflege von Software, Wörterbüchern, Wissensdatenbanken und vielem mehr erfolgt vor allem in verteilten Teams. Wenn Menschen etwas entwickeln oder schreiben und der Öffentlichkeit zugänglich machen, sollte es – so bei den meisten der Anspruch – gut sein. Also üben sie und lernen durch das Feedback anderer. Außerdem erhalten sie zu ihrer Arbeit Feedback und auch Anerkennung. Sie sind in den verteilten Teams sozial aufgehoben. Damit bewegen sie sich auf den oberen Stufen der Maslow'schen Hierarachie der Bedürfnisse (Abschnitt KOMM MIT ... COMMITMENT).

Mangel

Im Wintersemester 2017/2018 gab es in Deutschland 2.844.978 Studierende, davon 1.026.719 an Fachhochschulen (Statistisches Bundesamt 2019). 2007 studierten 1.941.405 an deutschen Universitäten, Kunsthochschulen und Fachhochschulen. 1997 waren es 1.824.107 Studierende. Innerhalb von zehn Jahren ist die Anzahl der Studierenden also um ungefähr fünfzig Prozent gestiegen. Und wie sieht es bei den Lehrenden aus?

Der Wissenschaftsrat spricht sich seit Jahren für eine Verbesserung des Betreuungsverhältnis Studierende/Professoren aus (Wissenschaftsrat 2018). Einiges bewegt sich. Jedoch verzeichnen gerade die Fachhochschulen einen deutlich stärkeren Zuwachs an Lehrbeauftragten als an Professoren. Allerdings tut sich ein wenig im Bereich des hauptberuflichen wissenschaftlichen Personals. Auf destatis.de können Sie Daten abfragen, wie die in Tabelle 21.1 angegebenen ((C) Statistisches Bundesamt (Destatis) Stand: 01.06.2019 / 17:04:49). WP steht für hauptberufliches wissenschaftliches und künstlerisches Personal, Lb für Lehrbeauftragte.

In den vergangenen zwanzig Jahren hat sich die Anzahl der Lehrbeauftragten mehr als verdoppelt, während die Anzahl der Professuren um knapp ein Drittel gestiegen ist. Das hauptberufliche wissenschaftliche und künstlerische Personal verzeichnet einen Zuwachs von ungefähr sechzig Prozent. Was ist der Grund für den überportionalen Anstieg der Lehrbeauftragten? Könnte es einen finanziellen Hintergrund haben?

21. Was ist Lehre wert?

Tab. 21.1: Hochschulpersonal
(Quelle: Statistisches Bundesamt 01.06.2019)

Personal	1998	2007	2017
WP	155760	174953	249535
Prof	37626	38020	47568
Lb	42587	65013	98889
gesamt	235973	277986	395992

Lehren, nur weil es schön ist?

Auch das Lehren mittels Lehraufträgen an Hochschulen ist – mehr oder weniger freiwillig – *Passing Forward*, denn die Honorare externer Dozenten sind mit derzeit (2019) deutlich unter 50 Euro pro Unterrichtseinheit ein Witz.

Es liegt ein Fehler im System. Die Hochschulen bauen darauf, dass externe Lehrende dies für ihre Weiterqualifizierung auf dem Weg zur Professur tun. Oder sie sind freigestellt und von ihrem Unternehmen bezahlt. Und es gibt solche, die das Unterrichten als Bereicherung für ihre andere Arbeit und als Teil ihres persönlichen *Passing Forward* betrachten. Die DHBW hat solche Stimmen in einer Broschüre veröffentlicht (DHBW 2013). Leider berichten Studierende in jedem Jahr wieder von Lehrenden, die einfach ihr Programm mit Dutzenden von PowerPoint-Folien herunter spulen, Jahr für Jahr, und somit die Qualität der Lehre und damit auch die Reputation der andern Lehrenden schmälern.

Damit motivierte und qualifizierte Externe an Hochschulen unterrichten, muss das Honorar (*honorare*, lat.: ehren, achten, auszeichnen, belohnen) höher werden – deutlich.

Das Honorar muss stimmen

Die Vorbereitung, Durchführung und Nachbereitung einschließlich der Kommunikation mit Studierenden, Kollegen und Sekretariaten für eine Lernveranstaltung hat sich bei mir im Verlauf der letzten sechzehn Jahre auf ungefähr 2,5 Zeitstunden pro Unterrichtseinheit (45 Minuten) bei neuen Lernveranstaltungen und auf ungefähr 1,5 Zeitstunden pro Unterrichtseinheit bei bereits zuvor durchgeführten Lernveranstaltungen eingependelt. Eingeschlossen sind darin Aufgabenstellung und Reviews der Leistungsnachweise mit Kommentierung und Bewertung. Ähnliches berichten mir andere Lehrbeauftragte über ihren Aufwand. Der Einfachheit halber gehe ich im Folgenden von zwei Stunden (120 Minuten) pro Unterrichtseinheit aus.

Das Gehalt eines Hochschulprofessors Besoldungsstufe W2 beträgt in Baden-Württemberg derzeit, im Juni 2019, ungefähr 74.180 Euro plus Leistungszulagen (DHV 2019). Die jährliche Arbeitszeit in Deutschland betrug 2018 im Durchschnitt 1356 Stunden (OECD 2019). Ich gehe davon aus, dass es sich 2019 ähnlich verhalten wird. Der Einfachheit halber ergeben 74.200 Euro geteilt durch 1360 Stunden einen Stundensatz von knapp 55 Euro.

Beamte haben im Bund und Baden-Württemberg derzeit, im Juni 2019, eine wöchentliche Arbeitszeit von 41 Stunden (BRD, AZV 2017; BW 2018). Dies entspricht 8,2 Stunden pro Tag. Bei 250 Arbeitstagen minus 30 Arbeitstagen Urlaub ergeben sich 1804 Stunden pro Jahr. Zahlreiche derzeitige Professoren sind verbeamtet. Für sie entspricht dieses Stundensatz von etwa 42 Euro *plus* Leistungszulagen.

Als Honorarkräfte müssen Lehrbeauftragte ihre Sozialabgaben vollständig selbst zahlen und natürlich Steuern. Lassen Sie uns von 70 Euro brutto ausgehen. Dann ergibt sich ein Honorar von **140**

21. Was ist Lehre wert?

Euro pro Unterrichtseinheit bei 2 Stunden Aufwand pro Unterrichtseinheit für Vorbereitung, Durchführung und Nachbereitung der Lernveranstaltung einschließlich Aufgabenstellung für die Leistungsnachweise sowie ihre Beurteilung und Bewertung.

Und wie setzt sich das tatsächlich gezahlte Honorar zusammen? Als Beispiel verwende ich die DHBW. Im Herbst 2018 lag das Honorar für externe Dozenten bei 35 Euro pro Unterrichtseinheit plus Vergütungen für die Aus- und Bewertung der Leistungsnachweise (übrigens unverändert seit 2010). Beispielsweise sind es an der DHBW zehn Euro für die Stellung des Themas einer Seminararbeit und weitere zehn Euro für die Bewertung. Das Review einer Seminararbeit dauert zwischen zwei und vier Stunden – je schlechter die Arbeit ist, desto länger. Bei fünfzehn Studierenden und 45 Unterrichtseinheiten entspricht dies einem Stundenlohn von 21 Euro:

1575 Euro für 45 Unterrichtseinheiten (35 E/UE)
300 Euro für 15 Leistungsnachweise
1875 Euro/90 Stunden Arbeit = 21 Euro brutto/Stunde

105 Euro Differenz pro Unterrichtseinheit zwischen Hochschulprofessoren und externen Dozenten. Es gibt noch viel zu tun.

Presse und Internetseiten von Interessenvertretungen thematisieren dieses Problem zwar immer mal wieder, aber in den letzten acht Jahren habe ich keine Verbesserung beobachten können. Vielleicht liegt es an dem immer wieder erfolgreichen Motto: teile und herrsche. Die Gruppe der mittlerweile ungefähr 100.000 Lehrbeauftragten in Deutschland ist inhomogen. Dies spiegeln auch die oben beschriebenen Motivationen der Lehrenden wider. Wie realistisch schätzen Sie den folgenden Vorschlag ein? Der damalige Präsident der Hochschulrektorenkonferenz (HRK), Horst Hipler, meinte 2016 in einem Artikel von Anna Lena Scholz: „Wenn die Lehrbeauftragten mal alle gleichzeitig ihren Stift fallen ließen, dann würde man ganz schnell merken, wie schief das System hängt." (Scholz 2016). Es gibt übrigens ungefähr 47.600 Professuren in Deutschland (Statistisches Bundesamt 2019).

Wert_Schätzung für Lehrbeauftragte: Nutzen für alle

Wenn externe Lehrende genauso gut bezahlt werden wie festangestellte, erwarte ich, dass sich die Qualität der Lehre, die viele Studierende und auch Studiengangsleiter beklagen, verbessern wird. Wer ein paar Stunden pro Woche für 70 Euro pro tatsächlich geleisteter Arbeitsstunde unterrichtet, ist motivierter als jemand, der mit 20 Euro pro Stunde einen Teil oder sogar den überwiegenden Teil seines Lebensunterhalts bestreitet.

Für das Hochschulmanagement ist es von Vorteil, Externe zu beauftragen. Ein Professor wird bald Beamter. Die Zusammenarbeit mit einem Externen, der in seinen Leistungen nicht gut ist oder über mehr als ein Semester nachlässt (jeder kann mal ein Tief haben), kann die Hochschule ganz einfach beenden: es gibt einfach keinen neuen Auftrag.

Auch Externe können ohne Gesichtsverlust einfach keinen neuen Auftrag mehr annehmen, falls ihnen die Arbeitsbedingungen – abgesehen vom Honorar – nicht zusagen.

Die Studierenden, um die es schließlich geht, sehen externe Lehrende als Bereicherung (DHBW 2013; Scholz 2016). Solche Aussagen fallen auch immer wieder in unseren Abschlussreflexionen (Kapitel REFLEXIONEN). Externe kommen aus der Praxis und tragen Verantwortung für ihr Tun außerhalb des geschützten Raumes der Hochschule. „Sie sind echt."

21. Was ist Lehre wert?

Und sie bewegt sich doch

(zugeschrieben Galileo Galilei, 1564 - 1642)

Dr. Wolf Dieter Heinbach, Kanzler der DHBW Stuttgart, teilte den Lehrbeauftragten in einem Schreiben vom 15.04.2019 mit, dass die DHBW die Lehrvergütung erhöht:

> *Ich freue mich, Ihnen heute mitteilen zu können, dass wir unsere Wertschätzung für Ihre Arbeit nun auch durch eine deutliche Erhöhung der Lehrvergütungssätze ausdrücken können.*
> *Der Aufsichtsrat der DHBW hat in seiner Sitzung am 29. März 2019 eine Erhöhung der Lehrvergütungssätze ab dem Sommersemester 2019 beschlossen. Alle Lehraufträge mit einem bisherigen Vergütungssatz zwischen 35 Euro und 42 Euro werden ab dem Sommersemester 2019 auf einheitlich 42 Euro erhöht. Diese Regelung gilt auch für bereits zu Jahresanfang durchgeführte Lehrveranstaltungen, sofern sie dem Sommersemester 2019 zugeordnet sind.*

Zweifelsohne ist mathematisch gesehen eine Erhöhung um bestenfalls sieben Euro eine deutliche Erhöhung, und zwar um zwanzig Prozent. Trotzdem ist das Honorar weiterhin unzureichend. Aus der Organisationsentwicklung wissen wir, dass Veränderungen sehr langsam verlaufen können. Alle zehn Jahre sieben Euro: dann sind wir in 140 Jahren bei 140 Euro.

Aber vielleicht geht es ja doch schneller.

Gute Lehrende sind ein wichtiger Baustein für gutes Lernen. Was können Hochschulen, Lehrende und auch die Studierenden außerdem für gutes Lernen und Lehren tun? Darum geht es in den folgenden Kapiteln.

22. Akteure

22. Akteure

22.1. ... und ihre Möglichkeiten?!

In Europa hat der Bologna-Prozess zu höherer Aufmerksamkeit für die Qualität von Lernen und Lehre geführt. Seit Anfang dieses Jahrtausends dehnte sich in Europa die Umstellung der Studiengänge auf Bachelor und Master aus. Diese Umstellung hat zum Ziel, Studiengänge international vergleichbar zu machen und damit Studierenden nationale und internationalen Wechsel zu ermöglichen (EHEA 1999; Weßel et al. 2004; siehe auch Kapitel DIDAKTIK MIT DEM FISCH). Mein Austausch mit einem portugiesischen Kollegen mag dafür exemplarisch sein:

> *... What I appreciate in particular is your focus: teach the teachers first. This is what I see daily in my work: the students are interested in the topics and keen to learn. We as teachers are obliged to facilitate, mentor and guide them. But to become a good teacher you need not only talent and interest but also knowledge on didactics, negotiation, moderation, conflict management, time management, social media, e-Learning, blended learning – to name just some topics. And when teachers are teaching, they need the opportunity to reflect regularly on their work with colleagues and neutral experts, to be able to mature. Are there any programs at your university to train the teachers and for dialogues with colleagues? The training and education of teachers is a topic that still needs more attention and effort in Germany too. ...*
> (aus einer E-mail an den Kollegen im Dezember 2011)

Diese Fragen motivierten eine Studie mit dem Arbeitstitel „Blended Learning and Visiting Lecturers – BlaVL". Visiting Lecturers steht für Lehrbeauftragte. Blended Learning ist die kombi-

22.1. ... und ihre Möglichkeiten?!

nierte Anwendung von Lernen im Präsenzunterricht, Selbststudium und der Nutzung von e-Learning-Instrumenten. e-Learning umfasst Repositories, Communities, e-Portfolios, Expertenprofile, (Zugang zu) Bibliotheken, Planung und Management von Lernveranstaltungen, Unterstützung von Monitoring und Evaluation (Kapitel NEUGIER).

Als externe Dozentin mit ein bis zwei Lehraufträgen pro Semester war ich im Herbst 2010 regelrecht darüber gestolpert, wie aufwändig es sein kann, administrative Dinge, wie den Vertragsabschluss und Zugang zu einem Fach sowie die Nutzung der e-Learning-Plattform zu bewältigen. Außerdem war ich erstaunt, dass es auch Lehrende gab, die bis dato keine Aus- oder Fortbildung in diesem Bereich hatten. An Universitäten hatte ich es anders erlebt (WWU Münster, FU Berlin, HU Berlin, Universität Basel (CH), TU Berlin, RWTH Aachen, Universität Maastricht (NL), JGU Mainz). Mit dem Studiengangsleiter, der mich an der DHBW Mannheim im Bachelorstudiengang Wirtschaftsinformatik als Dozentin für die Fächer Consulting und Wissenschaftliches Arbeiten angeheuert hatte, formulierte ich eine Frage, die zu unserer leitenden Frage in einer explorativen Studie wurde: *Wie kann eine Hochschule Lehrende in der Anwendung und Durchführung von Blended Learning unterstützen?*

Ziel in der Studie war, zur Entwicklung von Instrumenten beizutragen, die Lehrende und Lernende im Blended Learning unterstützen. Dabei lag der Fokus zunächst auf den externen Dozenten. Die Studie bestand aus Interviews mit drei Lehrbeauftragten im Frühjahr 2011 (Weßel 2011). Die Erkenntnisse stellten wir auf einer Tagung vor (Weßel/Wolff 2012a) und veröffentlichten sie als Beitrag in einem Buch (Weßel/Wolff 2012b). Den Interviewpartnern und Studierenden, Lehrenden und Mitarbeiterinnen und Mitarbeitern der DHBW Mannheim gilt mein herzlicher Dank für ihre konstruktive Mitwirkung. Ein besonderer Dank geht an das Se-

22. Akteure

kretariat des Studiengangs Wirtschaftsinformatik an der DHBW Mannheim, das die Bewältigung des Datenmaterials und die Organisation und Kommunikation so hervorragend unterstützt hat.

Dass sich aus der leitenden Frage noch weitere Fragen entwickelten, ist typisch für qualitative Feldstudien (Buch ENTDECKEN). Im Fall des Lernens und Lehrens geht es beispielsweise darum, was *alle* Akteure (*stakeholder*) zu gutem Lernen und Lehren beitragen können. Akteure an Hochschulen sind fest angestellte Lehrende und Forschende, externe Lehrbeauftragte, Hochschulverwaltung, inklusive Hochschulleitung und Studiengangsleiter, IT-Administratoren und die Studierenden plus – im Fall der Dualen Hochschulen – die Unternehmen, die ihre Auszubildenden an der Dualen Hochschule ein Studium absolvieren lassen.

22.2. Fragen stellen

Setting

An der DHBW Mannheim findet das duale Studium in Semester- und Praxisphasen von je 12 Wochen statt. Im Jahr 2011 gab es im Studiengang Wirtschaftsinformatik 16 Professoren und ungefähr 130 (sic!) Lehrbeauftragte, die 24 „Kurse" mit insgesamt 640 Studierenden unterrichteten. Ein „Kurs" ist eine Gruppe von Studierenden, die – wie in einer Schulklasse – gemeinsam das dreijährige Studium absolvieren. Dabei nutzen sie Blended Learning.

Aus der leitenden Frage *Wie kann eine Hochschule Lehrende in der Anwendung und Durchführung von Blended Learning unterstützen?* formulierten wir weitere Fragen wie *Was brauchen die Beteiligten für gutes Lernen und Lehren? Was können sie beitragen? Wer sind die Beteiligten?*.

Da wir verstehen wollten, wie Lehrende arbeiten, was sie brauchen und was die Hochschule für sie tun kann, soll und muss, wählten wir für diese Studie einen qualitativen Ansatz. Qualitative Methoden sind charakterisiert durch Offenheit für Neues, strukturiertes Vorgehen und Flexibilität (Buch ENTDECKEN). Wir wählten als Methode semi-strukturierte Interviews. Mittels ihrer wollen Forscher etwas verstehen und erklären können. Wir gingen von folgenden Annahmen aus: Es gibt

> unterschiedliche technische und methodische Kenntnisse und Fähigkeiten bei den Lehrbeauftragten;

> Bedarf zur Aus- und Weiterbildung der Lehrenden und der Administratoren in Verwaltung und IT;

22. Akteure

Bedarf an persönlicher Einführung, Informationsmaterial und einem Ansprechpartner bei Fragen, Problemen und Ideen;

Bedarf an Ablaufplänen (*workflows*) zur Einarbeitung von externen Lehrbeauftragten, die Folgendes berücksichtigen müssen: Beschreibung der Hochschule, des Studiengangs und des Inhalts der Lehrveranstaltung; Ansprechpartner in der Hochschuladministration für Verträge und Abrechnung sowie für die IT (Zugänge und Accounts).

„Wir" bedeutet in diesem Zusammenhang, dass der Studiengangsleiter und Professor der Hochschule der interne Ansprechpartner und Co-Forscher war (Buch ENTDECKEN). Im Sommer und Herbst 2011 entwickelten wir zusammen das Konzept und den Interviewleitfaden. Er rekrutierte die Interviewpartner und führte eines der drei Interviews, ich die beiden anderen. Die Transkription durch einen externen Schreibdienst organisierte ich, er die Finanzierung. Nachdem ich die Interviews ausgewertet hatte, schrieb ich im Dezember 2011 den dazu gehörenden Studienbericht (Weßel 2011).

Wie haben wir die Interviewpartner gefunden? Wie erfolgten die Vorbereitung, Durchführung und Auswertung der Interviews? Welche wichtigen Erkenntnisse haben wir gewonnen?

22.2. Fragen stellen

Die Interviewten

Als Interviewpartner wählten wir externe Lehrbeauftragte, da sie, so unsere Annahme, unter unzureichender Unterstützung durch die Hochschule stärker leiden als festangestellte Lehrende.

Der Studiengangsleiter sprach externe Dozenten an, die zwei bis drei Tage pro Woche an der Hochschule unterrichteten, also als Nebentätigkeit. Die drei Interviewten waren eine Frau und zwei Männer. Sie waren zwischen dreißig und fünfzig Jahren alt und unterrichteten seit fünf bis zwanzig Jahren. Dabei waren sie damals (2011) seit zwei bis sechs Jahren als externe Dozenten an der DHBW Mannheim. Alle drei Interviewten waren als Freiberufler oder mit einem eigenen Unternehmen selbständig. Ihre Rekrutierung als Lehrbeauftragte an der Hochschule erfolgte über persönliche Empfehlungen. Ihre Ausbildungen, inklusive Studium haben sie im technisch-mathematischen, geisteswissenschaftlichen beziehungsweise kaufmännischen Bereich absolviert. Didaktische Kenntnisse haben sie durch den Besuch von Fortbildungen, Lektüre und – wie ein Interviewter es nannte – „durch Versuch und Irrtum" erworben.

22. Akteure

Die Interviews

Zunächst einmal mussten wir meine ursprüngliche Frage „Wie lässt sich das verbessern?" in Forschungsfragen kleiden und diese als Basis für einen Interviewleitfaden verwenden. Im Buch ENTDECKEN erläutere ich ausführlich, wie die Durchführung einer solchen Studie erfolgt. Die Interviews aus der BLaVL-Studie dienen dort als Beispiel für die Auswertung mittels qualitativer Inhaltsanalyse, mit der die Analyse und Interpretation der Texte erfolgt ist. Wir haben zunächst uns und dann die drei Interviewpartner gefragt:

Welche Kenntnisse besitzen Lehrbeauftragte in didaktischen Methoden, im e-Learning, im Blended Learning?

Wie lehren sie: welche Konzepte, Techniken und Methoden wenden sie an?

Wie sehen sie ihre Situation in Bezug auf fachliche, methodische und administrative Unterstützung durch die Hochschule?

Was sind ihre Wünsche in Bezug auf Unterstützung und Aus- und Weiterbildung in der Lehre?

Welche Ideen haben sie für die erfolgreiche Einführung und Durchführung von „guter Lehre und guten Lernen", auch mittels Blended Learning?

Aus diesen Fragen entwickelten wir den Leitfaden für das semistrukturierte Interview.

22.2. Fragen stellen

Interview-Leitfaden

Der Leitfaden der semi-strukturierten Interviews in der Studie „Blended Learning and Visiting Lecturers" enthält die Abschnitte *Setting, Einleitung, Das Interview (Aufnahme), Abschluss* und *Feldnotizen* (Weßel 2011: Studienbericht, S. 18-19).

Setting
Kandidaten: externe Lehrbeauftragte der DHBW Mannheim.
Ort: DHBW Mannheim, Dozenten-Zimmer.
Dauer: 60 Minuten, inklusive Begrüßung und Verabschiedung.

Dokumentation:

> Digitale Tonaufzeichnung nach Genehmigung des Interviewten.
> Transkription durch professionelle Schreibkraft.
> Die Interviewten erhalten das vollständige Transkript.

Zur Methodik siehe (Weßel 2010) [und Buch ENTDECKEN].
F = Interviewerin & I = Befragte (Interview Teilnehmer).

Einleitung
F: Vorstellung & Ziel & Ablauf

> Ziel: das Interview soll untersuchen, wie die Lage von externen Lehrbeauftragten an Hochschulen ist, wie sie in ihrer Lehre vor allem hinsichtlich der Nutzung des Blended Learning unterstützt werden können.

> Ablauf: Einleitung & Aufnahme (Genehmigung!) & Abschluss.

22. Akteure

Das Interview (Aufnahme)
Genehmigung der Aufzeichnung durch den Teilnehmer.

Der Interviewte und die Organisation
Bitte beschreiben Sie kurz Ihren ...

>beruflichen Hintergrund,
>wie und von wem Sie als Lehrbeauftragter gewonnen wurden,
>warum Sie diesen Lehrauftrag übernommen haben,
>welche Erfahrungen Sie bislang hier und auch anderswo in der Lehre gesammelt haben.

Begriffsklärungen
Was verstehen Sie unter ...

>Didaktik,
>Lernen und Lehre [Hintergrund: Selbstverständnis],
>e-Learning,
>Blended Learning,
>(ggf.) Projekt-basiertem Lernen.

Ist-Situation

>Was lehren Sie?
>Wie lehren Sie?
>Art der Lehrveranstaltung (LV)?
>Welche Medien nutzen Sie innerhalb der LV?
>Welche Medien nutzen Sie innerhalb und außerhalb der LV in Bezug auf das zeit- und orts-unabhängige Lernen? (Stichworte: e-Learning, Blended Learning)
>Wie beteiligen sich die Studierenden?
>Wie unterstützt die Hochschule Sie? Und wer tut dies?

22.2. Fragen stellen

Soll-Situation
Leitfrage des weiteren Interviews (siehe Ziel): *Wie kann die Hochschule Sie in Ihrer Lehre und die Studierendem im Lernen unterstützen?*

> Welche Aus- und Weiterbildung wünschen Sie sich als Lehrende/r?
> Welche technische (Hardware, Software, Know How) und administrative Unterstützung wünschen Sie sich?
> Welche inhaltliche Unterstützung wünschen Sie sich?
> Von wem? Wie? Wann?
> Was können externe Lehrbeauftragte selbst dazu beitragen? (Stichworte: Weiterbildung, Commitment: Lernende stehen im Mittelpunkt)
> Was wünschen Sie sich für die Studierenden?

F fasst das Interview zusammen, und fragt noch mal nach Ergänzungen. Dann schließt F das Interview und die Aufnahme ab. Ende der Aufnahme.

Abschluss
F schildert noch mal die nächsten Schritte:

> Transkription; Analyse; Dokumentation (anonymisiert).
> Sendung an I.
> Diskussion mit I, falls sie oder er Bedarf hat.

Dank und Abschied.

Feldnotizen
Im Anschluss an das Interview an einem ungestörten Ort:

> Verlauf, Eindrücke, Informationen nach Abschluss der Aufnahme, erste Interpretationen.

22. Akteure

22.3. Erste Antworten

Die Interviews dauerten 32 bis 78 Minuten. Die Auswertung der transkribierten Texte erfolgte als strukturierende qualitative Inhaltsanalyse (Buch ENTDECKEN).

Die Interviewten erzählten von fest angestellte Lehrenden, externen Lehrbeauftragten, Hochschulverwaltung, inklusive Hochschulleitung und Studiengangsleiter, IT-Administratoren und von den Studierenden. Daraus lassen sich drei Gruppen bilden – Lehrende, Studierende und Hochschule – und ihre Beiträge zu gutem Lernen und Lehren beschreiben.

Lehrende

Beiträge zu guter Lehre waren in den Augen der Interviewten:

> praxisnahe, hochwertige Lehre;
> fachliche und didaktische Expertise;
> Berücksichtigung der Fähigkeiten, Interessen und Fächer der Studierenden;
> Authentizität, Selbstbewusstsein, Engagement und Respekt vor den Studierenden;
> aktive Teilnahme an interkollegialem Austausch und Beratung;
> regelmäßige fachliche und didaktische Weiterbildung.

Ein Interviewter drückte es so aus:

> *Okay, das erste ist mal, würde ich sagen, er soll sich mal, das, was das unheimlichste Schwerste ist, ist, sich auf die fachliche Ebene derer zu bringen, die er unterrichten will. Dass nämlich viele viele Dinge nicht selbstverständlich sind, weil sie es auch nicht*

22.3. Erste Antworten

> *sein können. Dinge, die einem so selbstverständlich sind, dass man sich überlegt manchmal, kann ich auch noch präsentieren oder bin ich hier nicht einfach dann unter Niveau. Und deswegen denke ich, wäre es sehr wichtig, den Stoff in möglichst kleine Einheiten einzuteilen und diese Einheiten wirklich wie Bausteine aufzubauen. Gut, das wäre das erste, was ich sagen würde. Das zweite ist, das ist für viele Menschen ein Problem, ich denke auch für viele, die gerne lehren möchten, plötzlich vor der Meute zu stehen. [...] es kommt auf die erste Sekunde drauf an und dass man da rüberbringt, dass man sein Fach beherrscht. Dann beim dritten Punkt wollte ich sagen, es ist Grundvoraussetzung für die Lehrer, im Grunde eine Sympathie für die Studierenden zu haben und die Studierenden im Grunde als lernende Kollegen zu sehen.*
> (Zitat 36 aus dem Studienbericht vom 20.12.2011)

Die Interviews zeigten, dass Lehrende sich auf fünf Feldern engagieren sollten: fachliche Expertise, soziale Kompetenz, didaktische Weiterbildung, aktive Beteiligung an interkollegialem Austausch und Beratung sowie die Einarbeitung in und Nutzung von e-Learning- und web-2.0-Plattformen für ihre Lehre.

Studierende

Studierende beeinflussen gute Lehre – und somit gutes Lernen – durch ihr Interesse, das Einhalten von Regeln guten Umgangs miteinander und Respekt voreinander und vor den Lehrenden.

> *Ich versuche irgendwas zu machen, wo ich das Thema vermitteln kann, was aber einen Bezug herstellt zu den Studenten. Also die Studenten sollen sich interessieren für das Thema, das wäre toll, wenn das*

22. Akteure

> *alle machen würden.*
> (Zitat 39 aus dem Studienbericht vom 20.12.2011)

> *Dass die Leute merken, man bemüht sich um sie, man nimmt das ernst, aber, man will auch von ihnen ernst genommen werden.*
> (Zitat 41 aus dem Studienbericht vom 20.12.2011)

Studierende können die Lehrenden und die Hochschule durch aktive Mitarbeit und Nutzung von e-Learning-Plattformen und Konzepten des Blended Learning unterstützen. Ihre Reflexionen und konstruktiven Rückmeldungen zur Lehre in Bezug auf Inhalt, Vermittlung und technische Möglichkeiten können entscheidend zur kontinuierlichen Verbesserung von Lehre beitragen.

Hochschule

Die Interviewten betrachteten die Frage *Was kann die Hochschule für gute Lehre tun?* vor allem aus der Perspektive der Studierenden:

> *... sie nicht zufrieden sind mit diesem bunten Blumenstrauß an externen Lehrkräften, weil es teilweise Stoffüberschneidungen gibt, weil es teilweise eine sehr große Fluktuation in der Qualität gibt.*
> (Zitat 23 aus dem Studienbericht vom 20.12.2011)

> *Also für die wäre es besser, es gibt über viele Jahre die gleiche Ansprechperson, es gibt vielleicht von den Themengebieten immer eine Person, die auf diesem Gebiet das Wissen vermittelt und die sollte dann auch natürlich pädagogisch gut geschult sein, also ob sie es jetzt gelernt hat oder sich selbst beigebracht hat, das ist zunächst mal egal, aber sie sollte eine gute Lehre*

22.3. Erste Antworten

machen.
(Zitat 26 aus dem Studienbericht vom 20.12.2011)

Aus den Interviews kristallisierten sich folgende Handlungsmöglichkeiten der Hochschule:

Abstimmung und Koordination der Lehrinhalte.

Langfristige Terminplanung.

Lehrstandards.

Feste, qualifizierte Ansprechpartner zu einem Gebiet/ Fach über längere Zeiträume (Kontinuität).

Qualifizierung der Lehrenden (hauptberufliche und externe) durch Weiterbildung, möglichst verbindlich.

Einbezug der Firmen, in denen die Studierenden ihre Ausbildung machen, in die Curriculumsentwicklung.

Firmen an ihre Mitwirkung zur Ausbildung erinnern, damit diese die im Studium behandelten Themen auch in der praktischen Ausbildung berücksichtigen.

Die Vielfalt (*diversity*) und Fähigkeiten der Studierenden berücksichtigen und stärken, zum Beispiel durch die Einrichtung von Tutorien bei Sprachbarrieren oder durch die Einführung von Gruppen mit unterschiedlichen Lerntiefen.

Interkollegialen Austausch und Beratung fördern: beispielsweise durch Symposien und Treffen.

Berücksichtigung der Vor- und Nachbereitungszeiten in der Vergütung, um dadurch auch hochqualifizierte Lehrende zu gewinnen (Kapitel WAS IST LEHRE WERT?).

22. Akteure

Ein Leitfaden für „die Neuen"

Unsere Schlussfolgerung in der Studie lautete 2012:

Hochschulleitung verantwortet die Entwicklung und Durchführung von Prozessen, die Lernen und Lehre und ihre kontinuierliche Verbesserung ermöglichen. Die Hochschule sollte Lehrende in die organisatorischen, inhaltlichen und technischen Belange (e-Learning) einführen und kontinuierlich unterstützen. Dazu gehört auch die Förderung von Weiterbildung in der Didaktik. Dieser Prozess kann durch eine Prozessbeschreibung im Sinne eines Leitfadens transparent und einheitlich gestaltet und einer kontinuierlichen Verbesserung zugänglich gemacht werden. Transparenz und Aktualität in der Kommunikation fördern Vertrauen und Zusammenarbeit. Eine vorausschauende langfristige Planung unterstützt die Abstimmung und Koordination der Lehrinhalte. Lehrstandards, die sowohl Inhalte als auch didaktische Konzepte und Methoden behandeln, können Planung und Organisation unterstützen und durch eine regelmäßige Überprüfung und Aktualisierung zur kontinuierlichen Verbesserung der Lehre beitragen.
(Weßel/Wolff 2012)

Einen Schritt haben wir damals gemacht: Die Erkenntnisse aus den Interviews, der Literatur und Erfahrungen aus der Praxis haben wir für die Entwicklung eines Leitfadens genutzt, der Studiengangsleiter und externe und hauptberufliche Lehrende in ihrer Arbeit mit den Studierenden unterstützen sollte. Er sollte einen Beitrag zur erfolgreichen Umsetzung von Blended Learning an der DHBW Mannheim leisten und beschrieb auf drei DIN-A4 Seiten

22.3. Erste Antworten

1. die e-Learning-Plattform Moodle
2. den elektronischer Zugang zur Bibliothek
3. Dozenten-Account, W-LAN/Internet und E-Mail
4. EDV-Labore: Wirtschaftsinformatik und allgemeine Pools
5. Laptops, Beamer et cetera
6. Ansprechpartner: Studiengangsleiter, Sekretariate, IT, Labor, Bibliothek

Der eine oder die andere Dozentin hat im Verlauf der Jahre diesen Leitfaden erhalten und der Studiengangsleiter nutzte ihn, um mit anderen Studiengangsleitern und der Hochschulverwaltung an diesem Thema zu arbeiten (mündliche Mitteilung F. Wolff im April und November 2018).

Was können wir tun? ist eine manchmal mit etwas resigniertem oder auch hilflosen Ton gestellte Frage von Studierenden, Lehrenden und auch Angehörigen der Hochschuladministration. Eine ganze Menge, wie die im folgenden Kapitel beschriebene teilnehmende Beobachtung an einer Hochschule zeigt.

23. Was können wir tun?

23. Was können wir tun?

23.1. ... in der Hochschule

Um ein noch umfassenderes Bild zu erhalten und sowohl die Studierenden selbst zu Wort kommen zu lassen als auch den Lernort Hochschule unmittelbar zu untersuchen, habe ich im Anschluss an die Studie „Blended Learning and Visiting Lecturers" (BLaVL) eine weitere Untersuchung durchgeführt. Sie erfolgte als teilnehmende Beobachtung im Frühjahr und Sommer 2012. Das Folgende stellt Ergebnisse, Schlussfolgerungen und Empfehlungen vor, die ich am 12. Juli 2012 im Blog publiziert habe und immer wieder mit Lehrenden, Studierenden, Wissenschaftlern, Verwaltungsmitarbeitern und Führungskräften aus Unternehmen diskutiere.

Die leitende Frage aus den Interviews der BLaVL-Studie *Wie kann eine Hochschule Lehrende in der Anwendung und Durchführung von Blended Learning unterstützen?* hatte sich erweitert zu *Was brauchen Studierende und Lehrende, um gut lernen und lehren zu können?* Aus dieser Frage entstanden drei weitere Fragen:

> *Was brauchen Lernende und Lehrende für den Präsenzunterricht, für das e-Learning und vom Lehrmanagement?*

> *Welchen Kriterien sind für die Qualität dieser Leistungen hilfreich?*

> *Wie können Lehrende und Hochschule Lehr- und Lernqualität überprüfen?*

Hintergrund dieser Fragen ist die Annahme, dass Lernqualität unter anderem von der Qualität der Lehre abhängig ist.

Ziel dieser Untersuchung war die Entwicklung von Handlungsempfehlungen für alle Akteure an Hochschulen zu entwickeln: fest

23.1. ... in der Hochschule

angestellte Lehrende, externe Lehrbeauftragte, Hochschulverwaltung, inklusive Hochschulleitung und Studiengangsleiter, IT-Administratoren und die Studierenden plus – im Fall der Dualen Hochschulen – die Unternehmen, die ihre Auszubildenden an der Dualen Hochschule ein Studium absolvieren lassen.

Die teilnehmende Beobachtung führte ich im Rahmen eines Lehrauftrages zum Seminar Consulting 2 an der DHBW Mannheim vom 1. Februar bis 10. Juli 2012 durch. Die Grundlage für den Beobachtungsleitfaden bildeten die aus den Interviews herausgearbeiteten Handlungsmöglichkeiten der Akteure. Weitere Kriterien zeigten sich im Verlauf, wie es für qualitative, explorative Untersuchungen typisch ist. Die Studie verwendet die im Buch ENTDECKEN beschriebenen Theorien, Konzepte und Methoden einer explorativen Feldstudie mittels einer teilnehmenden Beobachtung. Die Kategorien und Unterkategorien umfassen:

Präsenzunterricht im „Lernort Hochschule": Raumgröße und Raumgestaltbarkeit; Medien; Pausen

e-Learning

Lehrmanagement: Studien- und Prüfungsordnungen; Lerninhalte und Lernziele; Termine; Evaluation der Lehre

Überprüfung von Lehr- und Lernqualität: Formative Evaluation von Lehre; Termintreue; Qualität der Leistungsnachweise „schriftliche Arbeiten"; Qualität der Leistungsnachweise „Klausuren"; Formative Einschätzung der Lernleistungen

Die Ergebnisse der Beobachtungen sind in Bezug gesetzt zu vorhergehenden Beobachtungen und Erfahrungen an anderen Hochschulen und Universitäten. Zu diesen zählen die WWU Münster, FU Berlin, HU Berlin, Universität Basel (CH), TU Berlin, RWTH

23. Was können wir tun?

Aachen, Universität Maastricht (NL), JGU Mainz, BHT Berlin, Hochschule Fulda. Außerdem stützen sich die Schlussfolgerungen auf wissenschaftliche Publikationen unter anderem zu den Themen Blended Learning, Didaktik, Management und Arbeitspsychologie mit dem Fokus „gesunde Arbeitswelt". Dazu zählen Clark/Mayer 2011; Crainer 2000; Cummings 2008; Holden et al. 2010; Slavin 1996; Uchronski 2003; Ulich/Wülser 2010; Woltering et al. 2009.

23.2. Präsenzunterricht

Ein guter Präsenzunterricht wird entscheidend durch die Arbeitsumwelt beeinflusst. Zur Arbeitsumwelt zählen unter anderem Räume, Medien und Pausen (Ulich/Wülser 2010).

Raumgröße und Raumgestaltbarkeit

Können wir sowohl an Tischen in Gruppen als auch im freien Raum arbeiten?

Dies kann beispielsweise ein Raum sein, der zur Hälfte mit Tischen in U- oder Viereck-Aufstellung ausgestattet ist, und in dem eine freie Hälfte für Arbeiten im Raum zur Verfügung steht. Dies ist auch für Veranstaltungen mit dreißig und mehr Teilnehmenden machbar.

Absolut kontraproduktiv sind fest miteinander verbundene, womöglich auch noch in Reihen aufgestellte Tische, die sich nicht im Raum bewegen lassen. Hier das Lehrpult, dort die Schulbänke. Die Begründung, dass Lernende und Lehrende dann ihre Laptops aufladen können, ist didaktisch obsolet. Gute Lehre zeichnet sich durch Methoden- und Medienvielfalt aus. Dies umfasst unter anderem Arbeiten im Raum, Gruppenarbeiten, Visualisierungen (Poster, Tafel, Flipcharts), Präsentationen, Kurzvorträge und Rollenspiele, Entwicklung von Szenarien und vor allem den Dialog und mit ihm die Reflexion.

Zur Vielfalt der Methoden und die „Verhinderung" von Laptops sagte ein Student in einer Abschlussevaluation: „Wir wurden zur ständigen Mitarbeit angeregt und konnten uns nicht hinter unseren Laptops verstecken oder in Facebook surfen."

23. Was können wir tun?

Medien

Welche Visualisierungsmedien stehen zur Verfügung?
Dabei sind sowohl Vielfalt als auch Nachhaltigkeit im Sinne von Umweltschutz zu beachten.

Einige Lehrende arbeiten gerne mit Präsentationen und Beamern. Hierzu merkte ein Didaktiker in einer Fortbildung an der DHBW im Februar 2012 an: „Wie viele Folien brauchen Sie für eine gute Lehrveranstaltung? ... Richtig: null." Seine Empfehlung lautete: „Streben Sie es zumindest an, dann landen Sie wie ich heute für einen Tag [acht Stunden] bei sechs Stück." Es ist zu empfehlen, dass diese Medien im Raum vorhanden sind, sei es, dass sie fest installiert sind, oder dass eine studentische Hilfskraft den Auf- und Abbau durchführt. Lehrende, die vor und nach der Veranstaltung elektronische Medien abholen und abgeben müssen, werden dadurch zeitlich belastet.

Einige Lehrende nutzen die Tafel und lassen auch Studierende hiermit arbeiten, um weniger Papier und Stifte zu verbrauchen und somit weniger Abfall zu produzieren. Überlegen Sie einmal, was an Flipchartblättern bei vier Gruppen und zwei Gruppenarbeiten pro Nachmittag zusammenkommt. Flipchartblätter haben jedoch den Vorteil, über Tage und Wochen hinweg, also immer wieder im Semesterverlauf verwendet und weiterentwickelt werden zu können.

Overheadprojektoren finden unter anderem bei Veranstaltungen mit vielen Zuhörenden Anwendung. Die oder der Vortragende kann Gedanken skizzieren und wendet sich gleichzeitig, anders als an der Tafel, den Zuhörenden zu.

23.2. Präsenzunterricht

Pausen

Welche Rückzugs- und Verpflegungsmöglichkeiten stehen zur Verfügung?

Gerhard Tiesler spricht von der Kasernenartigkeit unserer Bildungseinrichtungen (Tiesler 2008; Schönwälder und Kollegen 2004). Es gibt jedoch Ansätze, auch lange fensterlose Gänge, wie wir sie sogar noch in jüngeren Bauten antreffen können, mit Licht, Pflanzen, Sitzmöglichkeiten, Wasserspendern und Farben so zu gestalten, dass Menschen diese Räume nicht nur als Verkehrswege nutzen können. Dieses und viele andere Anregungen finden sich unter anderem in Veröffentlichungen wie *Schule – Gebäude – Freiflächen – Gesundheit* zur Architektur und Raumgestaltung (Bockhorst et al. 2004) oder bei Eberhard Ulich zur Arbeitspsychologie (2010).

Auch draußen Pause zu machen, sich auszutauschen oder zu lernen, können wir durch eine entsprechende Gestaltung mit Bänken, Sonnensegeln und Anpflanzungen fördern.

Ruhe ist auch an Orten zu wünschen, an denen sich viele Menschen versammeln. Gerade Mensen (Kantinen) brauchen eine gute Lärm mindernde Architektur. Gegen Geschirrklappern und immer lauter werdende Gespräche mit Musik anzutönen ist keine Lösung.

23. Was können wir tun?

23.3. e-Learning

Wie erfolgt die Kommunikation über die Kommunikation?

Sind die Ansprechpartner für die e-Learning-Plattform bekannt?
Ist die Regelung von Zugängen bekannt?
Unterstützen die Ansprechpartner die Lehrenden und Studierenden bei Fragen zeitnahe [innerhalb von 24 Stunden] und kompetent?
Erfolgt eine klare Kommunikation zu Updates und ihren Konsequenzen?
Gibt es Schulungen?

Wichtig ist, dass dies alles als *push* (drücken, bringen, berichten) und nicht als *pull* (ziehen, holen, fragen) erfolgt. Wenn jede/r Nutzerin einzeln nachfragt – und ich kann nur etwas fragen, von dem ich weiß, dass es etwas zu fragen gibt – steigt der Verbrauch der kostbaren Ressource Zeit bei allen Beteiligten unnötigerweise. Die Nutzer, also die Lehrenden, die Studierenden und die Mitarbeiterinnen und Mitarbeiter im Hochschulmanagement (Hochschul- und Studiengangsverwaltungen) müssen von den e-Learning-Administratoren mit diesen Informationen und Beratungen und Schulungen „versorgt" werden.

23.4. Lehrmanagement

Gutes Lehrmanagement steht und fällt zum einen mit dem grundsätzlichen Vorgehen einer Hochschule und zum anderen mit den Sekretariaten und Modul- oder Studiengangsverantwortlichen vor Ort.

Studien- und Prüfungsordnungen

Sind diese den Lehrenden und Studierenden bekannt?
Verwenden die Lehrenden diese als Grundlage für ihr Vorgehen in Lehre und Prüfungen?

Studien- und Prüfungsordnungen sind eine rechtliche Grundlage der Zusammenarbeit von Lernenden, Lehrenden und Hochschule. Sie sind in der Regel klare und gut verständliche Ordnungen, die beschreiben, wie die Studierenden ihre Leistungsnachweise zu erbringen haben, und wie die Lehrenden diese zu bewerten haben. Auch zu Fristen, beispielsweise zur Bekanntgabe von Prüfungsterminen geben sie Auskunft.

Lehrende müssen diese Studien- und Prüfungsordnungen sowie die Modulbeschreibungen für die Vorbereitung und Durchführung von Lehre und Prüfungen hinzuziehen. Damit erfüllen sie ein wichtiges Qualitätskriterium von Lehre: Lehrende müssen zu Beginn wissen, was sie lehren und was und wie sie prüfen werden, denn sie müssen schon vor Beginn einer Lernveranstaltung den Studierenden Inhalte, Lernziele, Leistungsnachweise und Termine, einschließlich Prüfungstermin bekannt geben (Kapitel GANZ REAL).

Die Hochschule und in der täglichen Umsetzung die Modulverantwortlichen oder StudiengangsleiterInnen müssen die Lehrenden,

23. Was können wir tun?

auch externe Lehrende, auf diese Studien- und Prüfungsordnungen einschließlich Zweck und Nutzen hinweisen und ihnen zur Verfügung stellen, beispielsweise durch die Mitteilung eines Links zur Onlinepublikation.

Lerninhalte und Lernziele

Sind allen Lernenden und Lehrenden Inhalte und Lernziele sowie Art und Umfang der Leistungsnachweise für alle Lernveranstaltungen ihres Studienganges zugänglich und bekannt?

Dies geschieht zumeist in Form von Modulbeschreibungen. Wie gesagt, sind in der täglichen Umsetzung die Modulverantwortlichen oder StudiengangsleiterInnen aufgefordert, dies entsprechend mit ihren Lehrenden und Studierenden zu kommunizieren. Solche Beschreibungen erleichtern die Abstimmung der Veranstaltungen aufeinander und die gegenseitige Unterstützung der Lehrenden, wenn sie miteinander in Kontakt treten.

Termine

Sind allen Lernenden und Lehrenden die Termine der Veranstaltungen und der Prüfungen ihres Studienganges zu Beginn eines Semesters zugänglich und bekannt?

Dies sollte schon einige Wochen vor Start der Vorlesungszeit der Fall sein. Die Planung, Organisation und das tägliche Management kann mit Unterstützung elektronischer Medien erfolgen. Dazu bieten auch e-Learning-Plattformen entsprechende Funktionen an.

Planung, Organisation und das tägliche Management sind Aufgabe der Hochschule. Sekretariate können dies in der Regel durch ihre Knotenfunktion in der Kommunikationslandschaft Hochschule hervorragend durchführen. Diese Menschen, meist sind es Frauen,

23.4. Lehrmanagement

zeichnen sich oftmals durch eine hohe Management- und Sozialkompetenz aus. Sie sind Ansprechpartner für Studierende, Lehrende und Hochschuladministration.

Sollten Terminänderungen erforderlich sein, so kann das Sekretariat dies zentral, koordiniert und frühzeitig umsetzen und an alle direkt und indirekt Betroffenen kommunizieren. Auch hier sind Plattformen mit Kalendern und Nachrichten in Rubriken wie „Aktuelles/Neues" hilfreich.

Evaluation der Lehre

Stehen den Lehrenden ihre Evaluationsergebnisse vollständig, zeitnahe und im Vergleich zu anderen Lernveranstaltungen zur Verfügung?

Die Evaluation der Lehre mittels Fragebögen unterstützt Lehrende in der kontinuierlichen Verbesserung ihrer Lehre. Dazu bieten e-Learning-Plattformen eine elektronische Unterstützung an. In vielen Hochschulen hat sich die Verwendung von Fragebögen wie beispielsweise EvaSys durchgesetzt (Electric Paper Evaluationssysteme 2018). Darin beantworten die Studierenden Fragen zu sich selbst (Semesterzahl, Geschlecht, ...) sowie quantitative Fragen (Bewertungsskalen) und qualitative Fragen (Freitext) zur Veranstaltung. Dabei sollten die folgenden vier Themenblöcke zur Sprache kommen:

> Konzept und Aufbau der Veranstaltung;
> Durchführung der Veranstaltung;
> Zusammenarbeit Lernende und Lehrende im Rahmen der Veranstaltung;
> eigener Beitrag im Lernprozess.

Die Ergebnisse müssen die Lehrenden vollständig und auch im anonymisierten Vergleich mit anderen erhalten. Dies kann durch

23. Was können wir tun?

die Zusendung von Auswertungsergebnissen per Post oder per E-mail als PDF erfolgen. Der beste Standard ist derzeit die Online-Evaluation und Online-Bekanntgabe. Dies ist mit entsprechenden Zugangsberechtigungen individuell für die Lehrenden machbar. Verantwortlich ist hier wiederum die Hochschule. Ist solch ein Vorgehen noch nicht etabliert, sollten die Modul-, beziehungsweise StudiengangsleiterInnen dafür Sorge tragen, dass alle Lehrenden in ihrem Zuständigkeitsbereich ihre jeweilige Evaluation vollständig erhalten. Dies sollte spätestens zwei bis vier Wochen nach Ende der Veranstaltung erfolgen.

23.5. Überprüfung von Lehr- und Lernqualität

Die summative Evaluation von Lehre mittels Fragebögen ist ein klassischer Weg. Außerdem können und sollten Lehrende im Veranstaltungsverlauf ihre Lehrqualität hinterfragen. Die Qualität der Leistungsnachweise gibt weitere Hinweise auf die Qualität von Lehre.

Formative Evaluation von Lehre

Überprüfen und hinterfragen Lehrende im Semesterverlauf die Qualität ihrer Lehre mit den Studierenden? Welche Methoden sind dazu hilfreich?

Lehrende fragen die Lernenden mehr oder weniger regelmäßig am Ende einer Veranstaltung, wie es war und was sie verbessern können. Oder Studierende sprechen von sich aus Verbesserungsbedarf an. Durch die regelmäßige Anwendung von Reflexionsmethoden können Lehrende sowohl die Gruppendynamik unterstützen als auch eine formative, also begleitende Evaluation ihrer Lehre durchführen. Dazu zählen Check-In/Check-Out und Visualisierungen wie „Headlining" oder die Entwicklung von Szenarien wie „Der Film" (Kapitel REFLEXIONEN).

Termintreue

Wie zügig erhalten die Studierenden die Bewertung ihrer Leistungsnachweise?
Was ist „zügig" und damit angemessen?

Lehrende führen in der Regel mehr als eine Lernveranstaltung durch und haben auch noch weitere Verpflichtungen innerhalb

23. Was können wir tun?

und außerhalb der Hochschule. Wenn wir Lehrenden jedoch von den Studierenden Termintreue, Methodensicherheit und Zuverlässigkeit fordern, so müssen wir Gleiches ebenfalls leisten. Darum müssen Lehrende den Studierenden die Bewertung der Leistungsnachweise zügig bekannt geben und ihre Gutachten (auch Klausurkorrekturen sind in diesem Sinn Gutachten) an das zuständige Sekretariat senden oder auf der e-Learning-Plattform in virtuellen Räumen hinterlegen, die die entsprechenden Zugangsberechtigungen erfüllen.

„Zügig" ist ein unscharfer Begriff. Eine – nicht repräsentative – Umfrage unter lehrenden Kolleginnen und Kollegen, deren Lehrqualität ich sehr schätze, brachte folgende Ergebnisse zu den Zeiten bis zur Bekanntgabe der Ergebnisse an die Studierenden: Klausuren eine Woche, Zwischenstände von schriftlichen Arbeiten (Seminar-, Haus-, Projekt-, Abschlussarbeiten) eine Woche, endgültige Gutachten zu schriftlichen Arbeiten maximal zwei bis vier Wochen – auch für eine Bachelor- oder Master-Thesis. Das Gutachten für eine Doktorarbeit kann ein paar Wochen mehr in Anspruch nehmen, muss aber nicht. Ein immer wieder kehrender Tenor war: Das Semesterende ist stressig, aber das ist unser Berufsrisiko.

Qualität der Leistungsnachweise „schriftliche Arbeiten"

Wie gut sind die Seminar-, Haus-, Projekt-, Abschlussarbeiten?

Die Ergebnisse der schriftlichen Ausarbeitungen zeigen, wie fit die Studierenden sind, und wie gut die oder der Lehrende die Aufgabenstellung formuliert und mit den Studierenden kommuniziert hat.

Für Seminar-, Haus-, Projekt- und Abschlussarbeiten müssen den Studierenden das Vorgehen, die Themen- und Aufgabenstellung, Termine und die Grundsätze wissenschaftlichen Arbeitens ebenso

23.5. Überprüfung von Lehr- und Lernqualität

wie die Bewertungskriterien von Beginn an bekannt sein (Kapitel LERNVERANSTALTUNGEN).

Eine kontinuierliche Betreuung und ein regelmäßiger Austausch unterstützt die Studierenden in ihren Arbeiten. Dieser Austausch sollte zwischen dem einzelnen Lehrenden und Studierenden und vor allem in der Gruppe stattfinden. Dies gilt sowohl für den Präsenzunterricht als auch für den virtuellen Kursraum der Lernveranstaltung (Teil LEISTUNGSNACHWEISE).

Qualität der Leistungsnachweise „Klausuren"

Wie gut sind Klausurergebnisse?

Die Klausurergebnisse zeigen, ob die Studierenden sich auf die Prüfung vorbereitet haben, und sie zeigen, wie gut die oder der Lehrende die Klausur konzipiert hat. Das Kapitel VOM SINN DER KLAUSUREN beschreibt, was dabei zu beachten ist.

Formative Einschätzung der Lernleistungen

Wie können Lehrende Lernende im Semesterverlauf einschätzen und in ihrem Lernprozess fördern?

Hierzu sollten Lehrende sowohl fachliche als auch methodische und soziale Kriterien (Schlüsselkompetenzen) heranziehen. Das Continued Multidisciplinary Project-Based Learning (CM-PBL) schlägt ein Vorgehen dazu vor (Kapitel LERNEN DURCH FORSCHEN & ENTWICKELN). Hier sind es zwei Lehrende im Vier-Augen-Prinzip und eine Forschungsgruppe. Das Setting lässt sich auch auf Lernen und Lehren im Seminarkontext übertragen.

23. Was können wir tun?

23.6. Synopsis

Aus den Interviews, der teilnehmenden Beobachtung, den zahlreichen Reflexionen mit Studierenden, Lehrenden, Wissenschaftlern und Angehörigen des Hochschulmanagements und der Literatur lassen sich einige Kernaspekte entwickeln:

> Alle Akteure in der Hochschule müssen Verantwortung für ihre Aufgaben und ihre Handlungen (oder Unterlassungen) übernehmen. Zu den Akteuren zählen Hochschuladministration, Lehrende, Forschende, Studierende und im Fall der Dualen Hochschulen die Unternehmen, deren Auszubildende an der Hochschule studieren. Ihre Arbeit sollte sich durch Professionalität und Empathie auszeichnen. Die Zusammenarbeit aller Akteure sollte von Respekt, Vertrauen und Wertschätzung geprägt sein.

Management, elektronische Medien, digitale Kommunikationsplattformen, Räume und – vor allem – Menschen beeinflussen die Qualität von Lehre und Lernen.

Als Lehrende und als Hochschuladministration müssen wir die Ansprüche und Erwartungen, die wir an die Studierenden haben, zunächst einmal selbst erfüllen. Dazu zählen Respekt, Zuverlässigkeit, Mitarbeit, Transparenz, die Anwendung fundierter Methoden in (Selbst-) Management, Didaktik und wissenschaftlichem Arbeiten und die Bereitschaft mit und von den Lernenden, Kollegen und in regelmäßigen Fortbildung zu lernen.

Wenn wir die Studierenden respektieren, dann können sie uns respektieren.

Hochschulen müssen die Leistungen der externen Lehrenden wertschätzen – auch und gerade durch ein angemessenes Honorar.

23.6. Synopsis

Natürlich sind auch die Studierenden in der Pflicht. Die drei Gruppen Hochschule, Studierende und Lehrende haben ein Abkommen miteinander. Jede Gruppe muss ihren Beitrag leisten. Es geht also nicht um das Konsumieren von oder die Berieselung mit Präsentationsfolien, sondern um eine aktive Beteiligung. Es ist eine Freude zu sehen, dass Studierende Letzteres sehr zu schätzen wissen.

Als Lehrende müssen wir die Dokumente, die unsere Zusammenarbeit regeln, wie beispielsweise Studien- und Prüfungsordnungen, beachten und von Beginn an in unserer Lehre verwenden. Wir müssen Grundlagen der Didaktik beherrschen wie zum Beispiel die Formulierung von Lernzielen und Aufgabenstellungen für schriftliche Ausarbeitungen und Leistungsnachweise wie Seminar-, Haus-, Projekt- und Abschlussarbeiten, für Klausuren und mündliche Prüfungen.

Als Hochschule und Lehrende müssen wir eine gute Kommunikation und ein gutes Lehrmanagement für alle Beteiligten – Studierende, Lehrende, Hochschulverwaltung – verwirklichen. Ressourcen dazu, wie kompetente Sekretariate und e-Learning-Plattformen, gibt es.

Alle Akteure sollten bedenken, dass Lernen Zeit und Raum braucht. Es ist also immer wieder zu fragen, wie viele Themen bearbeiten wir im Präsenzunterricht? Was und wie viel können Studierende im Selbststudium erarbeiten? Das Kompetenz-orientierte Lernen legt Wert darauf, Lernen zu lernen und die Fähigkeit zu erwerben, sich Themen eigenständig und in der Zusammenarbeit mit anderen anzueignen. Es geht nicht um Masse, es geht um Klasse, aufbauend auf einem soliden Grundwissen.

Unser Augenmerk sollten wir auch auf Architektur und Raumgestaltung richten. Hier gilt es, zum einen die Verantwortlichen für Planung und Durchführung immer wieder auf arbeitspsychologische und didaktische Erkenntnisse hinzuweisen. Zum anderen

23. Was können wir tun?

können wir im Alltag die Gestaltung und Nutzung von Räumen ebenso wie gute Lehre selbst im wahrsten Sinne des Wortes in die Hand nehmen: „Bitte stellen Sie die Tische um ..."

24. Über die Geschwindigkeit von Veränderungen

24. Über die Geschwindigkeit von Veränderungen

Studierende meinen in unseren Reflexionen immer mal wieder: „Es tut sich nichts." Daraufhin frage ich sie: „Wie lange sind Sie an dieser Hochschule?" – „Seit mehr als zwei Jahren." Oder auch „Fast drei Jahre." – „Nun, in unserer Arbeit hier im Fach Consulting haben Sie erfahren, dass Veränderungen in Organisationen lange dauern. Oftmals vergehen Jahre bis die Beteiligten merken, dass sich etwas tut. Je größer die Organisation ist und je mehr Ähnlichkeit sie mit einer Behörde hat, desto länger kann es dauern. Ich bin seit 2010 hier an der DHBW. Glauben Sie mir. Es hat sich einiges getan."

Aus dem Blog vom Mittwoch, 21. Juni 2017

Gestern ging das Seminar Change Management im Studiengang Wirtschaftsinformatik mit dem Schwerpunkt Sales and Consulting an der DHBW Mannheim zu Ende. Gleichzeitig lehre ich in diesen Wochen an der Hochschule Furtwangen (HFU) Sozioinformatik. Auch dort werden wir in dieser Woche die Module abschließen.

„Es ist sehr interessant, gleichzeitig an zwei Hochschulen zu lehren, zumal wenn ich an der einen seit fast sieben Jahren bin und an der anderen neu." – „Und? Welche ist besser?" – „Keine. Licht und Schatten gibt es in jeder Organisation. Und wenn ich eine Organisation von der Größe der DHBW betrachte, die sich erst vor zehn Jahren aus einer Berufsakademie zu einer Hochschule gewandelt hat, wird wieder einmal deutlich: Veränderungen in großen und dann auch noch verteilten Organisationen dauern. Vor allem dann, wenn auch noch ein gewisser behördlicher Geist darin mitschwingt." – „Was hat sich denn getan? Ich habe ja nicht deine Vergleichsmöglichkeiten."

Dieser Kollege, Professor an der DHBW, hat also die Gelegenheit genutzt: Was sagt eine Organisationsentwicklerin, zu deren Expertise auch das Organisationale Lernen gehört, über seine Hochschule? Wir haben über einiges gesprochen. Ein Punkt sei hier heraus gegriffen: das e-Learning, das an dieser Hochschule für Studierende, Professoren und externe Dozenten das Blended Learning erst möglich macht.

Die DHBW nutzt Moodle. Ich nenne diese e-Learning-Plattform manchmal auch „Moodle-Pudel", weil es hin und wieder wie bei einem Pudel etwas „gelockt" zugeht. Fazit derzeit: Moodle hat sich sehr gemausert. Es ist fast immer stabil und zuverlässig und erfüllt Jakob Nielsens Usability-Kriterien nahezu vollständig: Erlernbarkeit, Effizienz, Effektivität, Einprägsamkeit, Fehlerrate und Grad der Zufriedenstellung (Nielsen 1993 und 2012). Was die Arbeit mit Moodle zum Vergnügen macht, ist – wie meist bei IT – der sozio-Anteil der Sozioinformatik: die Menschen. Es gibt an der DHBW Mannheim einen sehr zuverlässigen Administrator. Studierende, Lehrende und Mitarbeiter der Hochschulverwaltung sind zunehmend bereit, Moodle zu nutzen. Außerdem hat die Hochschule ihre Verwaltungsabläufe in den Bereichen gestrafft, die ich als externe Dozentin erlebe, beispielsweise Verträge, Termine, Unterrichtsmaterial, Raumorganisation, Abrechnungen und Honorarzahlungen.

Diese Veränderung hat mehrere Jahre gedauert. Andere stehen noch aus. Die Hochschule muss zum Beispiel entscheiden, ob sie sich mit ihren derzeit neun Standorten und drei Campus föderal oder zentralistisch organisieren will. Wenn dies nicht klar ist, fließt zu viel Energie in klärende Debatten. Und damit stehen dort alle vier Elche wieder herum: Macht, Beziehungen, Karriere, Fehler (Buchreihe ELCHE FANGEN). Wenn Menschen richtig mit ihnen umgehen, haben diese vier Elche auch schöne Seiten und alle Beteiligten – Studierende, Lehrende, Hochschuladministration und die mit Hochschulen kooperierenden Unternehmen – können mit Elchen tanzen.

Aale

Aale sind faszinierende Fische. Lernen und Lehren mit dem Aal-Prinzip – *Andere arbeiten lassen* – macht Spaß und ist für Lernende und Lehrende gleichermaßen bereichernd. Lassen Sie zu, dass andere arbeiten. Ermöglichen Sie sich selbst und anderen, in ihrem Tempo, mit ihren Ideen und mit ihren Fragen zu lernen und zu lehren. Wenn dies außerdem in einer angenehmen Umgebung stattfindet, also Architektur, Ausstattung und Verpflegung stimmen – umso besser.

Dieses Buch erzählt von einigen Beispielen. Vielleicht sagen auch Sie bald „Ah, ein Aal!", wenn Sie Tische und Stühle umstellen und Lernmaterial, ganze Lernveranstaltungen, Studiengänge und auch Prüfungen auf Ihre Bedürfnisse zuschneiden. Als Lernende können Sie die Lehrenden dazu anregen. Als Lehrende haben Sie Ihr Skript, Ihr Drehbuch und damit die Gestaltung der Lernveranstaltung in der Hand. Als Hochschule können Sie ein ganz besonderes Refugium für „Aale" sein.

Teil V.
… Außerdem …

Dank

Um solch ein Buch zu verwirklichen, braucht es viele gute Geister.

Cord, der an der RWTH Aachen mein Sparringspartner in der Entwicklung des Continued Multidisciplary Project-Based Learning (CM-PBL) war. Menschen aus Forschung und Lehre, in Hochschulverwaltungen und in Unternehmen, die sich mit mir ausgetauscht haben. Besonders wichtig sind die Studierenden, von und mit denen ich viel lerne; zum Beispiel in Aachen, Mainz, Berlin, Fulda, Mannheim und Furtwangen.

Jan, Manager und mittlerweile ebenfalls extern Lehrender an einer Hochschule, der wieder hervorragend auch zu diesem Buch sein Feedback gegeben hat. Frank, der aus der Sicht des Hochschul-Professors kommentiert hat. Nastassia und Robin, die die Perspektive der Studierenden sehr gut vertreten und gezeigt haben, dass sie sowohl selbst schreiben können (beispielsweise in ihren Seminararbeiten) als auch das Zeug zu guten Fachlektoren haben. Marko, der weiterhin die Kunst, Motorrad zu fahren, und die Kunst des Dialogs bei „trinken wir einen Kaffee?" beherrscht und so viel für dieses Buch getan hat.

Ab Juli 2018 habe ich VorLeseProben auf christa-wessel.de veröffentlicht. Einige Experten habe ich im Rahmen meiner Recherchen direkt kontaktiert. Studierende und Kolleginnen und Kollegen aus Lehre, Forschung, Management von Hochschulen und Unternehmen haben hilfreiches Feedback gegeben. Zwei von ihnen möchte

Dank

ich nenne: Claas Danielsen, der mir seinen Film über Lada Nikolenko schickte, die mir in ihrem Buch die harte Seite der Theory in use und der Theory of action zeigte, und Dr. Lucas Zinner, Herausgeber und einer der Autoren des PRIDE Handbook, der für die Doktor-Schulen wichtige Literatur und Kommentare gab.

Mit diesem Buch konnte ich mir einen langjährigen Wunsch erfüllen und natürlich hoffe ich, dass es auch Ihnen, den Leserinnen und Lesern, nützt: Studierende, Doktoranden, Lehrende, Hochschulverwaltungen und Menschen in Unternehmen, die für Lernende da sind.

Quellen

Anderson LW, Krathwohl DR (eds). A taxonomy for learning, teaching, and assessing: a revision of Bloom's taxonomy of educational objectives. Complete ed. New York, Longman 2001.

Argyris C, Schön D. Organizational Learning: A theory of action perspective. Reading, MA, Addison Wesley 1978.

Argyris C, Schön D. Organizational Learning II: Theory, Method, and Practicee. Upper Saddle River, NJ, FT Press 1995.

Armstrong P. Bloom's Taxonomy (and the revised taxonomy). Center for Teaching, Vanderbuilt University, Nashville, Tenn. – https://cft.vanderbilt.edu/guides-sub-pages/blooms-taxonomy/ (24 Jul 2018); with a link to: Center for Teaching Vanderbuilt University. Fig: Bloom's Taxonomy Revised. Uploaded 6 September 2016 – https://www. flickr.com/photos/vandycft/29428436431 (24 Jul 2018)

Ates G, Holländer K, Koltcheva N, Krstic S, Parada F. Eurodoc Survey I: The first Eurodoc Survey on Doctoral Candidates in Twelve European countries. Brussels (BE), Eurodoc – The European Council of Doctoral Candidates and Junior Researchers 2011. – http://www.eurodoc.net/sites/default/files/attachments/2017/144/eurodocsurveyireport2011.pdf (17 May 2019)

Babb JS, Norbjerg J. A Model for Reflective Learning in Small Shop Agile Development. In: MolkaDanielsen J, Nicolajsen HW, Persson JS (eds). Information Systems Research Seminar in Scandinavia Nr. 1 (2010): IRIS 33 – pp 23-38.

Quellen

Bäumer AL, Groß R. Guardians of the Galaxy – Über die Entwicklung eines Teams. Seminararbeit im Fach Consulting: Sozial- und Methodenkompetenz. Mannheim, DHBW Mannheim – Studiengang Wirtschaftsinformatik 2017.

Beck K et al. Manifesto for Agile Software Development – The Mainfesto – Principles – History. 2001 – http://agilemanifesto.org/ (05 Jun 2019)

Biggs J, Tang C. Teaching for Quality Learning at University (Society for Research Into Higher Education). 4 edition. Open University Press 2011. – siehe auch http://www.johnbiggs.com.au/academic/constructive-alignment/ (05 Jun 2019)

Bleimann U. Atlantis University – A New Pedagogical Approach beyond E-Learning. In: Furmell S, Dowland P (Ed.) INC 2004 Conference Proceedings. Plymouth, INC 2004: 553-560.

Bloom BS. Taxonomy of Educational Objectives. 2nd edition (1st 1956). Reading, MA, Addison Wesley 1984.

Bockhorst R et al. Schule – Gebäude – Freiflächen – Gesundheit. Gütersloh, Bertelsmann Stiftung 2004.

Bortz J, Döring N. Forschungsmethoden und Evaluation: für Human- und Sozialwissenschaftler: Fur Human- und Sozialwissenschaftler. 4. Auflage. Heidelberg, Springer Verlag 2006.

Brabrand C, Andersen J. „Teaching Teaching & Understanding Understanding" 19 minute award-winning short-film (DVD) about Constructive Alignment. Aarhus University Press, University of Aarhus, Denmark, 2006 – https://www.youtube.com/watch?v=iMZA80XpP6Y (05 Jun 2019)

BRD, ArbZG – Bundesrepublik Deutschland. Arbeitszeitgesetz vom 6. Juni 1994 (BGBl. I S. 1170, 1171), das zuletzt durch Artikel 12a des Gesetzes vom 11. November 2016 (BGBl. I S. 2500) geändert worden ist. [ArbZG] – https://www.gesetze-im-internet.de/arbzg/index.html (02 Jun 2019)

BRD, AZV – Bundesrepublik Deutschland. Arbeitszeitverordnung vom 23. Februar 2006 (BGBl. I S. 427), die zuletzt durch Artikel 8 des Gesetzes vom 29.März 2017 (BGBl. I S. 626) geändert worden ist. – https://www.gesetze-im-internet.de/azv/index.html (02 Jun 2019)

BRD, GG – Bundesrepublik Deutschland. Grundgesetz für die Bundesrepublik Deutschland in der im Bundesgesetzblatt Teil III, Gliederungsnummer 1001, veröffentlichten bereinigten Fassung, das zuletzt durch Artikel 1 des Gesetzes vom 28. März 2019 (BGBl. I S. 404) geändert worden ist. – https://www.gesetze-im-internet.de/gg/index.html (05 Jun 2019)

BRD, StGB – Bundesrepublik Deutschland. Strafgesetzbuch in der Fassung der Bekanntmachung vom 13. November 1998 (BGBl. I S. 3322), das zuletzt durch Artikel 2 des Gesetzes vom 19. Juni 2019 (BGBl. I S. 844) geändert worden ist. – https://www.gesetze-im-internet.de/stgb/StGB.pdf (31 Jul 2019)

Brockmann N, Lenz E, Zerr T. Bring him home – Virtuelle Teams unter Druck. Seminararbeit im Fach Consulting: Sozial- und Methodenkompetenz. Mannheim, DHBW Mannheim – Studiengang Wirtschaftsinformatik 2016. – Download via https://www.christa-wessel.de/resources/attended-theses/seminar-paper/ (01 Apr 2017)

BW – Landesregierung Baden-Württemberg. Verordnung der Landesregierung über die Arbeitszeit, den Urlaub, den Mutterschutz, die Elternzeit, die Pflegezeiten und den Arbeitsschutz der Beamtinnen, Beamten, Richterinnen und Richter (Arbeitszeit- und Urlaubsverordnung – AzUVO) Vom 29. November 2005 (GBl. Nr. 17, S. 716) [letzte Änderungen in Kraft getreten am 01.12.2018] – http://gaa.baden-wuerttemberg.de/servlet/is/16050/2_3_1.pdf (02 Jun 2019)

Cameron J. Avatar. USA, 20th Century Fox 2009.

Candilis G – dans: Contributeurs à Wikipedia, 'Georges Candilis', Wikipédia, l'encyclopédie libre, 21 août 2018, 17:30 UTC, <https://fr.wikipedia.org/w/index.php?title=Georges_Candilis&oldid=151512643> [Page consultée le 21 août 2018]

Quellen

Clark RC, Mayer RE. e-Learning and the Science of Instruction: Proven Guidelines for Consumers and Designers of Multimedia Learning. 3rd edition. London, Pfeiffer 2011.

Collins J. Level 5 Leadership: The Triumph of Humility and Fierce Resolve. Harvard Business Review 2005 (July-August): 1-11. – https://hbr.org/2005/07/level-5-leadership-the-triumph-of-humility-and-fierce-resolve (25 Aug 2015)

Cooperrider DL, Whitney D, Stavros JM. Appreciative Inquiry Handbook (2nd ed.) Oakland, CA, Berrett-Koehler Publishers 2008.

Coursera. Online-Kurse [Zusammenarbeit mit mehreren Universitäten] – https://www.coursera.org/ (05 Jun 2019)

Crainer S. The Management Century. New York, Jossey-Bass 2000.

Cummings TG (Ed.) Handbook of Organization Development. Los Angeles, Sage Publications 2008.

Danielsen C. Memoiren einer frustrierten Hedonistin. Hochschule für Fernsehen und Film München 1995 – https://www.hff-muenchen.de/de_DE/film-detail/memorien-einer-frustrierten-hedonistin.684 (28 Feb 2019)

Danquart P. Joschka und Herr Fischer. (Biografie/Geschichte). DVD: Warner Home Video 2011.

Dante e.V. Professional Typesetting Deutschsprachige Anwendervereinigung TeX e.V. – https://www.dante.de/ (05 Jun 2019)

Davies R, Sedley L. Agiles Coaching. Praxis-Handbuch für ScrumMaster, Teamleiter und Projektmanager in der agilen Software-Entwicklung. Frechen, mitp 2010 (en 2009).

Deininger M, Lichter H, Ludewig J, Schneider K. Studien-Arbeiten: ein Leitfaden zur Vorbereitung, Durchführung und Betreuung von Studien-, Diplom- und Doktorarbeiten am Beispiel Informatik. 4. Auflage. Zürich; Vdf Hochschulverlag 2002.

DeMarco T, Lister T. Peopleware: Productive Projects and Teams. 2nd edition. New York, Dorset House Publishing Company 1999. (deutsch: Wien wartet auf Dich)

Dewey J. Democracy and Education. (1st edition 1916). Radford, VA, Wilder Publications 2008.

Dewey J. How We Think How We Think. 1st edition 1910. Mineola, NY, Dover Publications 1997 (new edition).

DHBW – Duale Hochschule Baden-Württemberg, Präsidium (Hg.). Studien- und Prüfungsordnung für die Bachelorstudiengänge im Studienbereich Wirtschaft der Dualen Hochschule Baden-Württemberg (DHBW) (Studien- und Prüfungsordnung DHBW Wirtschaft – StuPrO DHBW Wirtschaft) Vom 22. September 2011 – http://www.am.dhbw-mannheim.de/fileadmin/dhbw/download center/pruefungsordnungen/StuPrO_Wirtschaft_2011.pdf (09 Apr 2019)

DHBW – Duale Hochschule Baden-Württemberg. Antrag auf Prüfungsrücktritt aus wichtigem Grund gemäß § 11 Absatz 2StuPrO der jeweiligen Studienbereiche/-gänge der DHBW. Prüfungsrücktritt_DHBW Version 1.1_MA 12.05.2017. Mannheim, DHBW Mannheim 12.05.2017 – http://www.dhbw-mannheim.de/filead min/dhbw/downloadcenter/ZentralerStudienservice/Pruefungs ruecktritt_Formular_und_Hinweise_MA_2017-09.pdf (09 Apr 2019)

DHBW – Duale Hochschule Baden-Württemberg. Lehrbeauftragte. – https://www.dhbw-stuttgart.de/zielgruppen/lehrbeauftragte/ (16 Aug 2018)

DHBW – Duale Hochschule Baden-Württemberg. Lehrbeauftragte. Voraussetzungen und Aufgaben. – https://www.dhbw-stuttgart. de/zielgruppen/lehrbeauftragte/voraussetzungen-und-aufgaben/ (16 Aug 2018)

DHBW – Duale Hochschule Baden-Württemberg. Wissen verbindet. Stuttgart 2013 – https://www.dhbw-stuttgart.de/fileadmin/da

Quellen

teien/DHBW/DHBW_Broschuere_Wissen_verbindet.pdf (16 Aug 2018)

DHBW – Duale Hochschule Baden-Württemberg.Zentrum für Hochschuldidaktik und lebenslanges Lernen (ZHL) – https://www.cas.dhbw.de/zhl/ (26 Jun 2019)

DHV – Deutscher Hochschulverband. DHV-Seminare. – https://www.dhvseminare.de/ (03 Jun 2019)

DHV – Deutscher Hochschulverband. Grundgehälter und Besoldungsanpassungen [Professuren]. April 2019. – https://www.hochschulverband.de/fileadmin/redaktion/download/pdf/besoldungstabellen/grundgehaelter_w.pdf (02 Jun 2019)

DHV – Deutscher Hochschulverband. W-Portal. Das DHV-Portal zur W-Besoldung [Besoldungstabellen Professuren] – https://www.hochschulverband.de/435.html#_ (02 Jun 2019)

Ditze AW. Bürger Unternehmer Generalist. – https://ditze.net/ (05 Jun 2019)

Donnelly R, Fitzmaurice M. Collaborative project-based learning and problem-based learning in higher education: A consideration of tutor and student roles in learner-focused strategies. In: O'Neill G, Moore S, McMullin B (eds). Emerging Issues in the Practice of University Learning and Teaching. Dublin, AISHE 2005: 87-98.

Duden. Rezipieren. – https://www.duden.de/rechtschreibung/rezipieren (07 Mar 2018)

EC – European Commission. The European Charter for Researchers. The Code of Conduct for the Recruitment of Researchers. Brussels, Directorate-General for Research Human resources and mobility (Marie Curie Actions) EUR 216202005 2005 – https://euraxess.ec.europa.eu/sites/default/files/am509774cee_en_e4.pdf – also on https://euraxess.ec.europa.eu/jobs/charter/europeancharter and https://euraxess.ec.europa.eu/jobs/charter/code (20 May 2019)

EC – European Commission. ECTS User's Guide. Last update: 09/10/2015 – http://ec.europa.eu/education/ects/users-guide/index_en.htm (26 Jun 2019)

EC – Directorate-General for Research and Innovation (European Commission), IDEA Consult , Technopolis , WIFO. MORE3 study: Support data collection and analysis concerning mobility patterns and career paths of researchers. Luxembourg, Publications Office of the European Union 2017. – https://publications.europa.eu/en/publication-detail/-/publication/4681ae98-3ba0-11e8-b5fe-01aa75ed71a1/language-en (28 Jun 2019)

EC – European Commission/EACEA/Eurydice. The European Higher Education Area in 2018: Bologna Process Implementation Report. Luxembourg, Publications Office of the European Union 2018. – https://eacea.ec.europa.eu/national-policies/eurydice/content/european-higher-education-area-2018-bologna-process-implementation-report_en (28 Jun 2019)

Eco U. Wie man eine wissenschaftliche Abschlussarbeit schreibt. Doktor-, Diplom- und Magisterarbeit in den Geistes- und Sozialwissenschaften. Übersetzung von Walter Schick. 13. Auflage. Italienische Erstauflage 1977. Heidelberg, UTB 2010.

EHEA – European Higher Education Area. The Bologna Declaration of 19 June 1999. Joint declaration of the European Ministers of Education. Published: 18/06/1999 – Last modified: 26/10/2016 – http://www.ehea.info/cid100210/ministerial-conference-bologna-1999.html (31 May 2019)

Electric Paper Evaluationssysteme GmbH. Evaluations- & Umfragesoftware – EvaSys. – https://www.evasys.de/ (05 Jun 2019)

Engelhardt U, Weßel C. Shakespeare and Steve – Leadership & ... Workshop (2014 ff). – https://www.veraenderung-gestalten-lernen.de/seminare/leadership/shakespeare-and-steve/ (05 Jun 2019)

335

Quellen

EUA – European University Association. Doctoral Programmes for the European Knowledge Society: Report on the EUA doctoral programmes project, 2004-2005. Brussels 2005 – https://euacde.org/downloads/publications/2005_eua_doctoral-programmes-european-knowledge-society.pdf (20 May 2019)

EUA-CDE – European University Association – Council for Doctoral Education. Doctoral Education – Taking Salzburg forward – Implentation and new challenges. Brussels 2016 – https://euacde.org/downloads/publications/2016_euacde_doctoral-salzburg-implementation-new-challenges.pdf (20 May 2019)

Felder RM, Woods DR, Stice JE, Rugarcia A. The Future of Engineering Education. II.Teaching Methods That Work. Chem Engr Education 2000; 34: 26-39.

Flensburger Pilsener Werbung. BEST OF: Flensburger Pilsener Werbung *PLOP*. Hochgeladen von FensburgTV am 23.10.2012. – https://www.youtube.com/watch?v=Vl6GHr_OMfQ (05 Jun 2019)

Flessner B. Bernd Flessner. Zukunftsforscher. – http://www.berndflessner.de/ (05 Jun 2019)

Foster + Partners. Project. 2005 – Berlin, Germany, Free University. – https://www.fosterandpartners.com/projects/free-university/ (17 Dec 2018)

Friedman C, Wyatt J. Evaluation Methods in Biomedical Informatics. New York, Springer 1997 and 2006.

Goldberg N. Writing down the bones. Boston, Sahmbhala 1986 [de: Der Weg des Schreibens. München, Knaur 1991; Schreiben in Cafés. Berlin, Autorenhaus Verlag 2003.

Grass G. Die Blechtrommel. Göttingen, Steidl Verlag 1993. (Erstserscheinung: Neuwied a. Rh., Luchterhand Verlag 1959)

Hall ET. Beyond Culture. New York, Anchor Books 1989.

Hall ET. Dance of Life. New York, Anchor Books 1989.

Hall M, Hall ET. The Forth Dimension in Architecture. The Impact of Building on Behavior. Santa Fe, Sunstone Press 1975.

Hasgall A, Saenen S, Borrell-Damian L, Van Deynze F, Seber M, Huisman J. Doctoral education in Europe today: approaches and institutional structures. Survey. Geneva (CH), European University Association 2019. – https://www.eua.eu/downloads/publications/online%20eua%20cde%20survey%2016.01.2019.pdf (23 Jan 2019)

Hasman A, Boshuizen HPA. Medical Informatics and Problem-based Learning. Methods Inf Med 2001; 40: 78-82.

hej/dpa. Uni Hohenheim – 37 Studenten brechen Prüfung ab – und legen wortgleiches Attest vor. spiegelonline 16.06.2018 – http://www.spiegel.de/lebenundlernen/uni/stuttgart-37-studenten-brechen-pruefung-ab-und-legen-wortgleiches-attest-vor-a-1213340.html (01 Aug 2018)

Herzberg F, Mausner B, Snyderman BB. The Motivation to Work. 2nd edition. New York, John Wiley 1959.

HFU – Hochschule Furtwangen. Studiengänge. IT-Produktmanagement Bachelor. Vertiefung Sozioinformatik. – https://www.hs-furtwangen.de/studiengaenge/it-produktmanagement-bachelor/vertiefung-sozioinformatik/ (28 Jun 2019)

Holden JT, Westphall PJL, Gamor KI. An Instructional Media Selection Guide for Distance Learning – Implications for Blended Learning. Featuring an Introduction to Virtual Worlds. Second Edition. United States Distance Learning Association USDLA 2010 – https://www.usdla.org/wp-content/uploads/2015/05/AIMSGDL_2nd_Ed_styled_010311.pdf (05 Jun 2019)

HS Trier – Hochschule Trier, Umwelt-Campus Birkenfeld. Ärztliche Bescheinigung (Medical Certificate). Trier, 28.06.2018. – https://www.umwelt-campus.de/fileadmin/Umwelt-Campus/

Quellen

Pruefungsamt/Aerztliche_Bescheinigung_Pruefungsamt_dt_engl_Juni2018_01.pdf (09 Apr 2019)

HS Trier – Hochschule Trier, Umwelt-Campus Birkenfeld. Beiblatt zur Einreichung von Attesten (Supplement to the submission of medical certificates). Trier, 28.06.2018. – https://www.umwelt-campus.de/fileadmin/Umwelt-Campus/Pruefungsamt/Neu_Beiblatt_zur_Einreichung_von_Attesten_dt_engl_Juni2018.pdf (09 Apr 2019)

HS Trier – Hochschule Trier, Umwelt-Campus Birkenfeld. Informationen für Studierende. Prüfungsunfähigkeit (Erkrankungen) bei Prüfungen, Atteste, Amtsärztliche Atteste. Trier, 09.04.2019 – https://www.umwelt-campus.de/studium/informationen-service/pruefungsamt/pruefungsunfaehigkeiterkrankungen-bei-pruefungen-atteste-amtsaerztliche-atteste/ (09 Apr 2019)

Hundertwasser F. Die dritte Haut im dritten Bezirk. 1985/1991 – in: Kunsthaus Wien – Museum Hundertwasser. Die Gestaltung des Hauses. – http://www.kunsthauswien.com/de/ueber-uns/gestaltung-des-hauses (17 Dec 2018)

Hundertwasser F. Die dritte Haut im dritten Bezirk. April 1991. – http://www.hundertwasser.de/deutsch/ausstellungen/khwhaut.php (17 Dec 2018)

Hyams P. 2010: Das Jahr, in dem wir Kontakt aufnehmen. USA/UK, Metro-Goldwyn-Mayer 1984.

IKEA. bookbook. „Experience the power a book book (TM)" by IKEA published 23 Sep 2014 – https://www.youtube.com/watch?v=MOXQo7nURs0 (06 Jun 2019)

Informatik Spektrum, Band 40, Heft 1, Februar 2017: Smart Cities.

Ißler L, Becker N, Spreckelsen C, Weßel C. The CERES Project – CERES Software Development Guidelines. Aachener Schriften zur Medizinischen Informatik 2007; 01. Aachen: RWTH Aachen, Institut für Medizinische Informatik 2007.

Jenkins H. Transmedia Storytelling 101. March 22, 2007 – http://henry jenkins.org/2007/03/transmedia_storytelling_101.html (25 Jun 2017)

Jenkins H. Transmedia 202: Further Reflections. August 11, 2011 – http://henryjenkins.org/2011/08/defining_transmedia_further_re.html (25 Jun 2017)

Jobs S. Stay Hungry Stay Foolish. Speech. Stanford University 12 June 2005 – https://www.hindustantimes.com/world/stay-hungry-stay-foolish-steve-jobs-speech-at-stanford/story-OaNtclX8NEMBEybraFOuJN.html (14 Sep 2018) – https://www.youtube.com/watch?v=_vdT7191l3E (14 Sep 2018)

Johann Wolfgang Goethe-Universität. Formular für die Bescheinigung der Prüfungsunfähigkeit – ärztliches Attest. 31.04.2015 (siehe Dateieigenschaften des PDF) – https://www.uni-frankfurt.de/55704504/Attest—Pruefungsunfaehigkeitsbescheinigung.pdf (09 Apr 2019)

Jones EA, Voorhees RA, Paulson K. Defining and Assessing Learning: Exploring Competency-Based Initiatives. Washington, DC, National Center for Education Statistics (NCES) 2002.

Jonze S. Her. Annapurna Pictures, Warner Brothers 2013.

Josic A – dans: Contributeurs à Wikipedia, 'Alexis Josic', Wikipédia, l'encyclopédie libre, 30 août 2017, 20:49 UTC, <https://fr.wikipedia.org/w/index.php?title=Alexis_Josic&oldid=140206009> [Page consultée le 30 août 2017]

JSTOR. Research Basics: an open academic research skills course. Last Updated: Apr 17, 2019 2:26 PM – https://guides.jstor.org/researchbasics (28 Nov 2018)

Kerres M. Acht Thesen zum Status des eLearning an Hochschulen. 2009. – https://www.checkpoint-elearning.de/article/7262.html (06 Jun 2019)

Quellen

Kling R. Learning About Information Technologies and Social Change: The Contribution of Social Informatics. The Information Society, 2000; 16: 217–232.

Knuth D. Don Knuth's Homepage. – https://www-cs-faculty.stanford.edu/[tilde]knuth/ (14 Sep 2018)

Knuth D. The Art of Computer Programming. Addison-Wesley, 1968 ff.

Kreuz D, Schacht S, Lanquillon C. Agiles Studieren. Erfahrungsberichte zu einer alternativen Lernmethode. Blog 2013 ff. – http://agiles-studieren.de/ (17 Feb 2015) [mittlerweile: Stern D (geb. Kreuz D), Schacht S. Agiles Studieren. – https://agiles-studieren.de/ (06 Jun 2019)]

Laloux F. Reinventing Organizations. A Guide to Creating Organizations Inspired by the Next Stage of Human Consciousness. Brussel, Nelson Parker 2014. – http://www.reinventingorganizations.com/ (29 Oct 2015)

Langelahn E. Studierenden Text-Feedback geben effizient und konstruktiv. Eine Handreichung für die praktische Arbeit von Lehrenden. Universität Bielefeld 2016 – http://www.uni-bielefeld.de/richtig-einsteigen/Handreichung_Text-Feedback.pdf (14 Feb 2019)

Layman L, Cornwell T, Williams L. Personality Types, Learning Styles, and an Agile Approach to Software Engineering Education. Houston, Texas, USA, SIGCSE'06, March 1–5, 2006. – http://collaboration.csc.ncsu.edu/laurie/Papers/SIGCSE_2006.pdf (17 Feb 2015)

Leonard K (Ed.) Auditing the Lessons Architecture. Asean Development Bank, Operations Evaluation Department, February 2008 – https://www.adb.org/sites/default/files/publication/29006/in37 1-07.pdf (06 Jun 2019)

Lerebours V. Bernard Moitessier au fil des rencontres. Paris, Arthaud 2004. (deutsch: Begegnungen mit Bernard Moitessier. Bielefeld, Delius Klasing 2007).

Lewin K. Die Lösung sozialer Konflikte: Ausgewählte Abhandlungen über Gruppendynamik. Hrsg. von Gertrud Weiss Lewin. Übertr.: H. A. Frenzel. Mit e. Vorw. von Max Horkheimer u.e. Einl. von Gordon W. Allport. Bad Nauheim: Christian-Verlag 1953.

Lewin K. Feldtheorie in den Sozialwissenschaften: Ausgewählte theoretische Schriften. Hrsg. von Dorwin Cartwright. Ins Dt. übertr. u. mit e. Verz. d. Schriften Lewins vers. von A. Lang u. W. Lohr. Bern; Stuttgart: Huber 1963 (en.: Field Theory in Social Science. 1947)

lie/dpa. Dubiose Krankschreibungen – Fast alle Studenten mit Attest von „Doc Holiday" durchgefallen. spiegelonline 18.06.2018 – http://www.spiegel.de/lebenundlernen/uni/uni-hohenheim-was-wurde-aus-den-pruefungsabbrechern-mit-dem-gleichen-attest-a-1214036.html (01 Aug 2018)

Marder E. Living Science: The importance of remembering. Feature Article Aug 14, 2017. eLife 2017;6:e30599. – https://elifesciences.org/articles/30599 (24 Aug 2017)

Maslow AH. Motivation and Personality. New York, Harper and Brothers 1954.

Merk HJ, Braun S. Handbuch „Lehre" an der Dualen Hochschule. Hg: Zentrum für Hochschuldidaktik und lebenslanges Lernen der Dualen Hochschule Baden-Württemberg (ZHL). Heilbronn, DHBW 2016 – https://www.cas.dhbw.de/fileadmin/redakteure/CAS/ZHL/Handbuch_Lehre_2016_klein.pdf (31 Jul 2018)

Merseth KK. The Early History of Case-Based Instruction: Insights for Teacher Education Today. Journal of Teacher Education 1991; 42: 243-249.

Quellen

Moitessier B. La Longue Route. Paris, Arthaud 1971. (deutsch: Der verschenkte Sieg. Bielefeld, Delius Klasing 2003)

Moodle – https://moodle.org/ (06 Jun 2019)

Moos R. Plot ... druckfrei den Druck freigeben. Blogeintrag vom 3. November 2017. Weidenborn Verlag. – https://www.weidenborn verlag.de/2017/11/03/plot/ (03 Nov 2017)

Moreno JL. Die Grundlagen der Soziometrie – Wege zur Neuordnung der Gesellschaft. 3. Auflage. Wiesbaden, Springer Fachmedien 1974. (english: Who Shall Survive? Foundations of Sociometry, Group Psychotherapy, and Sociodrama. Beacon House, 1953)

Nederlands Expertise Centrum voor de Promotieopleiding. Netherlands Centre of Expertise for Doctoral Education. – http://www.phdcentre.eu/ (17 Mai 2019)

Neufeld VR, Barrows HS. The 'McMaster Philosophy': An Approach to Medical Education. Journal of Medical Education 1974; 49: 1040-1050.

Nicol A. In Time. USA, 20th Century Fox 2004.

Nielsen J. Usability 101: Introduction to Usability. January 4, 2012 – https://www.nngroup.com/articles/usability-101-introduction-to-usability/ (29 Apr 2017)

Nielsen J. Usability Engineering. San Diego, Academic Press 1993.

Nikolenko L. Wie Staub aus der Steppe. München, Bertelsmann Verlag 1974.

Nolan C. Inception. Film. USA, UK – Warner Bros. Pictures 2010.

OECD. Education at a Glance 2018: OECD Indicators. Paris, OECD Publishing 2018. – https://www.oecd-ilibrary.org/education/education-at-a-glance-2018_eag-2018-en (17 May 2019)

OECD. Hours worked [2018] (indicator). OECD 2019. doi: 10.1787/47be1c78-en – https://data.oecd.org/emp/hours-worked.htm (02 Jun 2019)

Otto-Friedrich-Universität Bamberg. Formular für die Bescheinigung der Prüfungsunfähigkeit bei Nichtantritt der Prüfung aus gesundheitlichen Gründen / ärztliches Attest. Stand 07/18. – https://www.unibamberg.de/fileadmin/uni/verwaltung/pruefungsaemter/dateien/Pruefungsamt_I/Formular_fuer_Arztbesuch.pdf (09 Apr 2019)

Pal G. The Time Machine. USA, Metro-Goldwyn-Mayer 1960.

Pape B, Bleek WG, Jackewitz I, Janneck M. Requirements for Project-Based Learning – CommSy as an Exemplary Approach. In: Sprague RH (ed). Proceedings of the 35th Annual Hawaii International Conference on System Sciences. Los Alamitos, 2002.

Pareto V. Cours d'Économie Politique Professé a l'Université de Lausanne. Vol. I, 1896; Vol. II, 1897.

Pink Floyd. THE WALL. Album released 1979. Harvest Records (Europa), Columbia Records (USA). Song: Another brick in the wall. – http://www.pinkfloyd.com/music/albums.php (24 Apr 2018)

Purdue University. College of Liberal Arts. Purdue Writing Lab.. – https://owl.purdue.edu/index.html (14 Feb 2019)

Ramis H. Und täglich grüßt das Murmeltier (Groundhog Day). USA, Columbia Pictures 1993.

Reich, K. (Hg.). Unterrichtsmethoden im konstruktiven und systemischen Methodenpool. Lehren, Lernen, Methoden für alle Bereiche didaktischen Handelns. Köln, Universität Köln, Humanwissenschaftliche Fakultät, Institut für Vergleichende Bildungsforschung und Sozialwissenschaften 2007 ff – http://methodenpool.uni-koeln.de/ (06 Jun 2019)

Quellen

Roethlisberger FJ, Dickson WJ. Management and the Worker. Volume V of Thompson K (Ed). The Early Sociology of Management and Organizations. London, Routledge 2005 (first published 1939).

Rogers, EM. Diffusion of innovations (5th ed.). New York: Free Press 2003. (first published 1962)

Rugarcia A, Felder RM, Woods DR, Stice JE. The Future of Engineering Education. I. A Vision for a New Century. Chem Engr Education 2000; 34: 16-25.

Ruth Cohn Institute for TCI-international. Was ist TZI? – https://www.ruth-cohn-institute.org/was-ist-tzi.html (06 Jun 2019)

Schein EH. Organizational Culture and Leadership. San Francisco, Jossey Bass 1985.

Schneider J. Supervision. Supervidieren und Beraten lernen. 2. Auflage. Paderborn, Junfermann 2001.

Scholz AL. Hochschulen. 100.000 Lehrbeauftragte, 50.000 Professoren. 18. August 2016, 4:32 Uhr Editiert am 20. August 2016, 17:27 Uhr DIE ZEIT Nr. 33/2016, 4. August 2016 – https://www.zeit.de/2016/33/hochschulen-professoren-gehalt-lehrbeauftragte-vorlesungen-seminare/komplettansicht (16 Aug 2018)

Schön DA. Beyond the Stable State. New York, Norton 1973.

Schön DA. The Reflective Practitioner: How Professionals Think in Action. New York, Basic Books 1983.

Schönwälder HG, Berndt J, Ströver F, Tiesler G. Lärm in Bildungsstätten – Ursachen und Minderung. Schriftenreihe der Bundesanstalt für Arbeitsschutz und Arbeitsmedizin. Dortmund, Berlin, Dresden 2004.

Schulz von Thun F, Ruppel J, Stratmann R. Miteinander reden. Kommunikationspsychologie für Führungskräfte. 10. Auflage. Reinbek, Rowohlt 2009.

Schulz von Thun F. Wo bin ich gefordert? Ruth Cohn entwickelte eine humanistisch Alternative zum Ich-fernen Lernen: die Themenzentrierte Interaktion. Ein Nachruf. Kommunikation & Seminar 2010; 2: 34 – 36 – http://www.ksmagazin.de/uploads/tx_flmheft archiv/KuS-02-2010-monitor.pdf (08 Apr 2018)

Scott R. The Martian. USA, 20th Century Fox 2015.

Seifert JW. Visualisieren. Präsentieren. Moderieren. Offenbach, Gabal Verlag 2001.

Seneca, Lucius Annaeus. Epistulae morales ad Lucilium. Liber XVII – XVIII. – https://la.wikisource.org/wiki/Epistulae_morales_ad _Lucilium/Liber_XVII_-_XVIII (06 Apr 2018)

Senge PM. The Fifth Discipline. The art and practice of the learning organization. Revised edition. London, Doubleday 2006. (1st edition 1990) – deutsch: Senge PM. Die fünfte Disziplin: Kunst und Praxis der lernenden Organisation. Stuttgart, Schäffer-Poeschel 2011.

Seth V. Two lives. New York, Little Brown 2005.

Slavin RE. Research on Cooperative Learning and Achievement: What We Know, What We Need to Know. Contemporary Educational Psychology 1996; 21: 43-69.

Smith MK (2001, 2013). Chris Argyris: theories of action, double-loop learning and organizational learning. *the encyclopedia of informal education* – http://infed.org/mobi/chris-argyris-theories-of-action-double-loop-learning-and-organizational-learning/ (27 Mar 2018)

Spiegel Online. Attestaffäre in Stuttgart. Studenten wollten sich vor Klausur drücken – Staatsanwaltschaft ermittelt. 5. Juni 2019. – https://www.spiegel.de/lebenundlernen/uni/stuttgart-ermittlun gen-gegen-studenten-der-uni-hohenheim-nach-attestaffaere-a-127 1048.html (29 Jun 2019)

Quellen

Staatsanwaltschaft Stuttgart. Arztpraxis durchsucht. Pressemitteilung 27.07.2018. – http://www.staatsanwaltschaft-stuttgart.de/pb/,Lde/Startseite/Presse/Arztpraxis+durchsucht/?LISTPAGE=5675488 (29 Jun 2019)

Staatsanwaltschaft Stuttgart. Pressemitteilungen 2019. – http://www.staatsanwaltschaft-stuttgart.de/pb/,Lde/Startseite/Presse/Pressemitteilungen+2019 (29 Jun 2019)

Städel Museum in Kooperation mit dem Lehrstuhl für Kunstgeschichte und dem Centre for Digital Cultures an der Leuphana Universität Lüneburg. Kunstgeschichte online – der Städel Kurs zur Moderne. Frankfurt am Main 2016 – http://onlinekurs.staedelmuseum.de/ (30 Nov 2018)

Stanton A. Wall-e. USA, Walt Disney Pictures and Pixar Animation Studios 2008.

Statistisches Bundesamt. Destatis. Genesis-Online Datenbank. Tabellenaufbau 21341-0001. Personal an Hochschulen: Deutschland, Jahre, Personalgruppen nach Beschäftigungsverhältnis, Geschlecht. Verfügbarer Zeitraum: 1997 – 2017. – https://www-genesis.destatis.de/genesis/online/data;sid=0E3296C50046290768C1CEC6967DD892.GO_1_2?operation=abruftabelleAbrufen&selectionname=21341-001&levelindex=0&levelid=1559405202879&index=3 (Abfrage 01.06.2019 / 17:04:49)

Statistisches Bundesamt. Destatis. Hochschulen Studierende insgesamt und Studierende Deutsche nach Geschlecht 1975 bis 2017. – https://www.destatis.de/DE/Themen/Gesellschaft-Umwelt/Bildung-Forschung-Kultur/Hochschulen/Tabellen/lrbil01.html (01 Jun 2019)

Stein G. Geography and Plays. The Four Seas Company, Boston. Introduction by Sherwood Anderson; Something Else Press, New York 1968. („Rose is a rose is a rose is a rose" is a line in the poem „Sacred Emily", 1922)

Stock S, Schneider P, Peper E, Molitor E (ed). Erfolgreich promovieren: ein Ratgeber von Promovierten für Promovierende. Dritte, wesentlich überarbeitete und erweiterte Auflage. Berlin, Springer Gabler 2014.

StZ – Stuttgarter Zeitung. Inge Jacobs. Attestaffäre an der Uni Hohenheim. Staatsanwaltschaft ermittelt gegen Studenten. 5. Juni 2019. – https://www.stuttgarter-zeitung.de/inhalt.attestaffaere-an-der-uni-hohenheim-staatsanwaltschaft-ermittelt-gegen-studenten.fecac7d5-e14a-4480-9ab9-ba8b8afc969a.html (29 Jun 2019)

StZ – Stuttgarter Zeitung. Inge Jacobs. Prüfungsabbrecher in Hohenheim. Die Uni reagiert auf Attestaffäre. 6. Juni 2019. – https://www.stuttgarter-zeitung.de/inhalt.pruefungsabbrecher-in-hohenheim-die-uni-reagiert-auf-attestaffaere.0cdd25bb-e566-4385-9290-c885e392fe54.html (29 Jun 2019)

Tiesler G. Lärm in der Schule – ein vermeidbarer Stressor? Umweltmed Forsch Prax 2008; 13 (4): 235-244.

Tuckman BW. Developmental sequence in small groups. Psychological Bulletin 1965; 63 (6): 384-99. – http://web.mit.edu/curhan/www/docs/Articles/15341_Readings/Group_Dynamics/Tuckman_1965_Developmental_sequence_in_small_groups.pdf (06 Jun 2019)

Tuckman BW, Jensen MAC. Stages of small group development revisited. Group and Organizational Studies 1977; 2: 419- 427. – http://www.freewebs.com/group-management/BruceTuckman%281%29.pdf (28 Jan 2016)

Uchronski T. Gestaltung und Umsetzung lernfeldorientierter Curricula am Beispiel des Medientechnischen Assistenten im Rahmen eines Schulversuches. Dissertation: TU Darmstadt, Fachbereich Erziehungswissenschaften, Psychologie und Sportwissenschaft, 2003. – http://elib.tu-darmstadt.de/diss/000400 (06 Jun 2019)

Quellen

Ulich E, Wülser M. Gesundheitsmanagement im Unternehmen. Arbeitspsychologische Perspektive. 4. Aufl. Wiesbaden, Gabler 2010.

Università di Bologna. Our history [plus subpages] – https://www.unibo.it/en/university/who-we-are/our-history (30 Jul 2019)

Universität Bern. Zentrum für universitäre Weiterbildung ZUW, Hochschuldidaktik & Lehrentwicklung. DidakTipps. – https://www.didaktipps.ch/ (06 Jun 2019)

Universität Bielefeld. Das Schreiblabor. Angebote für Lehrende. Letzte Aktualisierung: 29.06.2018 – http://www.uni-bielefeld.de/Universitaet/Einrichtungen/SLK/schreiblabor/lehrende/index.html (14 Feb 2019)

Universität Bielefeld. Das Schreiblabor. Schreibeinrichtungen und -projekte an Hochschulen im deutschsprachigen Raum. Letzte Aktualisierung: 20.08.2018 – http://www.uni-bielefeld.de/Universitaet/Einrichtungen/SLK/schreiblabor/wir_und_die_anderen.html (14 Feb 2019)

Universität Bielefeld. Zentrum für Lehren und Lernen (ZLL). Letzte Aktualisierung: 14.01.2019 von Markus Paulußen – http://www.uni-bielefeld.de/zll/index.html (14 Feb 2019)

Universität Hohenheim. Zweifelhafte Atteste: Hintergründe zur aktuellen Medienberichterstattung [18.06.18] – https://www.uni-hohenheim.de/pressemitteilung?tx_ttnews%5Btt_news%5D=40649&cHash=aad6cf0b7977c2394fc0a7dad4c24794 (31 Jul 2019)

Universität Hohenheim. Fact sheet: Prüfungsabbrüche & zweifelhafte Atteste am 23. Mai 2018 [10.07.18] – https://www.uni-hohenheim.de/pressemitteilung?tx_ttnews[tt_news]=40967 (31 Jul 2019)

Universität Hohenheim. Faire Prüfungen: Uni Hohenheim treibt Reformen bei Studienorganisation voran [05.06.19] – https://www.uni-hohenheim.de/pressemitteilung?tx_ttnews%5Btt_news%5D=43704&cHash=7f4c8867b1ef64f3eb789b25a3eea9d2 (31 Jul 2019)

Van der Vleuten CPM, Dolmans DHJM, de Grave WS, Scheltus J, Muijtjens AMM, Scherpbier ALJJA, Schuwirth LWT, Wolfhagen IHAP. Education Research at the Faculty of Medicine, University of Maastricht: Fostering the interrelationship between professional and education practice. Academic Medicine 2004; 79: 990-996.

Van der Weijden ICM, De Gelder EJ, Teelken C, Thunnissen M. Which grass is greener? Personal stories from PhDs about their careers within and outside of academia. CWTS 2017 – http://en.phdcentre.eu/inhoud/uploads/2018/02/Which-grass-is-greener-Digital-edition.pdf (17 May 2019)

Vendée Globe. Alan Roura takes twelfth place. Monday 20 February 2017, 09h13 – http://www.vendeeglobe.org/en/news/18911/alan-roura-takes-twelfth-place (20 Feb 2017)

Vendée Globe. Rich Wilson takes thirteenth place. Tuesday 21 February 2017, 13h50 – http://www.vendeeglobe.org/en/news/18933/rich-wilson-takes-thirteenth-place (21 Feb 2017)

Verein «Pestalozzi im Internet». Heinrich Pestalozzi. – http://www.heinrich-pestalozzi.de/ (04 Nov 2018)

Wager T. Zweifel an Attest – Uni Hohenheim lässt Prüflinge durchrasseln. Deutschlandfunk 18.06.2018 – https://www.deutschlandfunk.de/zweifel-an-attest-uni-hohenheim-laesst-prueflinge.680.de.html?dram:article_id=420653 (01 Aug 2018)

Wells S. The Time Machine. USA, Warner Bros. Pictures 2002.

Weßel C. Paper Route – Ein Leitfaden zur Anfertigung einer wissenschaftlichen Arbeit. Manuskript. Aachen: RWTH Aachen, Institut für Medizinische Informatik 2004.

Weßel C, Lehmann TM, Spreckelsen C, Spitzer K. Vorschlag zum Curriculum Anwendungsfach Medizin im Vordiplom Informatik an der RWTH Aachen. Aachener Schriften zur Medizinischen

Quellen

Informatik 2004; 01. Aachen: RWTH Aachen, Institut für Medizinische Informatik 2004.

Weßel C, Ißler L, Spreckelsen C, Karakas G. Bürgerorientierte Präsentation von Informationen über Krankenhäuser im Internet mittels automatisierter Textgenerierung. In: Klar R, Köpcke W, Kuhn K, Lax H, Weiland S, Zaiß A (Hg.) gmds Deutsche Gesellschaft für Medizinische Informatik, Biometrie und Epidemiologie 50. Jahrestagung, 12. – 15. September 2005. Düsseldorf: German Medical Science; 2005. Doc 05gmds225 – http://www.egms.de/static/en/meetings/gmds2005/05gmds443.shtml (06 Jun 2019)

Weßel C. ISG Research Group. Continued Multi-disciplinary Project-based Learning (CM-PBL) 2002-2007. Project Report. Aachen: RWTH Aachen, Department of Medical Informatics 2007.

Weßel C. Continued Multidisciplinary Project-Based Learning (CM-PBL). Frame and Assessment Criteria. Published under the Creative Commons Public License Attribution-Non-Commercial-Share Alike 2.0 Germany, 2008.

Weßel C, Spreckelsen C. Continued Multidisciplinary Project-Based Learning – Implementation in Health Informatics. Methods Inf Med. 2009; 48 (6): 558-563.

Weßel C. Semi-strukturierte Interviews im Software-Engineering: Indikationsstellung, Vorbereitung, Durchführung und Auswertung – Ein Fall-basiertes Tutorium. In: Fähnrich KP, Franczyk B (Hg.). INFORMATIK 2010. Service Science – Neue Perspektiven für die Informatik. Band 2. 27.09. – 01.10.2010 Leipzig. Lecture Notes in Informatics (LNI) – Proceedings. Series of the Gesellschaft für Informatik (GI). Volume P-176. Gesellschaft für Informatik, Bonn 2010: 1097-1107.

Weßel C. Kompetenzorientiertes Lernen in den Ingenieurswissenschaften am Beispiel eHealth. Vortrag an der Technischen Universität Hamburg-Harburg (TUHH) am 4. Juli 2011.

Weßel C. „Blended Learning aus der Perspektive von Lehrbeauftragten". Qualitative, explorative Studie zur Situation und Möglichkeiten im Lernen und Lehren an Hochschulen. Interviews April bis Mai 2011 – Analyse. Frankfurt am Main 20. Dezember 2011.

Weßel C, Wolff F. „How to become and stay a good teacher": Blended Learning und Lehrbeauftragte. Skript zum Vortrag. CBT-AG „Future e-Learning Technologies in Medicine and Healthcare", Saarbücken 23. – 24.04.2012.

Weßel C, Wolff F. Wie kann eine Hochschule Lehrende im Blended Learning unterstützen? Eine explorative Studie im Studiengang Wirtschaftsinformatik. In: Beverungen J (Hg). Studium Duale. Journal der Dualen Hochschule Baden-Württemberg Mannheim zu Dualer Lehre und Kooperativer Forschung. Band 17. Mannheim. DHBW Mannheim 2012: 169-172.

Weßel C. Agil lernen und lehren: All | Erfahrungsbericht und Reflexion. In: Arnold R, Lermen M, Haberer M (Hg). Selbstlernangebote und Studienunterstützung. Band III zur Fachtagung „Selbstgesteuert, kompetenzorientiert und offen?!" Baltmannsweiler, Schäfer Verlag Hohengehren 2017: 233-235 (Kurzartikel und Poster). – Full Paper via https://www.christa-wessel.de/2015/02/17/agil-lernen-und-lehren-all-in-kaiserslautern/ (17 Feb 2015)

Weßel C. Lehren lernen ... Was Coaches darüber wissen wollen. Blog 17 Jun 2015 – https://www.christa-wessel.de/2015/06/17/lehren-lernen-was-coaches-darüber-wissen-wollen/ (17 Jun 2015)

Weßel C. BERATEN – Philosophien, Konzepte und das Projekt. Frankfurt am Main, Weidenborn Verlag 2017.

Weßel C. MENSCHEN – Lassen Sie uns zum Äußersten greifen ... reden wir miteinander. Frankfurt am Main, Weidenborn Verlag 2017.

Weßel C. WERKZEUGE – Von 8+1 W bis Smarte Ziele. Frankfurt am Main, Weidenborn Verlag 2017.

Quellen

Weßel C. ENTDECKEN – Beobachtungen, Interviews und Fragebögen kompakt und kompetent angewendet. Frankfurt am Main, Weidenborn Verlag 2017.

Weßel C. 70th anniversary Freie Universität ... Walks in Berlin. Blog 17 Dec 2018 – https://www.christa-wessel.de/2018/12/17/70th-anniversary-freie-universität/ (17 Dec 2018)

Weßel C. Blog & Books. 2011 – 2019. [mit Links zum Download der Artikel] – https://christa-wessel.de/ (26 Jun 2019)

Weßel C. Veränderung Gestalten Lernen ... Learn Create Change. 2016 – 2019. – https://veraenderung-gestalten-lernen.de/ (26 Jun 2019)

Wikipedia contributors, 'And yet it moves' [a phrase attributed to the Italian mathematician, physicist and philosopher Galileo Galilei (1564–1642)], Wikipedia, The Free Encyclopedia, 7 April 2019, 20:52 UTC. <https://en.wikipedia.org/w/index.php?title=And_yet_it_moves&oldid=891418853> [accessed 9 May 2019]

Wikipedia contributors, 'European Charter for Researchers', Wikipedia, The Free Encyclopedia, 17 May 2019, 14:12 UTC, <https://en.wikipedia.org/w/index.php?title=European_Charter_for_Researchers&oldid=897507102> [accessed 20 May 2019]

Wikipedia contributors, 'Honorarium', Wikipedia, The Free Encyclopedia, 26 July 2018, 09:49 UTC, <https://en.wikipedia.org/w/index.php?title=Honorarium&oldid=852054765> [accessed 16 August 2018]

Wikipedia contributors, 'Laura Bassi', Wikipedia, The Free Encyclopedia, 9 July 2019, 02:24 UTC, <https://en.wikipedia.org/w/index.php?title=Laura_Bassi&oldid=905430309> [accessed 30 July 2019]

Wikipedia contributors, 'Organization', Wikipedia, The Free Encyclopedia, 30 May 2019, 23:08 UTC, <https://en.wikipedia.org/w/index.php?title=Organization&oldid=899572004> [accessed 6 June 2019]

Wikipedia, Die freie Enzyklopädie. Seite „Europäischer Aal". Bearbeitungsstand: 5. April 2018, 11:35 UTC.- https://de.wikipedia.org/w/index.php?title=Europ%C3%A4ischer_Aal&oldid=175793268 (Abgerufen: 8. April 2018, 18:28 UTC)

Wikipedia, Die freie Enzyklopädie. Seite „Honorar". Bearbeitungsstand: 8. August 2018, 18:52 UTC. URL: https://de.wikipedia.org/w/index.php?title=Honorar&oldid=179844219 (Abgerufen: 16. August 2018, 14:25 UTC)

Wikipedia, Die freie Enzyklopädie. Seite „Lehrbeauftragter". Bearbeitungsstand: 1. Juni 2018, 09:25 UTC. URL: https://de.wikipedia.org/w/index.php?title=Lehrbeauftragter&oldid=177932852 (Abgerufen: 16. August 2018, 14:18 UTC)

Wissenschaftsrat. Hochschulbildung im Anschluss an den Hochschulpakt 2020 – Positionspapier. Drs. 7013-18 Verabschiedet in Trier, April 2018 – https://www.wissenschaftsrat.de/download/archiv/7013-18.pdf (13 Dez 2018)

Woltering V, Herrler A, Spitzer K, Spreckelsen C. Blended learning positively affects students' satisfaction and the role of the tutor in the problem-based learning process: results of a mixed-method evaluation. Advances in Health Sciences Education 2009; 14 (5): 725-738.

Woods S – dans: Contributeurs à Wikipedia, „Shadrach Woods", Wikipédia, l'encyclopédie libre, 8 septembre 2017, 17:19 UTC – https://fr.wikipedia.org/w/index.php?title=Shadrach_Woods&oldid=140466081 [Page consultée le 8 septembre 2017]

Zinner L (Ed.). Professionals in Doctoral Education. A Handbook. Wien (AT), University of Vienna 2016. – https://phaidra.univie.ac.at/view/o:454303 (17 May 2019)

Zinsser W. Schreiben wie ein Schriftsteller. Fach- und Sachbuch, Biografie, Reisebericht, Kritik, Business, Wissenschaft und Technik. Berlin, Autorenhaus-Verlag 2001.

Verzeichnisse

Abkürzungen

Aal – Andere arbeiten lassen

ALL – Agil Lernen und Lehren

BHT – Beuth Hochschule für Technik Berlin

BLaVL – Blended Learning and Visiting Lecturers (Studie)

BRD – Bundesrepublik Deutschland

BW – Baden-Württemberg

CAT – Classroom Assessment Techniques

CBL – competency-based learning

CM-PBL – Continued Multidisciplinary Project-Based Learning

DHBW – Duale Hochschule Baden-Württemberg

DHV – Deutscher Hochschulverband

EC – European Commission

ECTS – European Credit Transfer System

EHEA – European Higher Education Area

EUA – European University Association

Verzeichnisse

EUA-CDE – European University Association - Council for Doctoral Education

Eurodoc – European Council for Doctoral Candidates and Junior Researchers

F&E – Forschung und Entwicklung

FU – Freie Universität Berlin

HFU – Hochschule Furtwangen

HU – Humboldt-Universität zu Berlin

JGU – Johannes Gutenberg-Universität Mainz

JSTOR – Journal STORage

MINT – Mathematik, Informatik, Naturwissenschaften und Technik

MIT – Massachusetts Institute of Technology

PBL – Project-Based Learning

PRIDE – Professionals in Doctoral Education

RWTH – Rheinisch-Westfälische Technische Hochschule Aachen (Aachen University)

TU – Technische Universität Berlin

TUHH – Technische Universität Hamburg-Harburg

WWU – Westfälische Wilhelms-Universität Münster

Abbildungen

2.1: Dreibeiniger Stuhl: Melkhocker

16.1: Projektplan Thesis Winter 2016/2017 (23.03.2017)

16.2: Beteiligte und Vertragsbeziehungen im Dualen Studium (06.09.2016)

16.3: Setting Bachelorarbeit (02.03.2016)

17.1: Studierende erkunden wertschätzend die eigene Hochschule (25.10.2016)

Tabellen

12.1: Bewertung professioneller Fähigkeiten

21.1: Hochschulpersonal

Verzeichnisse

Stichwortverzeichnis

Ein Register ohne Buch hat mir manchmal genützt, ein Buch ohne Register nie. (Thomas Carlyle, 1795-1881)

Schreiben Sie uns, welche Begriffe wir ergänzen, erweitern oder auch weglassen können: mail@weidenbornverlag.de

Index

6 Lernstufen
  siehe Bloom's Taxonomy, 85
8+1 W, **74**, 121, 177, 179, 184
  für Lehrende, 78
  für Lernende, 76
  Selbstmanagement, 74
90-Minuten-Korsett, 112

A-User, 233
Aal, **15**, 323
Aal-Prinzip, 12, **52**, 85, 100, 323
Abnahme, **145**, 166
Abschlussarbeit
  siehe Thesis, 192
Agil lernen und lehren (ALL), 141
Andere arbeiten lassen
  siehe Aal-Prinzip, 52
Appreciative Inquiry
  siehe Wertschätzende Erkundung, 242
Arbeit im Raum
  siehe Methoden, 225
Arbeitsunfähigkeit (AU), 152

Architektur, 26, **307**, 317, 323
Argyris, Chris, 34
Ask, acquire, appraise, 125
Attest, ärztliches, 153

Bachelor, 23, **62**, 101, 136, 151, 160, 172, 177, 193, 233, 260, 284
Balance, 36, **53**, 67, 219
Bassi, Laura, 59
Bericht, 42, 93, **129**, 138, 143, 178, 185
Berufsleben, **36**, 54, 131, 141, 177, 185, 192, 230
Berufungsverfahren, Professur, 268
Betreuer, wissenschaftlicher, **193**, 198, 214
Bewertung
  siehe Kriterium, Bewertung, 87
Bewertungskatalog, 87
Beziehungen, 27, 45, 57, 111, 205, **321**
Bibliothek, 40, 77, **124**, 285, 299
Blended Learning

INDEX

siehe Lernen, 40
Blended Learning and Visiting Lecturers (BlaVL), 284
Bloom's Taxonomy – updated, **85**, 92, 172
Bloom, Benjamin, 85
Bologna-Prozess, **58**, 62, 148, 211, 284
bookbook (TM), 128
Buch, 128
Buddy, 140, 144, **187**, 236
Bulimie-Lernen, 24, **148**

Check-In/Check-Out, 90, 142, 143, **226**, 242, 313
Classroom Assessment Techniques (CAT)
    siehe Methoden, 109
cliffhanger, 107
Co-Teacher
    siehe Lehrende, 137
Coach
    siehe Thesis, 218
Coaching, 35, **64**, 77, 79, 80, 137, 142, 197, 210, 218
    Blended, 220
    to go, 260
Cohn, Ruth, **24**, 65
Commitment, 48, 53, **56**, 90, 105, 293
competency-based learning (CBL), 39
constructive alignement, 88
constructive alignment, **84**

Continued Multidisciplinary Project-Based Learning (CM-PBL), 38, 64, 79, **136**, 167, 315, 327

Datenschutz, 138, **182**
Datensicherheit, 138, **182**
Denken, 29, **33**, 45, 93, 100, 126, 238
Dewey, John, **33**
Dialog
    siehe Lernen, 95
Didaktik, **39**, 52, 64, 77, 79, 118, 292, 298, 316
Didaktik mit dem Fisch, siehe Aal-Prinzip, 52
Die fünfte Disziplin, 44
Digital, 40
    Founders, 97
    Immigrants, 97
    Natives, 22, **97**, 145
digitale Kompetenz, 97
Diplomarbeit, 63
Diskussion, 95
Dissertation
    siehe Doktorarbeit, 193
Diversity
    siehe Vielfalt, 97
doctoral education, 214, 215
doctoral schools
    siehe Doktor-Schule, 211
Doktor-Schule, 211
Doktoranden, 137, **213**, 219
Doktorarbeit, 136, **193**

INDEX

Doktormutter/-vater, 214
Dozent/in, 22, **24**, 42, 112, 144, 160, 197
　Externe/r, 54, 149, 198, 252, **278**, 285, 321
Drehbuch
　siehe Lernveranstaltung, 88
dreibeiniger Stuhl, 40
Duale Hochschule
　siehe Hochschule, 23

e-Learning
　siehe Lernen, 40
e-Learning-Plattform, **40**, 91, 114, 145, 172, 178, 185, 198, 208, 296, 310, 311, 314, 317
Eco, Umberto, 59, **126**, 129, 132
Eigenstudium
　siehe Selbststudium, 40
Elche, 321
Empathie, **81**, 161, 219, 316
Erfahrung, 20, **33**, 121
Erkrankung, 151
Erwachsene, 20, **32**
Evaluation, 39, 40, 54, 139, 173, 220, 225, 226, 235, 242, 259, 285, 303, 311, **313**

Fachbibliothek, eigene, **128**, 272
Fachhochschule
　siehe Hochschule, 136
Fachwerkhaus, 72

facilitator, mentor, guide
　siehe Lehrende, 64
Faehigkeiten, **20**, 72
Fall-basiertes Lernen
　siehe Lernen, 100
Feedback, **64**, 113, 116, 184, 187, 197, 199, 236, 266, 277
Fehler, **66**, 94, 278, 321
Feldstudie, 195, **286**, 303
Fertigkeiten, **20**, 72
Film
　siehe Lernen durch Geschichten, 102
Fisch
　siehe Aal, 15
Flexibilität, 219, **263**, 287
Forschung und Entwicklung, 63, 102, 123, **134**, 195, 218
Forschungsprojekt, 76, 78, **137**
Forschungstagebuch, siehe Tagebuch, 93
Forum, 144
Fragen
　siehe Lernen, 94
Freude, 28, 61, **66**, 76, 78, 98, 115, 120, 192, 226, 256, 317
Fuehlen, **33**, 93
Fuehrungskraft, 35, 48, 52, **53**, 104, 179, 186, 194, 257, 302

Gesundheit, 152

361

INDEX

Goethe, Johann Wolfgang von, 58
Google, 124
graduate schools, 215
Graduiertenzentrum, 215
Gruppendynamik, 77, 79, 90, 104, **113**, 141, 161, 166, 224, 234, 264, 313

Habilitand, 218
Habilitation, 136, **218**
Hackathon
  siehe Methoden, 115
Hall, Edward T., 25
Haptik, 124, **128**
Herzberg, Frederick, 56
Hochschule, **250**, 268, 321, 323
  Administration, 53, 64, 113, 172, **288**, 311, 316, 321, 323
  Akteure, 53, 243, **251**, 286, 316
  Duale, **23**, 136, 218, 242, 250, 268, 286, 303, 320
  Fachhochschule, **136**, 218, 250, 268
  Lernort, 26, **27**, 50, 113, 303, 305
  Management, 50, 55, 77, 148, 243, **251**, 262, 281
  private, 60
  staatliche, 60

Stakeholder, siehe Akteure, 53
Studiengangsleiter, **252**
Universität, **136**, 218, 250, 268, 303
Verwaltung, siehe Administration, 288
Honorar, 60, **279**
Human-Relations-School, 56
Humanismus, 44
Hundertwasser, Friedensreich, 26

Indikator
  siehe Kriterium, 64
Interkollegiale Beratung, **80**, 239, 294, 297
Internet, 97, **124**, 238
Internet 4.0, 97
Inverted Classroom
  siehe Methode, 91

Jenkins, Henry, 107

Karriere, **35**, 57, 273, 321
Kenntnisse, 20
Kind, 20, 29, **32**, 60, 112
Klassenzimmer, umgedrehtes, 91
Klausur, 85, **172**, 315
Knuth, Donald, 129
Kommunikation, **27**, 42, 57, 65, 138, 166, 279, 298, 308, 310, 317

INDEX

Kompetenz, 20
  digital, 97
  fachlich, 20, 39, 60, 76, 78, 100, 136, 177, **199**, 294
  methodisch, 20, 39, 60, 76, 78, 100, 136, 150, 177, **199**
  sozial, 20, 39, 60, 76, 78, 100, 136, 150, 177, **199**
Kompetenz-orientiertes Lernen und Lehren, 38
Kontext, **28**, 53
Konzepte, 72
Krankheit, 151
Kriterium, 64
Kriterium, Bewertung
  Klausur, 173
  Lehrqualität, 302, **309**
  Leistungsnachweise, **86**, 149, 234, 315
  Portfolio, **187**, 234
  Prüferleistung, 86
  Seminararbeit, 179
  Leistungsnachweise, 140, 168
  Literatur, 125
  Professionalität, 168
  wissenschaftliche Arbeiten, 168
Kultur, **25**, 50, 53, 126, 273

Langeweile, 23
LaTeX, 129
Lehrauftrag, 252
Lehrbeauftragte, **279**, 284

Lehren, 21
  Agil, 141
  Honorar, 279
  Kompetenz-orientiertes, **38**, 120
  Lehrmanagement, 309
  Qualität, **54**, 149, 309
  Weiterbildung, 274
Lehren lernen, 274
Lehrende, **63**, 316
  a good teacher, 284
  Co-Teacher, **137**, 167
  Ermöglicher, 63
  facilitator, mentor, guide, 39, **64**, 113
  Professionals in Doctoral Education (PRIDE), 215
Lehrkraft
  siehe Lehrende, 63
Lehrveranstaltung
  siehe Lernveranstaltung, 13
Lektor, **131**, 206, 219, 327
Lernen, 20
  Agil, 141
  Blended Learning, **40**, 91, 166, 176, 183, 209, 284, 321
  durch Dialog, 95
  durch Forschen & Entwickeln, **136**, 192
  durch Fragen, 85, **94**, 113, 125, 323
  durch Geschichten, 86,

363

INDEX

88, **102**, 166
  durch Lehren, 77, **92**, 160
  durch Reflexion, 33, **93**
  durch Schreiben, 120
  e-Learning, **40**, 285, 298, 308, 321
  Fall-basiertes, 33, 39, **100**
  im Projekt, 136
  im Team, **46**, 64, 136, 141, 198
  in großen Gruppen, 109
  in Schleifen, 36
  kognitives, 39
  Kompetenz-orientiertes, **38**, 120, 166
  Lebenslanges, 97
  nachhaltig, 53, 64, 77, 89, 136
  organisationales, 40, **45**, 273, 320
  Problem-basiertes, 33, 39, **100**
  Projekt-basiertes (PBL), 39, **137**, 166
  Qualität, 54
  systemisches, 44
  Trieb, 29
Lernende, 60
  Entdecker, 60
Lernende Organisation, **45**
Lernort Hochschule
  siehe Hochschule, 27
Lerntheorie, 32

Lernveranstaltung, **13**, 66, 83
  Drehbuch, **88**, 323
  Konzept, **84**, 311
  Skript, siehe Drehbuch, 88
Lernziel, 41, 61, **84**, 310
Literaturarbeit, 123

Macht, 321
Management, **251**, 257
  by Phone, 258
  by Walking, 257
  Hochschule, siehe Hochschule, 251
Maslow, Abraham, **56**, 277
Master, 23, **62**, 101, 136, 151, 172, 177, 193, 195, 284
McGregor, Douglas, 57
Meilenstein, 64, 138, **144**, 166, 203, 230
Methoden, 72
  Arbeit im Raum, 84, **110**, 225
  Bingo, 92
  Classroom Assessment Techniques (CAT), 109
  Hackathon, **115**, 265
  Inverted Classroom, 91
  Jeopardy, 92
  Klassenzimmer, umgedrehtes, 91
  Kreuzworträtsel, 92
  Lebende Statistik, 110
  Lernstopp, 110

INDEX

Lerntagebuch, siehe Tagebuch, 111
Pyramide, 110
Quiz, **85**, 92, 160
Sandwich, 90
Schnitzeljagd, 92
snow balling, 110
wachsende Gruppe, 110
Workshop, **112**, 167, 224
MINT-Fächer, **116**, 126, 195, 213
Mitarbeiter, **60**, 105, 141
Modelle, 72
Modul, 84, **149**, 309
Moitessier, Bernard, 276
Moodle, 42, 299, **321**
Morbus Passiv, **132**, 238
Moreno, Jacob Levy, 111
Motivation, 39, 48, **56**, 100, 280

Neugeborenes, 20
Neugier, 21, **32**, 60, 89, 127

Online-Kurs, 123
Organisation, 44, **250**
Organisationales Lernen siehe Lernen, 45
Organisationsentwicklung, **44**, 56, 77, 79, 94
Originalwerk, 86
Ouchi, William, 57

Passing Forward, 276
Passiv siehe Morbus Passiv, 132
Pause, 88, **307**
Pestalozzi, Johann Heinrich, 128
PhD siehe Doktorarbeit, 193
Pink Floyd, 65
Portfolio, 41, 54, 65, 76, 86, 146, **182**, 233, 236, 238
Post-Doc, 136
Präsenzunterricht, 23, **40**, 148, 285, 305, 315, 317
Praxisbetreuer, **157**, 206
Privatleben, **35**, 192, 218
Problem-basiertes Lernen siehe Lernen, 100
Produkt, **54**, 86, 141, 166, 182, 195
Professionalität, **53**, 61, 160, 198, 316
Professionals in Doctoral Education (PRIDE) siehe Lehrende, 215
professionell studieren, **61**
Professur, 218, **251**, 268, 278
Projekt, 36, **61**, 64, 74, 87, 136, 192, 197, 203
-management, 84, 137, **200**, 209
-plan, 197, **203**, 218, 230
-tagebuch, siehe

INDEX

Tagebuch, 93
Projekt-basiertes Lernen (PBL)
   siehe Lernen, 137
Prokrastination, 74
Pruefung, 87, **151**, 172
   -sfähigkeit, 152
   -skriterien, siehe auch Kriterium, 86
   -sordnung, 179, 187, 204, **309**, 317

Quelle, 125

Raum, 20, 25, **26**, 305, 317
   virtuell, **42**, 145, 198, 315
Reflexion, **33**, 63, 76, 80, 93, 144, 149, 225, 296, 305
Reich, Kersten, 118
Rekonvaleszenz, 152
Respekt, 53, 151, **316**
Rezipieren, 41, **126**
Rhythmus, **25**, 131
Rogers, Everett M., 49

Sandwich-Methode
   siehe Methoden, 90
Schafe, schwarze, 154
Schieberitis, 74
Schoen, Donald, **33**, 34, 47
Schreiben
   siehe Lernen, 120
Schriftsteller, 131
Schweigepflicht, 81, 158, 182
Science Fiction, 102

Scrum, 142
Selbstmanagement, 53, **73**
   Lehrende, 78
   Lernende, 76
   Management by Walking, 257
   mit 8+1 W, 74
Selbststudium, 23, **40**, 148, 285, 317
Selbstverwirklichung, 56
Seminararbeit, 41, 76, 86, 145, **176**
Senge, Peter, 33, 40, **44**
Seth, Vikram, 62
Silver Surfer, 32
Single and double loop learning
   siehe Lernen in Schleifen, 36
Skript
   siehe Lernveranstaltungen, 88
Social Media, 41, **97**, 107
Sozioinformatik, 98, 114, 117, **261**, 321
Spaß, **66**, 111, 166, 209, 228, 323
Spannungsbogen, 141, **224**
Sparringspartner, **218**, 327
Stakeholder
   siehe Hochschule, Akteure, 251
Story Telling, 107
studentische Hilfskraft, **137**, 306

INDEX

Studie, 134
Studienarbeit, 63
Studienordnung, 84, 179, 187, 204, **309**, 317
Studierende, 24, **60**, 74
Studium, 57, **60**
    duales, 23
    Hochschule, 136
    Universität, 136
Suchmaschine, 124
Supervision, 35, **80**, 149
System, **47**, 60, 250, 278
    lernendes, **47**
    soziales, 47
    soziotechnisches, **48**, 49
Systemisches Denken, 44
Systemisches Lernen, 44
Szenario, **39**, 100, 104, 178

Tagebuch, **93**, 104
    Forschungs-, 93
    Lern-, 111
    Projekt-, 93
Team, **103**, 224
    -fähigkeit, 170
    fließendes, 139
    Forschung, **137**, 219
    interdisziplinäres, 230
    Lernen im, siehe Lernen, 46
    Projekt, 136
    Thesis, 198
    verteiltes, 104, **200**, 276
TeX, 129
Theory in use, 34

Theory of action, 34
Thesis, 63, 76, 120, 136, 151, **192**, 314
    Begleiter, 64, **194**
    Betreuer, siehe Begleiter, 194
    Coach, 158, **218**
    Team, 198
Thoerien, 72
Training, real life, 150
transferable skills, 215
Transmedia Story Telling and Story Selling
    siehe Story Telling, 107
Transparenz, 316
    Kommunikation, **57**, 105
    Notenvergabe, **87**, 149, 166
Tueren, 64

Ueberforderung, 22
Ueexküll, Thure von, 32
Universität
    siehe Hochschule, 136
Unterforderung, 22
Unternehmen, 53, **250**
Unterrichtseinheit, **23**, 112, 144, 148, 278
Usability, 321

Veränderung, **47**
Verantwortung, **52**, 80, 221, 281
Verpflegung, 251, **307**, 323
Verschwiegenheit, 202
Vertrauen, 151, **316**

INDEX

Vielfalt, **97**, 211, 297
Visualisieren, **93**, 94, 111, 121, 145, 186, 306, 313
Vortrag, 85

Web 2.0, **41**
Werkzeugkasten, 72
Wertschätzende Erkundung, 242
Wertschätzung, 20, 25, **27**, 81, 151, 182, 316
Wikipedia, 124
Wissen, **20**, 72

Wissenschaftlicher Betreuer
siehe Thesis, 194
Wissenschaftliches Arbeiten
siehe Forschung und Entwicklung, 134
Workshop
siehe Methoden, 112
world wide web, 124

Zeit, 20, **25**, 112, 197, 317
-plan, siehe Projekt, 203

Und ...

was Ihnen wichtig ist, zum Beispiel:

Projektplan Abschlussarbeit erstellen
   Wenn Studierende und Dozenten zum Thesis-Team werden, Abschnitt 16.2

Und ...

was Ihnen wichtig ist:

was Ihnen wichtig ist:

Und ...

was Ihnen wichtig ist:

was Ihnen wichtig ist:

Und ...

was Ihnen wichtig ist:

was Ihnen wichtig ist:

Und ...

was Ihnen wichtig ist:

was Ihnen wichtig ist:

Und ...

was Ihnen wichtig ist:

was Ihnen wichtig ist:

Und ...

was Ihnen wichtig ist:

ELCHE FANGEN ...

Basiswissen Consulting für Berater und Führungskräfte
von Christa Weßel

Band 1 bis 4

BERATEN – Philosophien, Konzepte und das Projekt

MENSCHEN – Lassen Sie uns zum Äußersten greifen
... reden wir miteinander

WERKZEUGE – Von 8+1 W bis Smarte Ziele

ENTDECKEN – Beobachtungen, Interviews und Fragebögen kompakt und kompetent angewendet

> Diese Buchreihe unterstützt Sie in Ihrer täglichen Arbeit als Berater und als Führungskraft. Sie richtet sich auch an Klienten, die sich einen Überblick darüber verschaffen wollen, was Beratung leisten kann, und was sie von einer professionellen und seriösen Beratung erwarten dürfen. Die Bücher sind Handbuch, Nachschlagewerk und unterhaltsame Lektüre, die Sie in die Beratungs- und Projektmanagementwelt einführt und darin begleitet.

Weidenborn Verlag | https://weidenbornverlag.de/

Band 1

BERATEN
Philosophien, Konzepte und das Projekt

> Beraten kann man nicht einfach, beraten kann man jedoch einfach lernen. Im ersten Band der Reihe ELCHE FANGEN geht es um das Fundament: Was ist Beratung, Wege in die Beratung, Philosophien und Konzepte, Selbstmanagement und – vor allem – darum, wie Sie ein Projekt anbahnen, durchführen und abschließen.
>
> ISBN 978-3-947287-01-7

Band 2

MENSCHEN
Lassen Sie uns zum Äußersten greifen
... reden wir miteinander

> Gruppen und Teams in Projekten und ganz normalen Linienfunktionen sind mittlerweile bunt, verteilt, fließend und stehen unter Druck. Termine, Wettbewerb, Ergebnisse, Ausfall wichtiger Experten ... Der zweite Band der Reihe ELCHE FANGEN handelt vom Umgang mit Vielfalt, vom Bewegen in fremden Berufskulturen, von Kommunikation und Gruppendynamik, Leadership, Coaching und wie Sie mit Konflikten umgehen können.
>
> ISBN 978-3-947287-02-4

Band 3

WERKZEUGE

Von 8+1 W bis Smarte Ziele

Im dritten Band der Reihe ELCHE FANGEN finden Sie Methoden und Instrumente aus der Ökonomie, der Organisationsentwicklung, der Arbeit mit Teams und einige Werkzeuge für das Selbstmanagement. Dies reicht von der Balanced Scorecard über Retreat, Kreativtechniken, Großgruppenereignisse bis hin zum Umgang mit den digitalen Medien und sozialen Netzwerken. Diese Toolbox soll Sie anregen: Bauen Sie sich Ihre eigene Werkzeugkiste.

ISBN 978-3-947287-03-1

Band 4

ENTDECKEN

Beobachtungen, Interviews und Fragebögen
kompakt und kompetent angewendet

Wir wollen wissen, wie ein Krankenhaus tickt – Worte eines Informatikers in einem Forschungs- und Entwicklungsprojekt. Oder eine Fabrik, ein Hotel, eine Behörde, ein Softwarehaus ... Greifen Sie zum stärksten Instrument: Fragen Sie. Die Menschen, die dort arbeiten, Patienten, Kunden, Lieferanten. Der vierte Band der Reihe ELCHE FANGEN zeigt kurz und gleichzeitig umfassend, wie es funktioniert.

ISBN 978-3-947287-04-8